本书为国家自然科学基金面上项目“人民币国际使用的最佳边界与金融风险管理”（项目批准号：71573268)研究成果

人民币国际债券市场研究

基于人民币国际化的视角

钟 红／著

RESEARCH ON
RMB INTERNATIONAL
BOND MARKET

人 民 出 版 社

序　一

朱　民*

回顾过去两年人民币在国际金融舞台上所经历的重要事件，2015年12月1日无疑是一个注定要被写入世界金融史册的重要时刻。那一天，国际货币基金组织（IMF）董事会会议通过了将人民币纳入特别提款权（SDR）货币篮子的决议。2016年10月1日，新的SDR货币篮子正式生效，人民币在其中的占比为10.92%，仅次于美元和欧元。毋庸置疑，人民币被纳入SDR货币篮子是中国、世界和国际货币基金组织的共赢。特别是对中国来说，SDR把人民币带入了国际官方金融舞台的中心。在SDR的框架下，由于人民币获得了在国际官方金融系统的发展空间，其信誉度将大大提高。在可预见的将来，人民币作为国际支付手段和资产计价货币的功能将得到进一步加强，在国际上的需求也将随之增加。与此同时，我们也高兴地看到，在人民币被纳入SDR的过程中，中国货币当局积极推进货币政策框架改革、人民币汇率形成机制改革、利率市场化改革、金融体制改革以及进一步扩大对外开放。所有这些，都为中国金融市场在更大范围和更深层次的开放和发展奠定了坚实基础。

---

① 作者系清华大学国家金融研究院院长、国际货币基金组织前副总裁。

传统理论一般认为，一国应先完成资本与金融账户开放和货币可兑换，然后再推进货币国际化。但现在看来，这个路径未必适用于中国。2008 年全球金融危机的爆发，为中国积极参与国际货币体系改革提供了一个重要机遇，人民币国际化将因此而顺应历史发展的潮流不断向前推进。在这个过程中，如何将风险降到最低，始终是我们需要面对的一个现实问题；由此也决定了在未来相当长一段时间里，中国需要在资本与金融账户未完全开放的现实约束下，稳步推进人民币国际化。应该说，世界从来没有经历过像中国这样拥有巨大的经济体量，但是金融市场发展的深度、广度和开放度都相对不足的国家的货币融入全球化的进程。为此，如何在金融市场的深化和发展上切实满足国际投资者对人民币资产全球配置的需求，是摆在中国面前的一个艰巨的任务。中国需要在人民币国际化发展路径方面探索创造出一个全新的模式。

深入推进金融市场特别是债券市场的对外开放，以此带动相关金融改革和金融市场的深化发展，推进人民币国际化行稳致远，是值得我们继续进行深入探索的一个方向。因为在中国金融市场国际化和人民币国际化进程中，债券市场的国际化将发挥重要作用。中国债券市场存量已位居全球第三，但 2016 年年底债券总余额占国内生产总值（GDP）的比重仅为 84%，远远低于美国和日本等发达国家超过本国 GDP200% 的规模。境外投资者持有本国债券的比重仅为 1.3%，远远低于日本（9.8%）和美国（35%）的水平。中国债券市场进一步发展和开放的潜力十分巨大。债券市场开放有利于吸引国际资本投向期限较长的领域，减少短期资本冲击对汇率和金融稳定的影响，可以为人民币国际化创造良好的外部环境。债券市场的深化和开放，将进一步丰富人民币债券产品种类，提高市场流动性，更好地发挥价格机制作用，为全球投资者提供更为丰富的人民币金融产品和服务，推动人民币向国际投资货币和储备货币等货币国际化的高级阶段演进。国际经验也表明，债券市场国际化与货币国际化之间具有明显的相互影响和相互增强的作用。因此，从长远看，中国债券市场的开放和深化将在人民币国际化长期可持续发展中发挥极为重要的作用。

近年来，国内学术界对人民币国际化问题的研究可谓“百花齐放”。由于研究的角度不同，得出的结论也不尽相同。特别是针对全球金融危机后国际、国内金融市场发展的新特点和新趋势，人民币国际化如何突破瓶颈重拾发展动力？人民币如何满足日益增长的国际需求并在国际金融舞台发挥更大的作用？这些新的问题，需要我们从理论和实践层面进行更加深入的探索。

钟红新近完成的这本关于人民币国际债券市场和人民币国际化的专著，是一项具有现实意义和政策参考价值的研究成果，是对人民币国际化与金融市场发展之间的关系进行的有益探索。该书将人民币外国债券（“熊猫债券”）、人民币离岸债券以及国内债券市场对境外投资者开放等问题纳入到一个广义的、统一的“人民币国际债券市场”的分析框架之中，从人民币国际化的视角对该问题进行了系统的研究，研究视角全面而新颖。该书从货币职能提升和货币回流机制完善等方面，对国际债券币种构成的影响因素和影响本币国际债券占比的因素进行了实证分析，在研究方法上具有创新性，特别是达到了经济学著作所应该具有的历史、逻辑以及数据这三个维度。

钟红是我在中国银行工作期间的同事。她在中国银行国际金融研究所工作多年，具有良好的经济学理论功底和专业训练。令我印象深刻的是，2007 年年初美国次贷危机刚刚爆发，全球金融市场风云变幻，在那段时间里，我与包括钟红在内的国际金融研究所的一些同事每周都组织小型研讨会。我们密切跟踪每一个经济金融数据，密切关注每一个刚刚发生的重大事件。我们在观察中思考，在激烈的讨论中探究危机的本源及其影响。这场百年不遇的金融危机在改变世界的同时，也为我们这个研究团队提供了源源不断的研究课题。钟红认真刻苦，之后我高兴地关注到钟红相继发表了一些研究成果，其选题大多涉及国际货币体系改革、金融危机预警指标体系构建、金融监管协调以及人民币国际化等领域。她目前关于人民币国际债券市场和人民币国际化的研究，是她长期以来在这一领域潜心研究和耕耘的收获。钟红多年来对学术研究的执着和认真的态度，给我留下了深刻的印象。

特别不易的是，在她女儿考上大学之际，她却出人意料地决定考经济学博士，继续深造。三年的艰辛殊为不易，可喜秋天是收获的季节。初秋的北京，阳光明媚，凉爽宜人。日前，我与中国银行国际金融研究所几位过往的同事见面。刚落座，钟红就拿出她的《人民币国际债券市场研究——基于人民币国际化的视角》这部新作的打印稿，一边说请我赐教，一边将该书的研究内容和研究心得向我娓娓道来。欣闻钟红的这部新作即将出版，我谨向所有对人民币国际债券市场发展和人民币国际化问题感兴趣的读者推荐。是为序。

2017 年 10 月 1 日于北京

序　二

何　平*

2005年初夏，我因组织活动访问北朝鲜，在首都平壤的羊角岛外宾专用宾馆便利店使用人民币购物。2006年11月，因学院学术交流到越南首都河内访问，离开河内回国前我在市内礼品商店使用人民币购物。这是我在国际场合亲身经历人民币使用的最初体验。如果说前者是特殊环境下的特殊货币使用安排的话，那么后者则是改革开放以来，随着中国国力的增强，人民币在周边国家经济事务中力量增强的自然过程，属于自发的人民币国际化的初始阶段。

在初始阶段，民间自发的人民币国际使用形式主要表现为边贸"地摊银行"。边贸互市规模的不断扩大，推动着人民币结算方式逐渐由现金向非现金方向发展，从而形成"地摊银行"模式的人民币流出渠道。这类"地摊银行"是依托天然的地理联系，适应边境对岸居民追逐中国方便而优质商品的需要，由民间自发形成的，针对不同的国家有不同的组织形式和业务流程，多种多样。在边贸较为发达的云南省，就有针对越南的中越结算模式、针对老挝的中老结算模式和针对缅甸的中缅结算模式。其共同特征是都属于"地摊银行"，都没有纳入正式的金融

---

① 作者系中国人民大学财政金融学院教授、博士生导师。

体系，是一种公开化的灰色渠道。“地摊银行”也成为我在越南财政学院学术交流中发言的主题。

在2008年金融危机前，随着经济金融国际化步伐的加快，中国政府主动推进了人民币的国际使用。这主要表现在两个方面：一是港澳地区的经贸安排（CEPA）。亚洲金融危机后，中国内地与港澳建立了更紧密的经贸安排。作为这一安排的重要内容，人民币在港澳由非正式的使用走向正规化。2003年11月后，香港的金融机构可以经营特定范围内的人民币业务，并由中国银行（香港）作为唯一的清算行，为中国人民银行提供人民币清算安排。随着人民币在香港使用规模的扩大，它不仅用于经常项目，而且涉足资本项目。二是国家层面的货币互换。21世纪初，中国人民银行相继与俄罗斯、越南、尼泊尔等6国签署了本币结算的边境贸易协议。随着时间的推移，本币互换协议开始拓展，不再局限于边境贸易，扩大到正式贸易和投资。

2008年美国引发的全球金融危机爆发，为了摆脱美元体系的不稳定伤害，改革现行不合理的国际货币体系，中国适时采取了推进人民币国际化的措施。2009年7月2日，发布《人民币跨境贸易结算实施细则》，人民币跨境贸易结算试点首先在上海、深圳、广州、珠海、东莞5个城市365家企业展开。人民币跨境贸易结算试点的开展，是中国第一次全面正式的人民币国际化安排。

从此，人民币国际化战略沿着“主动、渐进、可控”的原则推进，人民币的国际使用在地区和功能上、在经常项目和资本项目上，都有令人瞩目的拓展。同时，也衍生出一些新的现象和问题。

现实的变化推动理论思考的深入。就人民币国际化的主题，在学术界出现了前所未有的研究热潮，研究成果不断积累，除了大量的论文与专著之外，还有按年度出版的成系列的人民币国际化报告。一些学者从国家利益和战略视角，对人民币国际化的策略和措施及相关问题提出了深深的忧虑；另一些学者从特定指标出发进行人民币国际化研究，设计出 10 年、20 年的路线图，定出人民币国际化的时间表，认为人民币成为主导性的国际货币似乎指日可待，尽在主动掌握之中。我认为，一个国家的货币要实现“成功的货币国际化”，应当是一国货币通过国际化促进实体经济的可持续发展，并且能够将国际化过程中的风险控制在可承受的范围内，进而为本国带来重大利益。人民币国际化问题必须进行历史与逻辑相统一的审慎思考，从既切合当前实际又符合长远利益的战略目标出发进行深入的研究，从而制定出比较合理有效的政策措施。作为长期从事中国货币历史发展研究的学者，有充分的理由参与中国货币战略的研究阵营，分享学术工作给国家和社会带来效益的愉悦。正是在这种形势下，2015 年我申请了国家自然科学基金项目——“人民币国际使用的最佳边界与金融风险管理”（项目批准号：71573268），希望通过博士培养和专题研究，就这一问题进行有益的探讨。

人民币的最佳使用边界如何确定，这与人民币国际化战略目标的确定直接相关。不同阶段不同层次的战略目标，人民币国际使用的深度和广度完全不同。这个视角可以有力地回应在人民币国际化问题上的过度悲观主义和过度乐观盲目冒进的“左派幼稚病”。人民币国际化应当是多色光谱的，是一个动态过程，其国际使用边界的确定和需要应对的风险，也应当是一个动态的过程。

决定人民币最佳使用边界的影响因素及其需要应对的风险，与其不同阶段的战略目标相对应。大致说来，人民币国际化的战略目标可以分为两个阶段。第一阶段，是人民币没有取得核心货币或者世界货币中主导货币地位的阶段，是我们现在正面临的阶段。在这个阶段，人民币的战略目标应当是重新塑造国际货币体系，从各项货币职能全方位推行人民币国际使用，在此基础上，建立人民币的国际货币价值尺度功能，摆脱美元本位给中国社会经济利益带来的伤害。第二阶段，是人民币成为国际核心货币之一的阶段，这个阶段的战略目标是充分发挥人民币的价值贮藏功能，建立多元的国际储备体系，进而形成金融强国，为经济强国提供支持。货币真正的国际化，是在交易媒介和计价功能基础上在国际范围内具有价值贮藏的功能，在这样的阶段它才具有“硬通货”和核心货币的功能，才能够实现完全意义上的国际化。

在我们现在所处的第一阶段，面临的主要制约因素是什么？

改革开放以来美元体系运行的现实表明，中国是美元的受益者和美元实际的最大支持者，这主要表现在人民币钉住美元以及对美元储备地位的维护上。中国在跨国公司全球产业链布局中处在加工组装环节的贸易中介地位，中国对亚洲中间产品生产国和石油输出国保持贸易逆差，而对美国保持巨额贸易顺差，进而促使自身和这些国家积累起大规模的美元储备。21 世纪以来全球外汇储备的 30% 与 80% 分别由中国和发展中国家持有，其表现形式主要为美元。中国钉住美元的汇率政策促进了出口导向型经济增长，但是也给我们带来了储备资产价值的损失和货币主权的伤害。2000 年至 2011 年 8 月美元对 16 种大宗商品指数贬值了 75.6%。如果美元出现长期熊市，对中国将带来沉重伤害。

大量的贸易盈余迫使中国央行以持续买入美元的操作来维持汇率稳定，外汇占款因此成为很多年份中国基础货币的重要投放渠道，美元成为十足储备。这进而成为美联储量化宽松货币政策促成中国流动性泛滥、房地产和基础设施投资泡沫膨胀的传递渠道。中国人民银行通过央行票据发行实现冲销，又陷入利息成本大于美国国债收益率和美元储备资产贬值的双重困境。2009 年中国已成为世界第一大贸易出口国。2010 年，中国成为仅次于美国的全球第二大经济体。但是，货币政策却缺乏自主性。一种改革逻辑是放弃汇率稳定的政策目标，取消外汇管制，实现藏汇于民的外汇资产分散化，建立市场供求决定的汇率形成机制。这种思路过于理想化。IMF 的定义和相关理论显示，均衡汇率应该是与国际收支或经常账户平衡相适应的汇率。但是，这种均衡汇率事实上难以成立。20 世纪 70 年代以来，跨国公司在全球推进的以产业链为基础的新型国际分工，中国是以加工组装角色参与其中的，这就使得在中国境内创造的 GDP 或增加值必然以贸易顺差的形式实现。中国出现名义上的大额贸易顺差，美国出现相应逆差，而主要利润为美国独享。以这种国际分工体制来追求所谓均衡汇率，必然对中国带来巨大伤害。此外，从外汇交易的结构来看，出于真实贸易需求的外汇交易很少，出于套利或套汇等动机的纯金融交易已占绝对多数。汇率大幅度波动对国际金融投机资本十分有利，但对中国这样以实体经济为主的发展中国家极其有害。美联储主导的“全球金融周期”，让其他国家只能在要么外汇管制、要么丧失货币主权的二元悖论中作出抉择，有学者据此提出发展中国家资本账户开放必须恪守审慎之道。中国的实际情况表明，面临艰难转型的中国经济尚待稳定，股市和楼市巨幅波动，金融体系脆弱性已明显暴露出来。与此同时，国内外套利空间巨大，资本流入与流出的动力同样强盛，如果放任汇率波动，有可能触发金融危机。

中国对外经济活动面临的这种困境，从货币使用的角度来看，就是源于对外贸易、引进外资以及相关国际金融活动中我们必须以美元等外币计价、支付和结算，中国参与国际分工所积累的国民财富也大都以美元储备资产形式持有。这是中国改革开放初始条件所决定的必然选择。我们缺乏长期信用基础和健全的本土资本市场，在参与全球化经济活动中，只能积累美元而不是本币的资产或债务，无法规避货币与期限错配。这种困境不可能通过浮动汇率制度来摆脱。作为发展中大国，中国有可能通过推进人民币在国际贸易与国际金融交易中的计价、支付、结算与投资，排除和减少美元等外币的使用，通过国际竞争的货币优势，摆脱大部分汇率波动风险和美元危机给中国可能带来的伤害。

主权货币充当国际货币，其价值的决定离不开与大宗商品诸如石油的关联。在美元与黄金脱钩后，美元成为石油的计价标准，石油价格的涨落以美元投放的多少为依归，美元投放越多，石油价格上涨越高，石油进口国对美元的需求也就越大。美元为石油定价功能形成的这种“供给自动创造需求”的机制，构成美元霸权的一大支柱。与此相对，日元国际化是在国际浮动汇率制度下的一个为获得价值效应不断升值最终消耗国力的过程。日本泡沫经济破灭后，日元波动剧烈，极无规则可言，失去了价值尺度功能，进而沦为国际投机的融资货币。时至今日，没有一个国家的货币与日元挂钩，日元完全偏离了货币国际化的合理目标。当然，这与美日的军事政治同盟和日本从属地位的国际关系相关。

中国参与全球化过程中面临的上述困境，难以通过引入浮动汇率制度加以克服，但是可以通过人民币国际化的战略来摆脱。在我们所处的人民币国际化的第一阶段，具体推进的策略和措施主要表现在以下方面：第一，鉴于大宗商品的计价有助于主权货币国际化的价值效应和网络效应的扩张，需要积极推进在大宗商品计价上人民币的国际使用。第二，价值效应和网络效应的拓展有赖于长期持续的币值稳定。中国必须完善人民币计价的国际国内顺畅联通运行有序的金融市场，包括人民币离岸金融市场的建设，通过国内合理的汇率政策引导市场合理运行，使人民币在服务于国际社会多层次需求的情况下，保持币值的基本稳定。第三，中国对外贸易体系必须从依赖产业链的垂直分工体系向互通有无的水平贸易（双向贸易）体系转换，消除单纯依赖美元的基础条件，以此支撑人民币的国际使用。中国政府发起的“一带一路”倡议，就是基于互惠贸易等目标，为人民币国际使用提供基石的重要举措。第四，在对外经济交往和对外贸易中推进人民币使用，要充分考虑美元等既存国际货币对中国经济活动的制约，使人民币使用和外币使用达到最佳动态组合。避免人民币使用扩大反而导致外汇储备积累增多，进而带来福利损失，造成事与愿违的结果。

本课题研究的时点处于人民币国际化的第一阶段，研究的主题自然直接决定于这个阶段的主要策略措施。这些策略措施推进中遇到的障碍，便是制约人民币国际化最佳边界的因素，而这些障碍可能给中国国民福利、金融安全及国家利益带来的损害，就是在人民币国际化过程中应当面对和管控的风险。人民币国际使用最佳边界的确定，是在特定时期既定的主客观条件下，人民币在维护中国对外经济活动中国民福利和国家利益方面达到最佳状态的国际使用。它既取决于中国主动战略的效果，也取决于外部力量的变化。而且它是一个动态过程，随着时间的变化，问题的组合和方向会跟着改变。问题的研究有多种可能的方向，在有限的时间里，我们主要在人民币国际债券市场、“一带一路”与人民币国际使用、相关风险防控等主题进行研究。

摆在面前的这本专著，是课题团队成员中国银行国际金融研究所副所长钟红的研究成果。钟红在中国银行工作多年，长期从事国际金融理论与政策研究，具有多年的研究积累。2014 年来到中国人民大学财政金融学院攻读金融学博士，她将多年的研究积累、课题研究和学位论文有机结合，聚焦于人民币国际债券市场的研究。2017 年 7 月，她顺利获得博士学位。同时，她负责的课题部分，以这本专著的形式正式出版，令人十分欣慰。

人民币国际化进程在不断推进，新的问题将不断涌现。我们不仅要进行长时段的理论思辨，而且要针对当前面临的问题提出合理的对策。我希望钟红在既有研究积累的基础上不断探索，在人民币国际化及金融领域其他问题的研究中，作出更大的贡献。希望这本专著的出版，能为人民币国际化的推进提供有益的思想资源。

2017 年 10 月 15 日于北京

目　录

绪　　论

一、研究背景与意义

（一）国内外经济形势的变化与人民币国际化的提出

尽管2008年爆发的全球金融危机[①]至今已近10年，但这场被认为是20世纪30年代“大萧条”以来最严重的金融危机对全球经济的影响却依然存在。这场被经济学家称之为“改变未来的金融危机”[②]，不仅终结了自20世纪80年代中期以来全球经济“大缓和”（Great Moderation）的趋势，而且使全球经济和贸易的格局发生了深刻变化。虽然美国经受了这场金融危机的考验，但是欧元区国家至今还在主权债务危机中艰难地恢复，其一体化进程面临严峻的挑战；至于以金砖国家为代表的新兴经济体的经济增速，由于一系列因素的影响而大幅下降。在全球经济增速持续低迷的背景下，贸易保护主义倾向开始抬头，由此引发了关于全球经济是否已经陷入“长期停滞”（Secular Stagnation）的争论。

---

① 英国剑桥大学政治学与国际问题系高级研究员马丁·雅克（Martin Jacques）在《大国雄心：一个永不退色的大国梦》一书中指出：“尽管人们普遍将此次危机称为全球金融危机，但并不恰当。就总体而言，此次危机实际上是西方的金融危机。”（中信出版集团2016年版，“前言”第2页）

② 朱民：《改变未来的金融危机》，中国金融出版社2009年版，“序”第4页。

中国在2001年加入世界贸易组织（WTO）后，积极融入经济、金融全球化的进程。中国在短短的10余年里，先后成为全球第二大经济体、全球第一制造业大国以及全球第一贸易大国。作为深度融入国际经济体系的全球第二大经济体，中国已经不是消极面对客观存在的国际经济环境的外生变量，而是能够影响国际经济环境的重要内生变量①。同样，中国经济也深受全球经济、金融形势变化的影响，尤其是肇始于美国的2008年全球金融危机的影响。从某种意义上说，目前中国经济面临的诸多问题与挑战，在很大程度上都与2008年全球金融危机相关。2008年全球金融危机不仅是全球经济发展进程的一个分水岭，也是中国经济发展、特别是经济发展方式转型和经济结构调整的一个重要的时间节点。在全球金融危机之前，以出口导向和投资驱动为主要特征的中国经济发展模式一路高歌猛进，成为中国迅速崛起为全球第二大经济体的重要原因。全球金融危机之后，在全球经济低迷，尤其是主要发达国家内需不足的大背景下，中国经济开始了经济增长方式的转型与经济结构的调整。在这一过程中，中国经济在承受巨大压力的同时，面临诸多的困难与挑战。从金融这一维度来看，中国的"内忧外患"突出地表现为以下两个方面：

第一，国内金融市场的欠发育难以承受经济增长方式转型之重任。长期以来，中国深受"帕特里克之谜"(Patrick's mystery)② 的困扰，即与中国实体经济长期高速增长相对应的是一个结构性改革和制度性改革

① 参见叶荷：《中国面临不一样的战略机遇期》，《国际经济评论》2012年第5期。

② 1966年，美国耶鲁大学经济学家休·帕特里克（Hugh T. Patrick）发表了《欠发达国家的金融发展与经济增长》一文，较早地研究了金融发展与经济增长之间的关系。他认为，在经济增长的起步阶段，金融引导经济增长；在经济金融快速增长阶段，经济中的摩擦会刺激金融发展。帕特里克对金融发展与经济增长之间关系的表述，引起了经济学家们对二者因果关系方向上的迷惑。在此之后，人们把金融发展与经济增长关系的问题称为"帕特里克之谜"。（参见李景波：《"帕特里克之谜"与西方金融发展理论的演进》，《经济师》2009年第6期）

迟滞的低效率的金融体系。该体系的主要特征包括：占据金融体系绝对主导地位且主要向国有企业提供信贷融资的银行体系，以市场准入限制和利率管制为主要特征的金融抑制，缺乏有效信息披露制度和良好治理的资本市场，以及缺乏弹性且透明度不高的汇率制度。这些特征决定了中国金融资源的错配与价格扭曲现象极为突出，在出口导向型和由公共部门投资驱动的经济增长模式下，整个金融体系的结构性缺陷不仅在一定程度上被掩盖，甚至还成为政府有效动员居民储蓄和实施产业政策的重要手段。随着外部经济环境的变化，中国经济向消费驱动型和创新驱动型增长模式的转型已经迫在眉睫。然而，居民部门和私人企业部门作为消费和创新的主体，却难以从该金融体系中获得足够的金融资源支持。这是当前中国金融体制改革必须首先解决的重大问题。

第二，美国的非常规货币政策使中国陷入了“美元陷阱”（Dollar Trap）之中。全球金融危机爆发后，美联储为了应对危机的冲击，实行了持续“量化宽松”（Quantitative Easing）这一非常规货币政策。美联储作为事实上的全球央行，其量化宽松货币政策对全球经济产生了重大而深远的影响。其中最直接的一个后果是弱势美元大行其道①，即廉价美元充斥全球金融市场。美元的大幅贬值，使中国官方持有的巨额美元储备，尤其是美国国债面临资产价格大幅缩水的风险②。面对持续增长的贸易顺差，中国货币当局陷入了尴尬的两难境地，如果继续购买美元资产，那么持续增长的美元存量资产所面临的汇率风险敞口将越来越

① 在 2008 年 11 月至 2011 年 8 月期间，广义美元指数（Nominal Broad Dollar Index）和美元对主要货币的名义指数（Nominal Major Currencies Dollar Index）分别从 110 和 83 下降到 95 和 69，美元贬值幅度分别为 25% 和 27%。（数据引自美联储官方网站，www.federalreserve.gov/datadownload/Choose.aspx？ rel=H10。）

② 正如莱因哈特和罗格夫所指出的，国际资本市场存在的最根本性的缺陷在于缺乏一个超国家的法律框架来确保债务合约在不同国家得到履行。与此同时，主权债务的偿付依赖各国的还款意愿而非还款能力。（参见［美］卡门 M. 莱因哈特、肯尼斯 S. 罗格夫：《这次不一样：800 年金融危机史》，机械工业出版社 2012 年版，第 41 页。）

大；如果停止购买甚至抛售存量美元资产，那么中国将会遭受由美元资产价格下跌所引发的直接损失。① 因此，短期内中国除了继续购买美元资产并承担相应的资产贬值风险之外，并无其他应对良策，这就是克鲁格曼（Paul Krugman）等学者所谓的“美元陷阱”②。然而，中国的两难境地远不止如此。自 2014 年以来，随着美国经济复苏前景日渐明朗，美联储的量化宽松政策的退出逐渐被提上日程，美元也由此进入升值周期。③ 与此同时，国际资本流动格局也出现逆转，即此前流入中国等主要新兴经济体的巨额短期资本开始回流美国。大规模的资本流出不仅使中国的外汇储备急剧下降④，而且还在一定程度上加剧了国内资产价格的波动⑤。

如何应对上述国内和国际两个方面的挑战，成为中国政府在进一步深化金融体制改革时亟待解决的问题。自 2009 年以来，人民币国际化作为一项国家层面的战略性安排被提上日程。尽管中国政府从未就人民币国际化的战略目标和实现路径作出明确、清晰的表述，但学术界的普遍共识是，中国启动人民币国际化进程的初衷至少包括以下两个方面：一是通过实施人民币国际化战略“倒逼”国内的金融体制改革，如利率市场化、汇率形成机制改革以及资本与金融账户开放等；⑥ 二是以人民币国际化战略为切入点，推动全球金融危机以来并未取得实质性

---

① 参见余永定：《见证失衡》，三联书店 2010 年版，第 177 页。

② Paul Krugman. *China's Dollar Trap*. *The New York Times*，April 2，2009. 以及 Eswar Prasad. *The Dollar Trap*，Princeton University Press，2014。

③ 2014 年 5 月至 2016 年 5 月，广义美元指数的升值幅度超过了 20%。（数据引自美联储官方网站，www.federalreserve.gov/datadownload/Choose.aspx？rel=H10）

④ 在 2015 年 1 月至 2016 年 12 月期间，中国外汇储备由 3.8 万亿美元下降到 3.0 万亿美元，降幅为 27%。数据引自中国国家外汇管理局官方网站（www.safe.gov.cn）。

⑤ 短期资本外流是导致 2015 年中国 A 股市场价格暴跌的重要原因之一。

⑥ 当然，人民币国际化的“好处”远不止如此。关于人民币国际化的成本与收益，国内有大量已有研究可供参考。（参见张宇燕：《人民币国际化：赞同还是反对?》，《国际经济评论》2010 年第 1 期。）

进展的国际货币体系改革，以降低对美国以及美元体系的非对称性依赖①，从而最终走出“美元陷阱”。

（二）人民币国际化的进展与面临的主要问题

衡量一国货币国际化的程度有不同的方法。如果从货币的基本职能这一视角来看，贸易计价、贸易结算、金融交易媒介以及国际储备资产计价这四个维度经常被用来衡量一国货币国际化的程度。相对而言，贸易计价和贸易结算是货币国际化的初级阶段，而金融交易媒介和国际储备资产计价则是相对高级阶段。一般而言，一旦一国的主权货币成为现行国际货币体系中的储备资产计价货币，也就意味着该国货币成为真正意义上的国际货币。因此，从货币的基本职能这一视角来看，国际储备资产计价货币是一国货币国际化的终极目标。基于这一视角，目前人民币国际化进程仍然处于货币国际化的初级阶段。

当前人民币国际化进程面临的问题，主要包括五个方面的失衡。第一，区域性失衡，即目前人民币的结算和使用过多地集中在香港，而在其他境外区域的使用情况并不理想，伦敦作为欧洲范围内首个人民币离岸金融中心的地位仍需进一步巩固。第二，人民币进出口结算业务的失衡，即使用人民币结算的进口业务要远远多于出口业务。在人民币国际化进程的初期，人民币存在较为强烈的升值预期。在此背景下，非居民出口商倾向于使用人民币进行贸易结算，从而导致我国用于进口交易的人民币支付额度大幅攀升。这一主要由人民币升值预期驱动的国际化在长期内是难以持续的。第三，人民币的交易职能与储备职能的失衡，即虽然人民币在国际结算中的使用逐渐增长，但是人民币储备货币的职能却发展缓慢。在政策性因素和人民币升值预期的推动下，人民币跨境

---

① 参见项卫星、王冠楠：《“金融恐怖平衡”视角下的中美金融相互依赖关系分析》，《国际金融研究》2014 年第 1 期。

贸易结算有了较快发展。但受制于资本账户管制和国内金融市场欠发达，以人民币计价的资产在全球储备资产中的占比仍然较低。第四，在岸市场与离岸市场发展的失衡，即虽然人民币国际化正在倒逼国内金融市场化改革不断加快，但是目前人民币在岸价格的市场化程度仍然远低于离岸价格的市场化程度，从而导致人民币在岸市场和离岸市场之间存在大量无风险套利套汇机会。跨境套利套汇活动给中国经济发展带来了诸多不稳定因素。第五，持续发展动力的失衡，即人民币国际化的初期发展主要是建立在跨境贸易结算相关政策的推动和人民币持续存在的升值预期这两个基础之上。2015 年“8・11 汇改”后，人民币国际化发展遇到阻力并出现阶段性低谷，主要表现为境外机构减持境内外人民币资产、离岸市场人民币存款余额下降、离岸市场人民币债券发行规模缩减以及人民币外汇远期交易萎缩等方面。未来随着人民币汇率市场化改革的持续推进和人民币汇率双向波动的常态化，人民币国际化的长期持续发展必须建立在更加稳定坚实的市场化动力之上。

需要指出的是，当前人民币国际化进程面临的主要问题即上述五个方面的失衡，主要是由两个原因所导致的。第一，在目前的金融体制下，中国货币当局同时在资本项目与外汇市场两个领域实施管制，此举阻碍了资本项目自由化和人民币汇率形成机制市场化的进程，从而对人民币国际化战略的实施产生负面影响。第二，中国对外贸易结构的失衡、人民币国际结算的失衡以及“霸权货币”的抵制，将使人民币国际化战略面临不少困难，由此决定了需要对目前实行的“贸易结算＋离岸市场”的人民币国际化的路径作出调整。① 从货币职能的视角来看，现阶段人民币的国际使用主要发挥支付媒介职能，近期人民币国际化进程

① 当然，在中国金融体系尚未完全开放的条件下，以贸易结算试点作为起步并辅之以离岸市场发展，对人民币的境外使用和国际化进程的发展起到了非常重要的作用（丁一兵，2016）。

的波折与人民币价值储藏职能的发展相对滞后密切相关。[①] 事实上，过于依赖支付媒介职能的“贸易结算+离岸市场”这一货币国际化模式最终不可避免地要受到国际价值储藏职能不足的制约，这也是导致日元国际化失败的重要原因（殷剑峰，2011），因而不能过于夸大离岸中心和贸易结算在人民币国际化中的作用（李晓、付争，2011；张贤旺，秦凤鸣，2014；丁一兵，2016）。换言之，人民币国际化战略需要在货币职能视角的基础上寻找新的突破口。

（三）以国际债券市场推动人民币国际化的意义

从货币国际化的含义来看，所谓货币国际化实际上是指一国货币在发行国以外行使全部或部分货币职能的现象。一国货币的国际化必然涉及本币的流出机制与回流机制问题。前者是该国货币成为国际货币的前提条件和微观基础，即确保他国经济主体能够获得本币；而后者则是维持他国经济主体持有该国货币意愿的保证。因此，人民币的国际化首先需要解决这两个机制建设的问题。目前人民币的“贸易结算+离岸市场”这一国际化路径的根本症结在于，人民币的流出机制与回流机制不畅。为此，加快人民币国际债券市场的建设和发展至少具有以下三个方面的意义：

第一，人民币国际债券市场能够在资本与金融账户项下建立更加顺畅的人民币环流机制。目前来看，中国作为典型的“贸易国家”[②]，通

---

① 一国货币在贸易结算等方面发挥支付媒介职能将引致经济主体（私人部门和外国官方机构）将该货币作为价值储藏的手段，而以真实经济交易为支撑的金融交易能够避免货币的价值储藏职能沦为过度投机的工具。货币价值的稳定性也有利于巩固其作为国际支付媒介货币的地位（无论是贸易还是金融投资）。

② 所谓“贸易国家”，一方面是指国内金融市场封闭且不发达，无法引领国际金融市场发展潮流并制定其规则的国家；另一方面是指那些主要依靠出口拉动经济增长，而且本币尚未成为世界性货币，因而不得不依赖出口贸易赚取外汇收入的国家。（参见李晓、丁一兵：《亚洲的超越——构建东亚区域货币体系与“人民币亚洲化”》，当代中国出版社2006年版，第16页。）

过经常账户输出人民币的方式存在一定的问题。发展以“熊猫债券”为代表的人民币外国债券市场，能够在资本与金融账户项下开辟一条人民币流出通道，确保他国经济主体能够便捷地获取人民币流动性。加快国内债券市场开放，尤其是完善人民币合格境外机构投资者（RMB Qualified Foreign Institutional Investors）等机制，能够在资本与金融账户尚未完全开放的条件下，为持有人民币流动性的境外投资者提供具有一定深度和广度的人民币资产交易市场，提高人民币资产的吸引力，完善境外人民币的回流机制。发展人民币离岸市场，则能够实现人民币的“体外循环”，提高人民币在国际金融市场被第三国使用的程度。因此，人民币国际债券市场的发展，有利于人民币环流机制的建立和完善。

第二，人民币国际债券市场的建设和发展有利于协同中国金融体制的转型与改革，从而为人民币国际化奠定更加坚实的基础。近年来人民币国际化的经验证明，人民币国际化需要与其他金融改革，尤其是利率市场化、金融监管改革、资本与金融账户开放以及人民币汇率形成机制改革协同推进。诸多事实证明，人民币国际化的单兵突进不仅难以实现货币当局的政策意图，而且还容易诱发金融体系的冲击与动荡。以人民币国际债券市场的建设和发展为切入点，从国内来看，将有利于加快多层次资本市场建设，完善货币政策传导机制，加快利率市场化进程；从国外来看，合理的人民币流出通道与回流通道的建立，将有助于完善人民币汇率形成机制，进一步提高人民币的国际认可度与接受度，从而有助于加快人民币国际化进程。

第三，建设和发展人民币国际债券市场的风险相对可控，是一项重要而稳妥的金融改革和开放战略。从目前国内外经济、金融形势来看，允许外国机构投资者投资人民币国际债券市场，是一种较为稳妥的人民币回流机制。由于国际债券市场的离岸金融属性十分突出，因此对于人民币汇率和资本与金融账户的冲击相对较小；而与直接开放国内股票市场相比，适度开放债券市场对中国金融体系的冲击和负面影响相对可控，效果更好。从国际方面来看，英镑、美元、日元以及澳元等国际货币的经验或教训都证明，一个开放、发达的债券市场对于本国货币的国际化具有重要的支撑作用。

二、研究对象与相关概念的界定

（一）人民币国际债券市场的概念

根据巴塞尔银行监管委员会的定义，国际债券（International bond）是指发行人在本国或本地区之外发行的债券，包括外国债券和欧洲债券两类。其中，外国债券是指一国发行人在外国发行以市场所在国的货币计价的债券，其特点是发行人所在国与发行市场所在国是不同的国家，比较有代表性的外国债券包括"扬基债券"（美国的外国债券）、"猛犬债券"（英国的外国债券）、"武士债券"（日本的外国债券）等，中国的外国债券一般被称为"熊猫债券"（在中国大陆地区发行的外国债券）。欧洲债券（Euro bond）是指一国发行人在国际市场上发行的以可自由兑换的第三国货币计价的债券，也被称为离岸债券。根据国际资本市场协会（ICMA）的定义，除了完全针对本土市场的国内债券之外的其他的债券发行都称之为国际债券（见表 0–1）。

表 0–1 国内债券和国际债券的区别

	分类	发行货币	发行人	发行地点	交易地点	投资者
国内债券	国内债券	国内货币	国内	国内	国内	国内
国际债券	外国债券	国内货币	外国	国内	国内	国内
	欧洲债券	欧洲货币	任何	国际	国际	国际

资料来源：国际资本市场协会（ICMA）。

（二）本书的研究对象与研究范畴

本书主要从人民币国际化的视角研究人民币国际债券市场的建设和发展问题。考虑到目前中国的实际情况，本书对人民币国际债券市场的研究将主要集中在三个方面：第一，人民币外国债券市场的发展，即外国筹资者在中国大陆发行人民币债券的相关问题；第二，人民币欧洲债券市场的发展，即本国或外国筹资者在人民币离岸金融中心发行人民币债券的相关问题；第三，中国国内债券市场向外国投资者的开放，即外国投资者在中国国内债券市场上的投资及其相关问题。

由此可见，本书的研究是对一般意义上的国际债券市场定义的拓展。之所以将国内债券市场向国外投资者的开放纳入到本书的研究范畴，主要是基于以下两个方面的原因：第一，一般意义上的人民币国际债券市场是在资本与金融账户下创建的人民币流出机制（即人民币外国债券市场）和人民币海外循环机制（即人民币欧洲债券市场），而国内债券市场的开放则在资本与金融账户项下为海外人民币的回流提供了重要通道。因此，将二者纳入一个分析框架之中，将有助于从人民币国际化的视角分析人民币流出和回流的闭合循环问题。第二，如前所述，国内债券市场的开放，对于促进中国金融市场的发展具有重要意义。许多研究证明，一国金融体系的完善尤其是金融市场的深度和广度的提高，将对该国货币的国际化起到重要的支撑作用。因此，国内债券市场开放本身也是人民币国际化这一题中应有之义。

三、研究脉络与结构

（一）研究思路与逻辑主线

自2009年提出人民币国际化战略以来，国内外学术界对于人民币国际化进行了较为深入的讨论。其中关于人民币国际化的路径选择问题，大体上形成了两种比较有代表性的观点：一种是基于货币职能的视角，认为人民币国际化战略应该遵循贸易计价货币、贸易结算货币、金融交易媒介货币以及国际储备货币这一路径。另一种是基于地域的视角，认为人民币国际化战略应该遵循人民币周边化、区域化（即亚洲化）以及国际化这一路径。然而，这两种人民币国际化的路径都存在一定问题。

首先，中国在过去几年里通过政策大力推动的人民币贸易结算，在实践中存在很多问题，如人民币单边升值预期下的单边结算、在岸与离岸市场套利等现象。这些问题都与国内现行的汇率制度和资本与金融账户的开放程度密切相关。因此，单纯基于货币职能视角的路径，在某种程度上可能未必完全适用于人民币国际化战略的实施。其次，就基于地域视角的人民币国际化路径而言，也未必全面和正确。如果仅从货币国际化的难度上看，先周边化和区域化（即亚洲化）、最终国际化这一路径有一定道理。但是目前中国作为全球第二大经济体和第一贸易大国，已经深度融入经济和金融全球化进程，并且在全球经济和金融体系中发挥着至关重要的作用。为此，仅从地域的视角出发推进人民币国际化战略未免过于狭隘。事实上，在全球范围内推动人民币离岸金融市场的发展，与扩大人民币在亚洲区域内的影响力二者之间并不冲突。为此，应当齐头并举、共同推进。

人民币的国际化既是人民币的国际货币职能不断提升、使用范围不断拓展的过程，同时也是人民币不断流出和回流中国金融体系的闭合循环过程。前者从货币职能和使用范围视角阐释了人民币国际化的内涵，而后者则从实践层面说明了人民币国际化的实现机制。事实上，只有形成畅通的人民币流出机制和回流机制，人民币国际货币职能的提升以及使用范围的扩大才能得以实现。沿着这一思路，既然近年来人民币国际化的实践探索证明，经常账户下的贸易结算以及在此基础上的离岸市场建设未能有效解决这一问题，那么中国能否从资本与金融账户这一路径着手推进人民币国际化？这一问题成为本书研究的逻辑起点。在参考既有的理论研究与实证研究以及主要国家货币国际化经验的基础上，本书选择了国际债券市场作为从资本与金融账户视角分析人民币国际化的切入点，并且围绕人民币的流出机制与回流机制建设这一逻辑主线开展研究。

（二）结构安排与主要内容

绪论，简述本书的研究背景，界定人民币国际债券市场的内涵，明确本书的研究思路、逻辑主线、研究方法和基本框架。

第一章，按照相关研究的历史发展脉络，以国际债券市场发展对货币国际化的影响为逻辑主线，从国际债券市场发展的意义、国际债券市场发展与货币国际化的关系、亚洲债券市场发展与亚洲货币金融合作、人民币国际债券市场发展问题四个方面，对相关文献进行梳理，提出本书研究的问题。

第二章，在系统回顾债券市场发展与货币国际化相关理论、对货币国际化的含义与基本逻辑进行分析的基础上，深入剖析货币国际化与一国国际收支状况、金融发展水平之间的关系，并从现阶段人民币国际化面临的约束条件出发，对人民币国际化的微观基础即人民币的环流机制建设问题进行系统的分析，从理论上阐述人民币国际债券市场对于人民币国际化的支撑作用以及发展人民币国际债券市场的深远影响，为本书后续的国际比较研究、实证研究以及政策研究奠定理论基础。

第三章，主要回顾国际债券市场发展的历史演进，并以美国和日本这两个典型的国家为例，分析国际债券市场发展在其本币国际化进程中发挥的重要作用，从而为人民币国际债券市场的建设和发展提供经验借鉴。

第四章，在系统分析人民币国际债券市场发展现状的基础上，探讨特别提款权（SDR）债券市场与人民币国际债券市场之间的关系，并对人民币国际债券市场发展中存在的问题进行分析。

第五章，从国际债券市场的币种结构这一视角，以宏观总量数据为样本，借鉴外汇储备币种结构的研究方法，对国际债券币种结构的影响因素进行实证分析。选取美元、欧元、英镑、日元、澳大利亚元、加拿大元、瑞士法郎和人民币计价的国际债券余额和当年发行额占全球国际债券的比重作为被解释变量，以惯性效应、网络效应、汇率稳定性、对内币值稳定性以及金融结构性因素作为解释变量，选取 1999—2015 年的年度数据，利用面板数据模型进行计量分析，旨在从宏观层面找出影响国际债券币种结构的核心因素，为人民币国际债券市场发展和人民币国际化政策建议提供可靠的实证支持。

第六章，借鉴外汇储备币种结构影响因素的实证分析，从惯性效应、网络效应和币值稳定性的角度，对一国居民以本币计价的国际债券占比的影响因素进行实证分析。选取澳大利亚等 16 个发达国家 / 地区和阿根廷等 11 个发展中国家 1999—2015 年的年度数据进行面板数据回归，在宏观层面探寻影响本币计价国际债券占比的核心因素，以期为人民币国际债券市场的发展和人民币回流机制的完善提供有益的借鉴。

第七章，在前两章实证分析的基础上，探讨人民币国际债券市场发展的前景和制约因素，即战略目标与定位、市场机制的建设与市场培育、既定约束下的市场扩容与人民币环流机制设计以及基础设施的建设与维护，并对人民币国际债券市场的建设和发展提出有针对性的政策建议。

结语，系统总结全书的主要结论。

（三）本书的研究方法

第一，文献分析法。现有关于债券市场的研究文献多分散于各个领域，如对债券市场宏观经济效应的研究多属于宏观经济学的研究范畴，债券定价和风险管理研究多属于金融市场或金融工程领域的研究范畴，从微观角度研究企业选择债券融资的前因后果则属于资本结构理论的研究范畴。本书将对国际债券市场的发展和人民币国际化相关的文献进行系统、全面的梳理，特别是将相关文献按照本书的研究逻辑梳理为四个方面，即国际债券市场发展的意义、国际债券市场发展与货币国际化的关系、亚洲债券市场发展与亚洲货币金融合作以及目前对人民币国际债券市场发展问题的相关研究。通过对文献的系统梳理和分析，为全书的研究做好充分的理论准备。

第二，理论分析法。本书将在国际金融学尤其是国际收支分析的理论框架下，对国际债券市场的发展与本币国际化之间的关系进行较为深入的理论分析。尤其是结合目前中国的实际情况，对二者之间的逻辑关系进行理论上的论证和分析，阐明在资本与金融账户下探索人民币流出机制和回流循环机制的必要性与意义。

第三，案例分析与国别比较分析相结合的方法。本书将选取美国和日本这两个最为典型的国家，对其国际债券市场的发展历程以及国际债券市场对其本币国际化的作用进行详细的案例分析，为全书的总结和相关政策建议提供支持。

第四，实证分析法。本书将分别从两个不同的视角，即国际债券币种结构影响因素、本币计价国际债券占比影响因素，对人民币国际债券市场的发展进行实证检验，以保证实证分析的维度更加多元，结论更加正确。

第五，情景分析法。本书将在实证分析的基础上，结合实证模型进行情景设定，对人民币国际债券市场的未来发展趋势进行展望，为本书提出的政策建议提供理论基础。

本书旨在回答和解决以下四个核心问题：第一，人民币国际债券市场与人民币国际化之间的内在关系是什么？第二，目前发展人民币国际债券市场的意义以及如何通过发展这一市场，构建一个畅通的人民币流出机制和回流机制？第三，哪些因素对人民币国际债券市场发展起着决定性作用？第四，应当采取何种具体措施加快人民币国际债券市场的建设和发展？

（四）主要贡献与创新

第一，选题视角较为全面、新颖。2008 年全球金融危机后，关于国际货币体系改革和人民币国际化问题的研究层出不穷。从金融市场角度来看，对于人民币离岸金融市场的讨论较为集中，近年来对“熊猫债券”市场以及香港“点心债券”市场发展的关注也逐渐增多。但从整体上来看，深入系统地分析人民币国际债券市场的文献并不多见。在中国知网（CNKI）以关键词“国际债券市场”检索（年份不限），在中文社会科学引文索引（CSSCI）期刊上发表的论文数目仅 7 篇。[①] 从博士论文检索来看，目前尚未有以“人民币国际债券市场”为关键词的博士学

① 该检索结果截至 2016 年 12 月。

位论文。本书将人民币外国债券（“熊猫债券”）、人民币离岸债券以及国内债券市场对境外投资者开放等问题，纳入到一个广义的、统一的“人民币国际债券市场”的分析框架之中，从人民币国际化的视角对该问题进行系统的研究，在研究视角上更为综合、全面和新颖。

第二，研究方法有一定的创新。本书注重符合学术标准和规范，既注重理论框架的构建，也注重计量实证与理论研究的紧密结合，同时结合案例分析和国别比较分析等多种研究方法，力争研究结论不仅符合国际经验范式，而且也符合中国范式。在实证研究方法方面，本书从货币职能的视角出发，基于有关外汇储备币种构成的最新实证研究方法，对国际债券币种构成的影响因素进行了实证分析，并针对货币回流机制问题，对影响本币国际债券占比的因素进行了实证检验。这两项实证研究在数据选取、研究内容以及研究方法方面都具有较为突出的创新性，尤其是对于本币国际债券占比的实证研究在国内尚不多见。

第三，研究结论具有较强的现实意义和政策参考价值。从实践角度看，一方面，2015 年以来，中国经济发展的内外部环境发生了一系列重大变化，如美国进入加息周期后国际资本流动逐渐发生逆转、全球贸易规则重构进程日益加速、中国“一带一路”等对外战略的加快推进，这些重大变化对人民币的国际化进程产生了直接的影响；另一方面，随着 2015 年“8・11 汇改”后人民币升值预期的减弱，人民币国际化进入阶段性低谷。为此，现行的人民币国际化战略应当根据这些宏观经济形势的变化及时作出调整。本书对人民币国际债券市场发展和人民币国际化问题的研究，不仅立足于上述宏观层面的最新变化作出系统分析，而且还在此基础上深入探讨以人民币国际债券市场推动人民币国际化持续深入发展的条件，并就与此相关的核心问题提出政策建议。因此，本书的研究具有较强的现实意义和较为突出的前瞻性，研究结论亦具有较强的政策参考价值。

第四，本书做了较多的基础性工作，具有一定的学术文献价值。本书参考了国内学者近年来出版的关于人民币国际化问题的主要著作以及国外学者近年来发表的关于国际债券市场发展的最新文献，并将这些文献进行了有逻辑的组织和梳理，以求本书的研究能够立足于国外最新的研究成果，并在此基础上有所发展。

本书研究的不足之处是，未从微观层面对人民币国际债券市场发展的相关问题进行深入研究。这主要是由于难以获取微观企业层面的数据，因此未能从企业以及金融机构的角度对微观经济主体发行或者投资国际债券的动机、成本与收益等问题进行实证检验。作为本书实证研究中的一个缺憾，有待日后进一步改进和完善。

第一章　国际债券市场：现有研究及问题的提出

债券市场的早期研究发端于20世纪50年代兴起的资本结构理论。该理论作为学术界讨论的焦点，经过多年的发展和演进，使得人们对公司融资行为选择问题的认识得以深入。20世纪60年代至80年代，随着欧洲美元债券市场和外国债券市场的发展，出现了大量关于国际债券市场的研究文献，包括对该市场发展的动因和发展态势等方面的研究。其中部分文献也涉及欧洲美元债券市场对美元国际化影响的研究，为我们认识国际债券市场发展与货币国际化之间的关系提供了文献基础。20世纪90年代后期，由于亚洲金融危机的爆发，对国际债券市场的研究逐渐转向亚洲债券市场发展和亚洲货币金融合作问题。一些学者对亚洲国家存在的货币错配和期限错配的"双错配"问题、亚洲债券市场发展道路和发展中存在的问题等进行了深入研究。进入21世纪以来，学术界对国际债券市场发展的相关问题的研究也更加全面。概括而言，主要有三个角度：即国际债券发行计价货币的选择、国际债券发行地的选择以及国际债券发行主体的选择。这三个角度基本上反映了对当前国际债券市场债券发行的原因、影响因素以及不同特征等方面的研究情况。2008年全球金融危机后，随着国际货币体系改革呼声的提高和人民币国际化的推进，离岸人民币市场成为学术界研究的热点。在对人民币国际化职能演进的相关研究中，也出现了一些关于人民币国际债券市场对人民币国际化影响的研究。本章按照相关研究的历史发展脉络，以国际债券市场发展对货币国际化的影响为逻辑主线，从国际债券市场发展的意义、国际债券市场发展与货币国际化的关系、亚洲债券市场发展与亚洲货币金融合作、人民币国际债券市场发展问题四个方面，对现有文献进行梳理，在此基础上提出本书研究的问题。

第一节　国际债券市场发展的意义

作为金融市场的两大支柱之一，债券市场是最直接的融资渠道，即能够为融资者提供长期资金。债券相对于股票可以在提供借款的同时不需要让渡控制权，同时债券市场投资的风险较低，可以获得稳定的收益，因此，一个运行良好的债券市场既可以为企业和政府提供重要的融资途径，也是保持地区金融稳定的客观要求。国际债券市场的发展同样具有重要意义。Kindleberger（1986）对西欧金融史的研究表明，从历史上看，一国通过向外国投资者出售债券进行筹资的能力可以极大地促进扩张（如路易斯安那购地案的投资）、促进经济发展（铁路）和赢得战争。

国际债券市场的发展对于市场参与主体各方都具有积极意义。从发行者的角度看，Mishkin（1999）认为，发展中国家在国际市场上发行债券有利于其获得流动性较高、较为稳定的长期资金，有利于本国金融体制的建设和完善。De la Torre 和 Schmukler（2005）认为，海外金融市场的审查体系、信息披露制度健全，监察制度严格对发行者获得长期稳定的资金存在积极作用。对发达国家而言，国际债券市场的发展有利于其资金在全球的布局，有利于发达国家的企业扩宽融资渠道，选择在融资成本较低的市场发行债券（Peristiani and Santos，2010；Gozzi et al.，2012）。从投资者的角度看，国际债券可以提供潜在的多样化收益，这在 Levy 和 Lerman（1988）、Jorion（1991）、Levich 和 Thomas（1994）等人的研究中都有所阐述。Burger 和 Warnock（2004）根据美国资本流动数据，发现美国跨境债券交易额在 20 世纪 90 年代年均达到 8.6 万亿美元，为其股票交易额的 3 倍。De la Torre 和 Schmukler（2005）认为，国际金融市场在债券发行制度和规则等方面的优势，有利于降低债券购买者的投资风险，而且存在资本管制的国家的离岸债券市场的发展，能够给境外投资者带来更多的投资机会。

债券市场发展对于金融稳定具有特殊意义。Felman 等人（2011）认为，国际债券市场的发展特别是离岸债券市场的发展有助于资本供给机制的完善，其基准定价功能有利于提高资本配置效率，其宏观调控功能有助于熨平经济的剧烈波动，从而有利于降低金融体系风险和缓解金融体系失衡。当全球处于金融危机时，亚洲债券市场能保持平时的正常功能。也有研究表明，美国投资者对新兴市场本币计价债券的投资在全球金融危机期间并未减少，反而出现了加速增长（Burger et al. 2015）。

第二节 国际债券市场发展与货币国际化的关系

发展国际债券市场，尤其是以本币计价的国际债券，对促进货币国际化具有重要意义。McCauley 和 Park（2006）认为，国际债券市场中的币种占比一般被认为是最能综合反映一种货币的国际化程度的指标。一方面，国际债券市场的币种结构可以直接反映出不同货币在金融交易和计价中的分布情况，代表了国际货币作为“计价单位”的职能；另一方面，国际债券也是各国央行投资的主要产品。由于国际债券一般期限较长，在一定程度上可以代表国际货币的“价值储备”职能，因此，国际债券中货币比重的构成在很大程度上反映了一国货币的国际化程度。杨荣海（2011）对欧元国际债券市场发展的研究，也得出了类似的结论。丁一兵和钟阳（2013）认为，一国的债券交易额越大，该国货币越容易被国际所接受。李稻葵和刘霖林（2008）、付登彦（2014）和王春桥、夏祥谦（2016）在对一国货币国际化的研究中，都以该国货币的国际债券占比为被解释变量进行实证分析。以下分别从计价货币选择、区位选择以及市场开放三个方面，对国际债券市场发展与货币国际化关系的相关文献进行梳理。

一、国际债券市场计价货币的选择

计价货币的选择是发行国际债券的一个首先要考虑的因素。一方面，稳定的币值有利于减少汇率波动的风险，降低债券的融资成本；另一方面，选择某一种货币作为国际债券的计价货币，对于债券发行者和投资者会带来不同的影响。一般而言，国际债券计价货币选择的影响因素主要有两个：融资成本和风险管理。Cohen（2005）的文献对此有系统的研究，认为发行者和投资者的偏好对国际债券发行的货币选择有着决定性的影响。

（一）国际债券计价货币选择的融资成本因素

从与融资成本有关的因素来看，发行国际债券的融资成本主要是与发行相关的费用。该费用首先体现在利率方面，即外国的利率水平是影响企业海外发债的一个非常重要的因素（Graham and Harvey，2002）。此外，货币的利差（利率平价）也是融资成本的一个重要方面，会对国际债券币种的选择产生影响（Allayannis et al.，2003；欧洲央行，2005）。Habib 和 Joy（2008）认为，利息费用的节省是选择发行币种的显著影响因素。Peristiani 和 Santos (2010) 在研究美元债券发债成本时，发现欧洲债券市场的发债成本低于美国本土债券市场，因此，出于融资成本因素的考虑，美国企业会更多地发行欧洲美元债券。

除了与利率相关的费用外，不同国家的预提税款政策、监管政策以及市场深度（流动性）也会对发行成本产生影响。从经济学角度来看，发行者和投资者会平摊债券的成本，因此，发行者和投资者会综合考虑以选择不同的货币和市场。受以上因素的影响，如果融资成本非常大，发行者会选择在本币现货市场发行债券（机构成本最低），同时选择外汇掉期来对冲未来外币流入的汇率风险（Kim and Stulz，1988)。对于新兴经济体的发行者来说，由于本国本币债券市场和货币掉期市场不发达，只能选择国际债券市场去发行债券（Goldstein and Turner，2004)。但 Kedia 和 Mozumdar (2003) 对融资成本持有不同的看法，认为税收和监管成本等因素对国际债券市场的币种选择并无显著影响。Jahjah 等人（2012）实证检验了汇率政策对国际债券发行和定价的影响，发现发展中国家的固定汇率制会提高借款的成本。Chan 等人(2012) 从投资者角度进一步分析，认为一些亚洲国家预扣税的变化是影响国际投资者持有本币债券的重要原因。此外，发行者的信誉也会产生一定影响。Massa 和 Zaldokas (2014) 发现，美国公司会在本国信贷市场饱和之后选择发行国际债券，而在国际上拥有较好信誉的公司发行国际债券的融资成本较低。

（二）国际债券计价货币选择的风险管理因素

从与风险管理有关的因素来看，发行外币国际债券的目的主要在于风险管理，特别是币值稳定性带来的风险。币值稳定主要分为两个方面，对外表现为汇率的波动性，对内表现为通货膨胀水平。在规避汇率风险方面，一般而言，一些倾向于发行国际债券的公司在将来大多都会有预期的外币现金的流入，此举的好处是能够使用收益偿还债务，Keloharju 和 Niskanen (2001）以及 Kedia 和 Mozumdar (2003）分别站在芬兰的公司和美国的公司的角度证实了这一结论。Cohen (2005）基于对发行国际债券的本币和外币的汇率的分析，指出了在本国债券发行人选择发行本国货币债券的影响因素中，本国汇率变动不敏感，而在考虑选择何种外币作为国际债券的计价货币时，汇率和利率成为重要的考虑因素。李稻葵、刘霖林（2008）则认为，本国货币汇率的变动会对国际债券的币种结构产生影响。此外，Hale 和 Spiegel (2008）发现在欧元诞生后，非金融企业相对于金融企业不擅长进行外汇风险的对冲，因此更倾向于发行欧元债券。在币值稳定的通货膨胀水平方面，通胀水平较低的国家的本币计价的国际债券市场更大（Burger and Warnock，2003)。一些研究发现，币值不稳定的货币在国际市场上最终会被币值稳定的货币取代，国际债券的发行者和投资者都希望用币值稳定的货币作为计价货币，因此希望本国货币在国际市场上流通的国家需要降低国内的通胀水平（Li and Matsui，2005)。从风险管理有关的公司结构层面看，欧洲央行（ECB，2005）认为，出于规避风险的考虑，在某个货币发行地拥有分支机构和发行该货币计价的债券之间具有显著的正相关关系。投资者一般倾向于在全球范围内配置债券资产以对冲汇率风险（Solnik，1974)，而持有外币资产，也能在一定程度上对冲股票（权益）投资的风险（Froot，1993）和真实利率波动的风险（Campbell et al.，2003)。

Cohen (2005）综合考虑上述融资成本和风险管理因素，以美元、德国马克、欧元、日元、英镑、澳元、加拿大元以及瑞士法郎 8 种货币为研究对象，以该货币在国际债券发行总量中的占比为因变量，以这些货币对美元汇率的对数、本国货币与美元的 10 年期国债收益率的差额、季度名义投资增长率差额、时间趋势变量和季度虚拟变量等为自变量，构建了一个量化模型，并利用 1993 年第三季度至 2004 年第四季度的数据，对国际债券发行中货币选择的影响因素进行了实证分析。研究结果表明，汇率和利率等因素都具有显著影响，但具体到不同的货币，影响程度有所不同。如在其他变量保持不变的情况下，日元 10% 的升值导致国际债券发行中日元出现 2.2 个百分点的增长；美国国债收益率的差异导致了美国发行的以美元计价的国际债券的增加，以及德国发行的马克和欧元计价债券的减少。Cohen 的研究认为，发行人和投资人的风险管理动机在国际债券货币选择中发挥着重要作用，发行人需要首先考虑的是以本币发债还是以外币发债，只有在选择了以外币发债的情况下，汇率和利率才成为重要的影响因素。

（三）国际债券计价货币选择的其他因素

除以上微观层面的因素外，网络效应（Network Effects）或网络外部性（Network Externality）和套息交易（Carry Trade）也是可能会对国际债券发行货币的选择产生影响的重要因素（Chinn and Frankel，2005，2008；Ito，McCauley and Chan，2015；Eichengreen，Chitu，and Mehl，2016）。网络效应会产生正的外部效应，即一种货币的使用者越多，使用的成本就越低。孙海霞（2011）就美元、日元、欧元和德国马克构建了动态模型，发现网络效应是国际债券发行货币选择的显著影响因素。Candelaria 等人（2010）从企业发行债券进行“套息交易”的角度，对日元面值的国际债券发行进行了研究。Gozzi 等人（2012）的实证研究发现，企业进行国外发债一般选取当地货币计价。Tavlas（1991）指出，一种货币在国际上具有交易媒介职能并发挥着支付手段的作用，那么其作为国际交易媒介的作用将具有历史的惯性效应（Inerita Effect）。Eichengreen（1998）、Ogawa 和 Sasaki（1998）、Ogawa（2001）等对美元国际货币地位的理论和实证分析表明，美元作为世界最主要的国际货币具有非常大的在位优势（Incumbent Advantages），其在国际经济交往中的支付媒介作用上确实表现出类似于路径依赖的很强的惯性，即使是美元汇率走低的情况下，依然能够保持较强的国际货币地位，这也与货币的支付媒介作用是货币最主要的职能相符（Laidler，1997；Smithin，2003）。与惯性效应和在位优势相关的是网络效应或外部效应（Eichengreen，1998），这相当于货币使用的规模经济和范围经济（Economies of Scale and Scope，Chinn and Frankel，2005，2008）。美元主导的货币体系很大程度上得益于美国强大的金融市场和国际金融中心的地位。作为领先的世界关键货币，美元在国际金融和贸易活动中广泛应用，美元金融市场交易的广度和深度都是其他货币无法比拟的，美元具有很强的市场流动性和稳定性，因而，惯性效应和网络外部效应主要反映了国际货币的支付媒介职能。与此同时，价值稳定性对于支撑支付媒介职能具有非常重要的作用，这主要取决于币值的稳定性或政策可靠性。

Burger、F. Warnock 和 V. Warnock（2012），Burger、Sengupta、F. Warnock 和 V. Warnock（2015）通过对美国投资者海外债券投资微观数据的实证研究发现，新兴经济体宏观经济稳定、通胀稳定、经常账户保持顺差和强劲的经济增长，对吸引美国投资者购买该国发行的国际债券具有非常重要的作用，这在一定程度上说明币值稳定及网络效应对国际债券计价货币具有显著的影响。He、Korhonen、Guo 和 Liu（2016）利用引力模型对国际货币空间分布的实证研究发现，如果两国双边贸易和资本流动量很大或货币目的国规模较大，那么货币目的国金融市场交易很可能使用货币来源国货币，这也一定程度上体现了国际货币支付媒介职能的网络效应和惯性效应。李稻葵、刘霖林（2008）对各国外汇储备、贸易结算和国际债券的币种结构进行的实证分析表明，决定国际债券币种结构和决定国际储备币种结构的通胀、实际利率、贸易顺差等因素几乎相同。杨荣海（2011）通过对以美元、欧元等主要国际货币计价的国际债券时间序列的协整分析，说明货币国际化与国际债券市场发展的关系。涂永红（2015）对美元、瑞士法郎、欧元、英镑、日元和人民币国际债券份额的时间序列分析表明，网络效应、币值稳定性、汇率、经济规模、资金成本及风险管理因素都具有显著的影响。蔡颖义、何青、钱宗鑫（2016）对25个经济体的离岸债券的实证分析表明，利率和金融自由化程度对离岸债券业务量具有显著的影响。

二、国际债券市场的区位选择

国际债券市场的区位选择，主要是从宏观层面考虑一国经济规模、金融市场结构、经济政策等因素对区位选择的影响。国内外直接研究国际债券市场区位选择的文献较少，部分文献从货币国际化的角度来研究这一问题。近年来，一些学者开始将原本用于贸易领域研究的引力模型用于国际金融特别是国际货币空间分布等问题的研究。

（一）国际债券市场区位选择的经济规模因素

从经济规模角度来看，一国的经济实力是该国货币竞争力的最重要因素（陈雨露，2003）。在实证研究中，一国的经济规模对该国货币作为国际债券计价货币的地位存在正的效应。李稻葵、刘霖林（2008）在研究货币国际化时，通过把国际债券的币种结构作为代替货币国际化的被解释变量，得出了相关结论。在研究企业进行海外发债的原因中，Black和Munro（2010）研究了亚太地区国家发行离岸国际债券的原因，发现市场规模小的国家偏向于发行离岸债券以获取价差套利，并且偏向于利用国外投资者等特点，而这些特点与离岸债券市场的规模高度相关。此外，本国经济的稳定发展也是其中的原因之一。Burger和Warnock（2004）认为，如果一国拥有稳定的通胀水平和完善的债权人权利保障体系，则本国会拥有较为完善的债券市场，从而减少对外币债券市场的依赖。

（二）国际债券市场区位选择的金融市场发展因素

在全球经济一体化的背景下，一个开放的金融市场能够为市场参与者降低参与成本和减小风险（Bergsten，1975），金融市场的深度、广度、完善程度和开放程度会成为一国作为国际债券市场的重要影响因素。在货币国际化的研究中，一些学者认为，金融市场的开放和金融市场的结构与一国货币的国际化非常相关（Kenen，2002；高海红、余永定，2010），货币国际化和金融市场发展会对国际债券的计价货币和区位选择产生重要影响。本国国际债券市场的发展能通过引入国外优质资本，促进国内金融市场的完善。相反，金融市场的不完善也是不利于国内债券市场发展的重要原因。Allayannis 等人（2003）以及 Chan 等人（2012）认为，在大多数情况下，由于金融市场的深度不足（交易量不足），亚洲国家企业规模比较大的债券发行往往会选择国外市场。

（三）国际债券市场区位选择的政策鼓励因素

国家的经济政策会对本国的债券市场产生重要影响。Goldstein 和 Turner（2004）认为，新兴市场国家经济政策和机构的不完善阻碍了其债券市场的发展，而新兴市场国家较好的政策则会促进其债券市场的发展（Mizen et al.，2012）。Miyajima 等人（2012）研究认为，新兴经济体中本币的国债已经表现得像国际资产一样安全。Turner（2012）认为，尽管新兴市场国家的企业债券相对于国债的发展比较缓慢，但在金融危机中，这些规模较小的企业债券同样表现出异常的活力。

（四）引力模型在国际货币空间分布相关研究中的应用

近年来，随着贸易引力模型的发展及其在国际金融研究领域的应用，一些学者开始将其用于分析国际货币在境外的流通、使用和国际货币的空间分布。Hellerstein 和 Ryan（2009）在有关美元跨境流动因素的研究中发现，货币国际流动和一般商品及金融资产国际流动一样，也可以运用引力模型解释。Flandreau 和 Jobst（2009）指出，在国际货币选择中，一国的经济规模和以两国间的地理距离、货币利率为代表的摩擦性因素发挥着重要作用。朱孟楠和叶芳（2012）的研究表明，引力模型效应对人民币在亚洲周边化、区域化过程中的影响显著，但对人民币在非洲流通的影响不显著。He Q. 等（2016）在引力模型中考虑了以共同语言作为代表变量的文化因素对国际货币使用的影响，结果表明，某种国际货币在与该货币发行国拥有共同语言的国家的交易量更大。

三、债券市场的对外开放

自 20 世纪 90 年代以来，新兴市场国家的国内债券市场迅速发展（国际清算银行，BIS，2009），一些文献从外资参与新兴市场国家本币债券市场的影响的角度，研究了新兴市场国家债券市场开放的利弊。

（一）外资参与有助于提高债券市场的流动性和降低债券收益率

通常用周转率来衡量新兴市场国家政府债券市场的流动性。对新兴市场和成熟政府债券市场典型例证的研究表明，外国投资者的参与有助于提高市场流动性和降低收益率。如对外国投资者相对开放的澳大利亚市场（约 45% 的政府债券和 10% 的私人领域的债务都是由非本国居民持有），其周转率比流动性较高的美国市场高出好几倍，达到了债务存量余额的 22 倍（BIS，2002）。新加坡债券市场的周转率也相对较高，外国发行者和外国投资者（包括零售对冲基金）被允许在该国债券市场上发挥更加重要的作用，超过15%的新加坡元未偿债券都是由非本国居民持有的。

大量研究表明，在新兴市场国家特别是亚洲新兴市场国家，由于采用长期持有型投资策略的国内机构投资者占本国债务工具投资者的大多数，因此其流动性有待提高，这突出强调了通过向外国投资者开放本国债券市场以提高流动性还有很大的余地。外国投资者作为促进本币债券市场发展的催化剂，能够带来更多的交易和更大的价格发现，实现机构投资者构成的多元化，从而能够形成更具流动性的市场，降低债券收益率。

（二）外资参与可能使债券市场出现更大的波动性

外资参与的不利影响同样不可忽视，突出表现为外资参与可能使债券市场出现更大的波动性。一方面，债券市场上外资参与的迅速增加（相对于投资可得的金融工具的供应）可能会引发资产价格泡沫，尤其是当市场参与者过度集中时，这些市场参与者可能会呈现群体行为，将波动性扩散到多个市场。另一方面，外国投资者从本国债券市场突然撤离可能会引起债券收益率出现大幅波动，如2008年9月雷曼兄弟公司破产后在新兴市场上出现的情况。雷曼兄弟公司破产后，本币的长期政府债券的收益率出现大幅上升，直接导致了两种不利影响的发生，一是增加了新增借款的成本；二是如果中央银行为了稳定债券收益率并避免汇率方面的压力而对债券市场加以干预，那么它将使货币政策的执行更加复杂（Peiris，2010）。

尽管存在以上各种不利影响，但是大部分文献仍然认为，由必要的制度化措施和监管框架支持的外资参与有可能将上述波动性降至最低。从长期来看，外资参与仍然是一种稳定力量。阻止外国投资者过度集中的措施，以及对个别风险暴露的审慎限制，能够降低上述资产泡沫风险。在某种程度上，外资的参与增加了市场流动性并对严格的企业管理和机构改革施加压力（Prasad and Rajan，2008）。通过减少货币错配并作为集资的一种替代来源，当国内投资者撤离投资时，外资的参与有助于稳定市场（Burger and Warnock，2004）。

第三节 亚洲债券市场发展与亚洲货币金融合作

一、发展亚洲本币债券市场的动因

自从 1997 年亚洲金融危机以来，人们逐渐认识到，发达的本币债券市场的存在对于亚洲金融市场的稳定具有非常重要的意义。这一观点可以回溯到美联储前主席格林斯潘的"备胎"理论，他认为如果融资的主要来源比如银行贷款和股权融资机会被中断的话，债券市场可以提供替代方案（格林斯潘，1999）。人们普遍认为，欠发达的国内和地区债券市场加大了产出损失和金融业风险，加剧了 1997 年亚洲金融危机。事实上，国际货币基金组织有条件地支持 1997 年亚洲金融危机期间陷入困境的国家（比如泰国），其限制条件就包括了对其本币债券市场发展的明确要求（Batten and Hoontrakul，2006）。

动因之一：增强财政稳定性。

众多学者认为，"双错配"问题（即货币错配和期限错配）是导致亚洲金融危机爆发的一个重要原因，而发展亚洲本币债券市场是解决该问题的有效途径。较早提出"双错配"概念的 Eichengreen 和 Hausmann（2000）认为，由于发展中国家金融制度的不完善，因此在国际借贷市场上难以借到以本币计价的贷款，从而依赖于外币融资；由于其债务以外币计价，而收入以本币计价，因此就形成了货币错配的问题，并且还会随之产生长期融资和短期贷款不匹配而导致的期限错配问题。在金融危机期间，货币的突然贬值严重影响了大部分企业和金融机构的资产负债表，企业面临的货币错配成为风险和危机的主要来源。Ito 和 Park (2004) 认为，发展亚洲本币债券市场是解决该问题的有效途径，它能从根本上降低“双错配”的风险，减小危机可能造成的冲击。Eichengreen (2006) 还认为，以银行间接融资为主的金融体系存在脆弱性，这一点在 1997 年的亚洲金融危机中也得到充分证明。相对于银行间接融资，债券是直接融资的渠道，以债券为主的直接融资体系具有更有效的风险分散性。清水聪和邵明（2012）也持类似的观点，认为债券市场能够起到对银行的重要补充作用，在危机期间为企业提供流动性支持，增强财政稳定性。孙杰（2013）进一步指出，债券市场发展对银行体系的稳定性存在重要作用，一个健康的银行体系离不开一个发达的债券市场。

动因之二：获取规模经济。

鼓励本币债券市场发展的另一个动机，是允许市场达到足够的交易量以获取规模经济。这里的规模经济表现为债券市场的深度和流动性等。Hale 和 Spiegel (2008) 的研究发现，基础经济大小对当地债券市场的深度起着关键性作用，欧元诞生带来欧元区经济规模的扩大，使得以欧元发行的债券相比原来以各自国家货币发行的债券具有更深的市场流动性，因此极大地提高了欧元债券的市场吸引力。相反，亚洲国家（除日本外）国内本币债券市场的规模与其经济体相比较小，亚洲国家对世界其他国家保有较大的贸易顺差，结果导致亚洲国家的政府和企业持有大量的美国国债。另外，债券市场的收益率曲线常常会出现异常和扭曲。导致这种现象的原因很多，但流动性不足往往是重要的原因。

动因之三：突破“斯蒂格利茨怪圈”。

2001 年，诺贝尔经济学奖得主斯蒂格利茨（Joseph Stiglitz）提出了所谓的“资本流动怪圈”（Capital Doubtful Recycling）（后人也将其称为“斯蒂格利茨怪圈”）。其核心思想是，一方面，亚洲国家通过贸易盈余积累了大量的外汇储备，这些外汇储备通过购买收益率很低的美国国债回流到美国资本市场；另一方面，美国在贸易逆差的情况下大规模接受这些“亚洲美元”，然后再以证券组合投资和对冲基金等形式将这些“亚洲美元”投资到以亚洲为代表的高成长新兴市场国家并获取高额回报。“斯蒂格利茨怪圈”反映了国际资本流动的一种趋势，而导致这一现象的根本原因在于亚洲区域金融市场的不发达，金融市场在深度、广度、效率等方面与发达的金融市场存在明显差距，从而无法将剩余的资金在区域内实现自我循环。根据亚洲开发银行（ADB，2015）的数据，亚洲国家银行信贷占 GDP 的比例为 60%，远远低于经济合作与发展组织（Organization for Economic Cooperation and Development，OECD）国家的 110%；亚洲国家股票市值占 GDP 的比重为 71%，政府债券余额占 GDP 的比重为 25.7%，私营部门债券余额占 GDP 的比重为 20.4%，分别低于 OECD 国家的 84.7%、85.3% 和 57.6%。由此可见，加快推进包括亚洲地区本币债券市场在内的亚洲金融市场的建设和完善，是突破“斯蒂格利茨怪圈”、提高亚洲地区资金使用效率以及提高亚洲国家利益的必然选择。

动因之四：建设统一亚洲债券市场。

1997 年亚洲金融危机后，建设区域间统一的债券市场成为亚洲各国政策制定者考虑的重点方向。亚洲统一债券市场的发展具有十分广泛的意义。在减轻经济危机的危害方面，何帆、张斌和张明（2005）认为，统一的亚洲债券市场对宏观经济冲击具有缓解作用。赵锡军、刘炳辉和李悦（2006）从债券本身较高的安全性和较强的流动性等优势出发，认为亚洲统一债券市场有利于提高该地区国家对金融风险的抵抗能力。在拓宽投融资渠道、满足投融资需求方面，刘曙光（2005）认为，成熟的亚洲债券市场有利于改变投资不足、融资成本高等不利局面，有利于优化亚洲地区内资金的配置。

二、亚洲债券市场的发展路径

在推动亚洲债券市场发展的思路上，多数国内学者提出了“先内后外”的政策主张。李扬（2003）认为，亚洲各经济体债券市场的发展水平不一致，建设亚洲债券市场首先应从建设和完善各国国内债券市场出发。陈虹（2005）认为，各国要完善本国金融市场建设，重点发展本币债券市场，完善同期限的国债品种，带动债券市场的纵深发展，进而促进亚洲债券市场的多层次发展。黄梅波和林洋（2007）也提出应先发展本币债券市场，并逐渐推进区域内债券市场的协调与整合。Eichengreen (2006）认为，政府部门应积极合作促进亚洲债券市场的建设，由东盟“10＋3”财政部长和中央银行行长会议提出的培育亚洲债券市场倡议（ABMI）和东亚及太平洋地区中央银行行长会议(EMEAP）创建的亚洲债券基金（ABF1 和 ABF2）对培育亚洲债券市场发展具有重要意义。Ma 和 Remolona (2005）认为，ABMI 主要回答了如何培育债券发行者以及完善市场的问题，提出了一个解决长期资金供给能力的发展框架；ABF1 和 ABF2 更具实际操作性，它设计了符合各成员经济体实际情况的债券投资工具。

具体操作层面的建议，一是资产证券化。Park 和 Oh (2006）提出，可通过资产证券化以促进亚洲债券市场的发展；而李扬（2003）则认为，在推行资产证券化之前必须通过相应的法规，并且需要协调各经济体的立法和司法实践。二是建立区域内投资和信用担保机构。余维彬（2005）以及赵锡军、刘炳辉、李悦（2006）提出，应建立区域性政府担保机构，通过担保机构对融资进行保障。三是建立支付清算系统。Park 和 Rhee (2006）提出，建立区域性的国际证券托管结算中心，连接证券托管结算机构和各国央行，通过标准化的系统为区域内的债券结算提供服务。四是整合区域性信用评级机构。协调各个债券市场内部、各经济体中的债券资信评级（Takemoto，2004；Istanbul，2005），通过地区信用评级机构与全球性信用评级机构合作建立共同的信用评级体系。五是协调各本币债券市场的监管体系和规章制度（Eschweiler，2006）。六是设立亚洲一篮子货币债券发行公司，以加入的各国主权债券的资金池为基础发行亚洲一篮子货币债券（李君，2014）。

在现实中，亚洲债券市场发展面临着诸多困难和挑战。Eichengreen 和 Luengnaruemitchai（2004）认为，地区内各经济体发展的历史原因、结构性差异、经济发展阶段、金融体系结构和宏观政策五个方面的差异，阻碍了亚洲债券市场的整体推进。此外，Eichengreen（2006）认为，建设亚洲债券市场必须克服资本账户管制留下来的问题。资本账户管制不利于国外资本进入国内债券市场，会对国内债券市场的发展造成阻碍。但是亚洲金融危机也说明，资本账户开放必须是在国内金融市场完善的前提下进行，这样就会产生一个困境，只有在国内金融市场发展完善的前提下才能放开资本账户的管制，而资本账户不开放则又会导致国内金融市场发展缓慢和困难。

三、亚洲债券市场与亚洲货币金融合作

1997 年亚洲金融危机后，面对亚洲地区整个金融系统的脆弱性，各国逐渐开始重视本地区的货币金融合作（王庭东，2002）。金融市场的合作有益于各国提高融资效率、分散金融风险和降低不对称冲击发生的概率，形成较为完善的金融市场（Pauer，2005）。2008 年全球金融危机后，美元国际货币地位的下降和欧元区国家主权债务危机的出现，进一步验证了亚洲货币金融合作的重要性（Wyplosz，2010）。在后危机时代，亚洲各国应该努力构建新型的亚洲货币合作模式，增强抵御外汇风

险和金融危机的能力（周云洁、余元洲，2011）。曲博（2012）则认为，目前对东亚货币合作现状的评价和前景的预估仍然存在争论，对如何界定东亚货币合作的性质，是否存在货币合作的亚洲模式，以及如何评估东亚货币合作，是需要认真思考的问题。但毫无疑问，促进亚洲地区货币金融合作，在金融全球化和自由化程度进一步加深的今天，是保证整个地区金融系统安全方面亟待进一步推进的重要举措。

近年来，亚洲货币金融合作已经在自由贸易区（FTA）（刘力臻、秦婷婷，2004）或贸易一体化合作机制（Lee，2010）、货币互换合作机制（施建淮，2004）、基金合作机制（刘小坤，2004；姜霞，2004）和汇率合作机制（Kawai，2010）等方面取得了较大进展。但由于1997年亚洲金融危机更主要反映的是亚洲地区资金币种和期限的“双错配”问题，导致这些问题的原因在很大程度上是由于亚洲不存在一个区域性的完善的债券市场，因此，建立一个成熟完善的亚洲债券市场逐渐成为亚洲货币金融合作的一个重要议题（何慧红，2006）。此外，现有的亚洲货币金融合作机制间有较强的相关性，区域贸易合作会进一步推动区域金融合作。何慧红（2006）认为，自由贸易区（FTA）和贸易一体化是亚洲地区货币金融合作的基础。Lee (2008) 运用引力模型考察了在2001—2003年期间持有东亚双边金融资产规模的决定因素，发现东亚双边金融资产的流动规模取决于双边的贸易量。货币互换机制是需要在短期内实现的目标，资本市场一体化、特别是亚洲债券市场的一体化，是货币金融合作中期要解决的问题，起着承上启下的重要作用（何慧红，2006）。亚洲债券基金机制能够带动债券市场的发展（施建淮，2004）。汇率合作是金融合作的终极目标（Wyplosz，2010）。

亚洲货币金融合作的各个机制之间不是互相独立的，在某一段时间内需要以某些机制作为合作的重点，而债券作为货币资本市场的重要部分，是货币金融合作的重要内容。赵锡军、刘炳辉、李悦（2005）认为，应该把发展亚洲统一债券市场作为推进亚洲金融合作的突破口。

亚洲债券市场缺乏统一的计值货币，这也是阻碍该市场建设发展的一个原因。但是不同学者站在不同立场，对此问题持不同的观点。一是以蒙代尔为代表的一些学者主张以美元计价，但此观点有悖于建立亚洲债券市场的初衷。二是以区域内的某一单一币种计价，如人民币和日元（以菊地悠二为代表的部分日本学者极力主张以日元作为计值货币）。三是以亚洲地区一篮子货币计价（黄小琳，2009）。四是以各发行主体所在国的本币计价。就单一货币计价和篮子货币计价比较而言，Ogawa和Shimizu（2003，2004）研究发现，相对于以美元标价的债券而言，以亚洲货币篮子标价的债券明显具有降低汇率风险的优势。李杨、曹红辉（2008）认为，在短期内，以经济规模和综合实力而言，亚洲地区不存在一种能够作为亚洲债券市场的单一计价货币，因此亚洲篮子货币计价更加具有可行性。此外，由于1997年亚洲金融危机充分显现出亚洲金融结构存在的严重缺陷，为避免货币错配，必须以本币作为亚洲债券市场的计价货币（李杨、曹红辉，2008；孙杰，2013）。

第四节　人民币国际债券市场发展

一、金融市场深化对人民币国际化意义的讨论

（一）金融市场与货币国际化的相关性

纵观金融市场与货币国际化关系的文献，可以发现，大多中外学者认为，一国金融市场与该国货币的国际化水平在很大程度上具有相关关系。

从历史经验出发，英镑和美元的国际化都离不开金融市场的深化

发展。Williams（1968）以英镑为例，指出第一次世界大战之前英镑占据国际市场中的核心地位，正是得益于伦敦高度发达且紧密集中的国际银行体系。一个国家的金融市场的深度、广度以及开放度，直接影响着该国货币的国际地位（Tavlas and Ozeki，1992）。一国货币国际化的基础条件之一，是在国内建立起有一定深度和广度的金融市场（Hartmann，1998）。Lothian 和 Dwyer（2003）从国际货币发展历史中提炼出国际货币的四大特征，其中包括发行国际货币的国家应该具有相应发达的金融市场、通胀率较低、经济体强大以及货币具有较高的单位价值。同样，纽约金融市场具有深度发展、流动性高和多元化的特点，是美国货币国际化的重要支撑（Lim，2006）。李文浩和张宁（2010）分析了美元、欧元和日元等主要国际货币与金融市场之间的相关性，指出货币国际化必然以金融市场为依托，完善、开放、丰富的金融市场是人民币国际化的经济基础、重要保障以及物质依托，实现人民币的国际化，必须建立一个完善发达的金融市场。

从实证研究结果来看，Gavriele 和 Philip（2006）采用均值—方差分析法，对比美元和欧元债券市场数据，发现欧元提高了金融市场的流动性，拓宽了市场广度，但是从金融市场的规模、流动性、信贷质量以及国际货币使用的惯性来看，欧元相较于美元都没有优势，因此欧元的诞生并没有引起金融市场的本质变化。Chitu 等人（2014）构建了 Tohit 模型，对 33 个国家 1914—1946 年这一期间国外公共债务货币构成的数据进行了实证分析，其结论是，美国金融市场的深化发展是美元在债券市场所占份额超越英镑的最主要原因。丁一兵和付林（2014）通过对 5 种世界主要货币的国际地位进行双向固定效应面板数据模型检验，发现货币发行国金融深化对其货币的国际地位具有显著的正向影响。李金萍和张立光（2014）利用 1993—2012 年的相关数据，探讨了国际储备货币和国际债券计价货币的主要决定因素，其结论是，金融市场深化程度是该国货币国际化的重要推动力。

（二）金融市场的深度与人民币国际化

尽管金融市场的深度是影响货币国际化的核心因素这一观点得到学者们的普遍认可，然而在关于深度的定义上，中外学者则有着不同的见解。Tavlas (1997) 认为，国际货币的发行国应当拥有深度发展的金融市场，即具有高度发达的二级市场。范祚军和唐文琳（2012）指出，金融市场的深度主要是指市场中是否存在足够大的经常交易量，即一个有深度的市场必须拥有相当规模的市值。孙海霞（2013）指出，金融市场的深度体现了金融市场的效率，表现为市场的完善程度。虽然学者们对市场深度的定义存在分歧，但综合来看，一个稳健有效的金融体系以及深度发展的金融市场，有助于该国在货币国际化进程中抵御国际资本的大规模冲击，并且能在资源的有效配置和承受风险中发挥积极作用，成为一国（或地区）货币经济开放过程中最好的自我保护屏障（赵然、伍聪，2016）。

（三）金融市场广度与人民币国际化

金融市场的广度体现在能够提供众多的各类金融工具（Tavlas，1998）和市场参与者众多（范祚军、唐文琳，2012）等方面。从市场结构看，Kenen (2002) 曾提出一国的金融市场结构将影响该国货币的国际化。从市场规模、参与者及金融工具数量看，一种货币要想成为国际货币，该货币发行国必须拥有广泛、深入的金融市场。在发达的金融市场上，金融工具往往具有成本低、安全性和流动性高等特点，因此市场参与者多，交易量大，市场对该国货币的需求量也较大（黄梅波，2001）。陈晓莉和李琳（2011）也指出，一个货币交易量大且交易成本低的完善的金融市场，是货币国际化的前提。

（四）金融市场开放度与人民币国际化

金融市场开放体现了市场的自由度，即市场在资产定价和交易中发挥决定性作用，如没有汇率、利率的限制，资本账户开放等。金融市场开放度与货币国际化之间有着密切联系。Bergsten（1975）认为，一个开放的金融市场能够为市场参与者降低参与成本和降低风险，从而能够提高该国货币在世界范围内的可接受度，促进该货币的国际化。Kenen（1988）指出，一国（或地区）的货币国际化是以充足的货币供给为基础的，而资本的自由流动则是推进货币国际化深度和广度的必要条件。部分学者对中国金融市场的开放提出了异议。如Cohen（2005）认为，对金融市场的管制（利率非市场化、中央银行的独立性较低、外汇市场的政府干预）以及对资本账户的限制，是阻碍人民币国际化发展的首要因素。Eichengreen、Tong（2007）也认为，中国的外汇干预政策及资本账户管制会影响其货币政策，从而阻碍中国金融市场的发展，并最终影响人民币国际化的进程。国内学者则较多强调金融市场开放的意义，认为开放的金融市场有利于打通投资渠道，促进国际贸易发展，提升该国货币的国际地位（李文浩、张宁，2010），有助于提升人民币与其他货币之间不断增强的兑换流通速度和广度（曹龙骐、陈红泉、李艳丰、杨文，2014），能为境外资金回流提供渠道（喻晓平，2015）。

二、人民币离岸金融市场的发展与人民币国际化

从国际经验看，主要国际货币的形成和发展都离不开发达完善的离岸金融市场。Eichengreen（2008）比较系统地回顾了国际货币体系的演变和美元、日元以及欧元国际化的进程。He和McCauley（2010）重点分析了美国的案例，指出一国货币要想成为国际货币，必须在国际金融中心建立离岸市场，以此提高在进出口商以及国外投资者中的认知度和接受度，因此，离岸金融市场对新兴市场国家尤其重要。马骏、徐剑

刚（2012）以及范祚军、黄娴静、方晶晶（2015）都认为，国际货币的“体外循环”可以减少对发行国货币政策的冲击，同时也可以减少人民币的大规模跨境流动对国内金融市场和实体经济的冲击，人民币离岸金融市场的建设是推行人民币国际化的关键。

部分学者将视角聚焦于离岸金融市场中的离岸债券市场，研究其与人民币国际化之间的关系。巴曙松、赵勇、郭云钊（2010）以及裴长洪、余颖丰（2011）指出，在资本账户未完全开放的情况下，离岸债券市场能够完善人民币回流渠道，改善人民币产品的投资保值职能，使一国货币实现投资职能向储备职能的转变，同时还将为境内金融市场和实体经济提供缓冲地带，缓释人民币国际化进程中的风险。杨荣海（2011）对货币国际化与债券市场发展关系进行了回归分析，得出美国、欧元区和日本债券市场的发展与美元、欧元和日元的国际化之间存在着稳定的协整关系，国际债券市场的发展可以提升货币的国际化程度，人民币国际化需要优先发展人民币的离岸债券市场。丁一兵、钟阳（2013）以及丁一兵（2016）指出，离岸债券市场可以形成稳定的汇率，向投资者提供多种高流动性资产，缓释外来风险，因此也是人民币国际化的重要策略选择。

三、“熊猫债券”、债券市场开放与人民币国际化

国外金融机构在中国发行人民币债券，有利于推动中国债券市场发展、金融监管体系完善和金融国际化发展（华道，2004）；同时也可以吸引更多的国际机构发行人民币债券，在国际范围内推广人民币使用，提升人民币的国际地位（石化龙，2005）。“扬基债券”、“武士债券”等外国债券的发展历史为中国“熊猫债券”的发展提供了经验教训。“武士债券”作为一种新的金融工具，将具有先进经验的国际发行者引入日本债券市场，在基础制度建设和市场投资方法、观念上都起到

了良好的带动和示范效应，推动了日本债券市场的改革和发展（吴昊，2010），间接推动了日元国际化的进程。

"熊猫债券"市场作为跨境人民币交易的市场之一，将有利于人民币国际化进程。从理论上说，"熊猫债券"的发行主体从"熊猫债券"市场募集人民币资金后，可以汇出境外使用（巴晴，2016）。具体来看，可以将资金用于人民币跨境贸易、跨境投融资活动，也能用于各金融子市场之间的套利活动，推动境内外汇率、利率等人民币资金价格的接轨，还能通过与各种人民币跨境流动方式的联系，直接或间接地影响境外货币当局资产负债表的相关负债项，以推动人民币储备资产的形成，提高人民币国际储备货币地位，从而推动人民币国际化的进程。

回顾中国债券市场的开放历程，在人民币国际化的背景下，债券市场开放步伐逐渐加快，获批的境外主体及审批额度增加，同时银行间债券市场对外开放的投资品种也日益丰富。中国债券市场的开放，一方面将增加人民币在境外的使用范围，提升非居民持有人民币的意愿；另一方面将疏通资本项目下的回流渠道，引导人民币从贸易结算货币向投资货币转变，加快人民币国际化步伐。对于二者之间的关系，大多数研究从债券市场开放完善人民币回流机制这一角度切入。巴曙松、赵勇、郭云钊（2010）认为，资产业务是人民币国际化的关键，资产业务的突破口是打通人民币在资本项目下的回流途径，同时人民币最终需求来自于境内，建立完善人民币回流机制成为必要途径，因此，向境外三类机构开放国内债券市场，使国内债券市场和人民币国际化之间形成良好的互动，可最终推进人民币国际化进程。杨勤宇、艾群超、张靖雪（2015）、喻晓平（2015）以及谢金静、李博（2015）也在研究中提到，中国债券市场开放有利于打通人民币回流渠道，进而促进人民币国际化的发展。

马骏、徐剑刚（2012）认为，如果资本项目可兑换迟迟没有进展，中国境内资本市场的开放度（不到 1%）将成为人民币国际化的瓶颈，人民币国际化的程度只能达到其潜力的 10% 以下。而中国的国际收支和汇率条件的变化，允许加快境内资本市场对非居民开放的步伐，应该争取在 2016 年将境内债券市场的开放度提高到 5%—7%（目前看该预测偏乐观）。明明（2015）则从投资货币、SDR 评估等几个角度探讨了人民币国际化与债券市场开放之间的关系。从投资货币角度来看，开放的债券市场有助于提升该国的信用，从而提高海外投资者持有该国货币的意愿，同时，因为债券作为非居民持有一国货币的主要方式，一国债券市场的开放程度越高，该国货币越容易被境外投资者所接受。从 SDR 评估角度来看，国际货币基金组织（IMF）提出的几个评估 SDR 的指标都与债券市场密切相关。为此，只有加快债券市场的开放，才能更好地满足 IMF 的评估指标，并发挥一国货币在世界范围内的投资和储备职能。

四、人民币国际债券市场与人民币国际化的关系

国际债券市场是实现国际资本流动的重要场所。一方面，人民币国际化的重要内容和标志是发行人民币债券（余永定，2016），主要国际货币在国际债券市场上所占的计价份额体现出该货币的国际化程度；另一方面，一国的国际债券市场发展对该国货币的国际化水平可以起到助推作用。

从主要国际货币的发展历史来看，国际债券市场在货币国际化进程中起着重要作用。Cooper（2000）认为，美元的国际化地位与美国的国际债券市场密不可分。相较于欧洲，美国的国际债券市场具有明显的优势，其发行规模更大、资产流动性更高，有效地促进了美国经济的发展，为美元成为各国的储备资产保驾护航。自 20 世纪 50 年代以来，美元成为重要的国际货币，境外投资者受到美国高收益资产的吸引以及出

于投资便捷性的考虑，对美国资本市场的投资有明显增加的趋势，其中主要集中在债券市场（Gouinchas et al，2005）。尽管这些年美国债券市场的投资回报率明显降低，但是对境外投资者仍然具有很强的吸引力，这与投资美国国际债券可以分享发达金融市场带来的高额利润、获得资产保值、增强投资的资产流动性以及降低风险不无联系（Kristin，2008）。

从理论和实证研究的结果来看，国际债券市场与货币国际化密不可分。一方面，国际债券市场的发展直接体现一国货币的国际化程度。李稻葵、刘霖林（2008）采用1967—2004年的年度数据，对各国央行国际储备的币种结构、贸易结算以及国际债券中的各国货币比重进行面板数据回归，挖掘影响一国货币国际化水平的内在因素，结果表明，决定国际债券币种结构和决定国际储备币种结构的因素几乎相同。国际债券具备“价值储备”和“金融交易”的功能，国际债券中的币种构成能在很大程度上反映一国货币的国际化程度。何平、周依静、甘雨（2013）沿用上述方法，用22个发达国家债券市场和33个发展中国家债券市场的面板数据，对人民币国际化后以人民币计价的国际债券进行需求测算，结果显示，2010年和2020年中国在理论上分别应占国际市场份额的10.4%和18.93%，而2010年的实际份额不到理想状态的1%，因此，中国需要在推进人民币国际化的同时，不断鼓励国企、民企和外企发行以人民币计价的国际债券，为其发行提供便利，不断扩大以人民币计价的国际债券的市场规模，积极配合人民币国际化的进程。另一方面，国际债券市场的发展也能进一步提高货币的国际化水平。Gaspar（2005）从国际债券市场能提供风险分散的投资渠道这一角度进行论述，认为投资多种国际货币能有效分散风险，而国际债券市场恰恰提供了多种体系货币的投资渠道，因此，国际债券市场越发达，市场参与者越多，对该国货币的需求量也就越大，这对提升该国货币的国际地位有着显著的正向作用。杨荣海（2011）直接对货币国际化程度和国际债券市场发展进行回归分析，以主要的国际货币美元、欧元、日元为研究对象，采用 1999—2009 年的季度数据，实证结果表明，美国、欧元区和日本债券市场的发展与美元、欧元和日元国际化之间存在稳定的协整关系，国际债券市场的发展可以提升货币的国际化程度，欧元区国际债券市场规模上升 1%，欧元国际化的程度能提升 0.2541%。丁一兵、钟阳（2013）以及丁一兵、付林（2014）也用实证研究的方法证明了一国的国际债券市场发展会对其货币的国际地位产生显著的正向影响。

第五节　问题的提出

从现有的对于国际债券市场发展和货币国际化问题的研究中不难发现，对于两者之间关系的研究并未被纳入一个统一的理论框架之内，而是较为分散、零散，并且仍然以基于微观数据的实证研究为主，在宏观层面和制度层面的深入研究仍然较为匮乏。无论是国际债券市场的计价货币选择问题，还是区位选择问题，现有研究大都基于公司层面数据，从企业融资成本、风险管理、网络效应以及套息交易等视角进行实证研究，而使用宏观总量数据考察惯性效应、网络效应和币值稳定性的实证研究并不多见。事实上，一国债券市场的发展并非是一个完全由微观企业的市场行为驱动的过程。对于金融体系欠发达的广大发展中国家而言，推动本国债券市场尤其是国际债券市场的发展，需要具有前瞻性的顶层设计与政策规划。显然，大量基于微观企业数据以及债券市场交易数据的实证研究，难以从宏观层面和制度层面为广大发展中国家的债券市场发展问题提供有益的指导。从研究方法上看，虽然国内有研究借鉴外汇储备币种结构的分析对国际债券币种结构的影响因素进行了实证分析，但是这些研究或者是解释变量的选择没有从货币职能的角度出发，即具有一定的主观随意性（如李稻葵、刘霖林，2008；杨荣海，2011），或者是在数据处理方面仍然存在一定的技术性欠缺，如仅是简单的时间序列的国别分析（杨荣海，2011）或面板数据处理中并未考虑模型具体形式等问题（孙海霞，2013）。因此，无论是在研究视角和数据使用上，还是在技术处理方面，现有的研究都存在进一步改进的空间。

1997 年爆发的亚洲金融危机对于亚洲货币金融合作以及亚洲债券市场的发展起到了直接的促进作用。也正因为如此，亚洲债券市场的发展具有比较典型的危机驱动型特征。作为亚洲货币金融合作的一种重要形式，亚洲债券市场的发展对于深化东亚各国的货币金融合作曾经起到了非常重要的作用，并在一定程度上推动了人民币国际债券市场的发展。然而，一方面，已有研究对于亚洲债券市场的发展路径、计价货币等问题仍然存在较大争议，短时间内难以达成共识；另一方面，正如李晓（2011）等所指出的，2008 年爆发的全球金融危机不仅未能进一步推动亚洲货币金融合作进程，反而使这一进程遭遇重大挫折。在此背景下，亚洲债券市场的发展也难以对人民币的国际化起到支撑作用。因此，以发展亚洲债券市场、推动亚洲区域货币合作的方式间接推动人民币国际化的这一路径变得相当不确定。为此，人民币的国际化需要新战略和新思路。

2010 年以来，对于人民币国际化问题的研究基本上都是在中国经济持续高速增长、人民币渐进升值以及中国资本与金融账户管制趋于放松的大背景下展开的。然而，近年来，随着中国经济逐渐步入“新常态”以及主要发达国家经济走势的持续分化，人民币国际化面临的国内条件和国际环境发生了一系列重大变化。尤其是自 2015 年三季度以来，美联储重启加息政策导致中国的资本流动状况发生了逆转，人民币汇率持续承压。在此背景下，原有的研究对于新的背景和约束条件下的人民币国际化的借鉴意义大为下降。为此，需要在新的背景和约束条件下，对人民币国际化进程在理论层面和实践层面进行突破和创新。

近年来，尽管对于人民币国际债券市场发展问题的关注日渐增多，但现阶段对于人民币国际债券市场的专门研究仍然较少，部分研究仍处于描述性和归纳性研究的阶段，缺乏深入系统的理论分析和实证研究。从研究对象上看，对于香港地区等人民币离岸债券市场发展的研究相对较多，但是对于“熊猫债券”等人民币外国债券市场发展的深入研究仍不多见。对于如何通过借鉴主要国际货币发行国国际债券市场发展的经验，促进中国国际债券市场发展这一重要问题，国内学术界仍缺乏深入系统的研究。总而言之，如何从货币职能和资金环流机制等更加多元的视角探究国际债券市场发展与人民币国际化之间的互动关系，从而进一步拓展人民币国际化的路径，是一个亟待深入研究的重要问题。这正是本书拟探讨和解决的核心问题。

第二章　债券市场发展与货币国际化的理论分析

在开放经济条件下，一国金融市场尤其是债券市场的发展与其货币的国际化进程有着系统的内在关联。从理论上剖析和厘清二者之间的关系，是本书研究的重要前提和基础。从宏观层面来看，对于债券市场发展的关注和研究是金融结构和金融发展理论的重要内容。金融结构与金融发展理论认为，发达的债券市场是一国金融深化的重要体现，对于推动一国长期的经济增长具有至关重要的作用。一国的金融市场发展与经济规模无疑是影响其货币国际化进程的关键因素。而货币竞争理论、货币搜寻理论以及区域货币合作理论则分别从不同层面和视角，对一国货币国际化的动因、本质以及影响等问题进行了理论阐释。本章将在系统回顾上述理论的核心观点的基础上，深入剖析货币国际化与一国国际收支状况、金融发展水平之间的关系，并从现阶段人民币国际化面临的约束条件出发，对人民币国际化的微观基础即人民币的环流机制建设问题进行系统的分析，从理论上阐述人民币国际债券市场对于人民币国际化的支撑作用以及发展人民币国际债券市场的深远影响，从而为本书后续的国际比较研究、实证研究以及政策研究奠定理论基础。

第一节 债券市场发展与货币国际化相关理论

一、金融结构与金融发展理论

雷蒙德·戈德史密斯（Raymond W. Goldsmith）在1969年出版的《金融结构与金融发展》这部被认为是金融结构理论的奠基之作中认为，金融发展就是一国金融结构的变化。戈德史密斯以国际比较和历史比较的方法，建立了衡量一国金融结构和金融发展水平的基本指标体系，包括金融相关率（FIR）、金融中介比率、金融机构发行需求的收入弹性以及变异系数等，并得出了金融相关率与经济发展水平之间呈正相关关系这一结论。白钦先（2005）在此基础上对金融结构理论进行了补充和拓展，认为金融结构是指金融相关要素的组成、相互关系及其量的比例；金融结构的变迁并不必然意味着金融发展，只有质性发展与量性发展统一、并以质性发展为主的金融结构变迁才是金融发展。

Ronald I. Mckinnon（1973）和Edward S. Shaw（1973）在此基础上提出了著名的“金融抑制”（Financial Repression）和“金融深化”（Financial Deepening）理论。此后，Robert C. Merton和Ziv Bodie以及Ross Levine先后于1995年和1997年提出了“金融功能”理论。该理论着重分析了金融体系为经济发展所提供的功能，主要包括：改善风险管理、获得信息分配资源、完善公司治理、聚集储蓄以及促进交易；并认为金融系统主要通过资本积累和技术进步促进经济增长。

在实证研究层面，王维国和张庆君（2004）用金融发展程度、资本投资效率以及储蓄和金融市场发育程度等指标对金融发展进行测度，建立了金融发展与经济增长之间的计量模型。战明华（2004）对金融结构论和金融抑制论在中国具体国情下的适用情况进行了分析，并进一步研究了各解释变量对经济增长的影响。张成思和刘贯春（2015）基于金融内生视角，发现伴随着资本形成，存在最优的金融结构与实体经济相匹配，且在不同经济发展阶段最优金融结构是动态演化的，同时最优金融结构内生决定于其要素禀赋结构，而非单纯取决于经济发展阶段。

上述金融结构与金融发展理论，为债券市场发展的必要性奠定了坚实的理论基础。金融结构和金融发展理论囊括了从金融工具、金融效率、金融功能、金融发展到经济发展等各方面的研究，为整个金融市场乃至宏观经济的分析提供了必要的理论支持；而债券市场作为债权融资的一种形式，同时也是将储蓄转化为投资的一种重要手段，在金融市场中占有重要地位，是一国实现金融深化和金融发展的重要支撑。此外，债券市场作为直接融资方式，相比传统的银行贷款模式，其定价的市场化程度更高，且由于存在公开交易市场，流动性也更高。根据金融结构和金融发展理论的观点，发达的债券市场对一国经济的发展有着至关重要的作用。

二、货币竞争理论

在人类漫长的经济演化过程中，从最初的贝壳和布匹的币材之争，到后来私人发行金属货币的劣币和良币之争，货币竞争自古便存在。为稳定币值以便利贸易，各国的货币发行权被中央银行垄断。长期以来，传统经济理论认为，货币发行应当采取政府垄断形式。如 Milton（1959）认为，货币的自由发行可能造成货币超量而导致银行券不能按面值赎回，一国内部同时流通多种货币会增加交易成本。Akerlof（1970）也认为，私人发行货币易产生伪造和“逆向选择”（Adverse Selection）问题。而 Hayek（1976）在《货币非国有化》一书中最先对货币竞争进行了系统的研究，提倡放弃货币发行的政府垄断，改为由私人货币发行的自由竞争机制取而代之。Fama (1980) 也认为，完全竞争可以提高货币发行的效率。进入 20 世纪 70 年代以后，浮动汇率制度以及资本跨国流动的便利使人们将货币竞争的研究焦点转移到不同主权货币之间的国际货币竞争这一问题上。Cohen (1971) 认为，国际货币竞争的实质是“经济体基于理性对不同货币的选择，是一场需求驱动的、达尔文式的斗争”。Hartmann (1998) 从货币替代的角度将“国际货币竞争”明确界定为决定不同国家货币在何种程度上被非居民所使用的过程。陈雨露（2003）则认为，国际货币竞争主要表现为不同国家之间的主权货币的竞争。

从理论上说，单一货币似乎很难在全球范围的货币竞争中成为一种垄断性的国际货币。然而 Hartmann (1998) 认为，纵观历史，由单一货币充当媒介货币似乎是自然存在的，即所谓的单极货币模型，其主要表现为第一次世界大战前的英镑和第二次世界大战后的美元。Krugman (1984) 首先提出了两极货币模型，认为围绕两个媒介货币分别形成两个货币区，并且认为在两次世界大战之间的美元和英镑是该模型的一个极佳实例。Alogoskoufis 和 Portes (1992) 指出，随着日元国际化和欧元的强大，国际货币竞争逐渐演变为两极或多极媒介货币共存。Hartmann (1998) 在此基础上补充了更严格的约束条件，并认为如果两种货币的网络外部效应非常强大，则其他任何货币都可以与其中一种媒介货币进行兑换。而 Eichengreen (1987) 则认为，多极货币共存可能会扰乱国际货币体系。与这一观点相类似的是，Suvanto (1993) 也认为多极货币会增加套利。Hartmann (1998) 则认为，理论上三极货币模型的存在是可能的；但从现实角度来看，讨论更多极的货币模型在当前并没有太大意义，因为只有几种货币具有充当媒介货币的能力，但多极货币共存是否会引起国际货币体系紊乱则有待商榷。

应当说，货币竞争理论为理解货币国际化与国际货币体系的演进提供了一个独特的理论视角。根据货币竞争理论，任何一国货币的国际化都在一定程度上是与现行国际货币发行国“分权”（如征收铸币税的权力）的过程，因此，其必将受到现行国际货币发行国的抵制甚至反对。货币竞争理论从宏观层面将货币的国际化看作是不同国家在全球范围内进行货币权力博弈的过程。理性客观地评析货币竞争理论对于理解人民币国际化进程至关重要。事实上，在现行国际货币体系下，不同国家货币之间往往既存在竞争与对抗，也存在协同与合作。2008 年全球金融危机爆发后，主要发达经济体为应对危机冲击而开展的以双边货币互换为代表的一系列货币金融合作便是典型例证。这也是人民币国际化的重要理论依据，即人民币的国际化并非是与美元等现行国际货币争夺国际货币权力，而是旨在弥补现行国际货币体系的缺陷，维护全球金融体系的稳定。也正是在这一前提下，推动人民币国际债券市场的发展才具有全球意义。

三、货币搜寻理论

西方货币经济学模型大致包括两类：一类是简单地把货币纳入动态一般均衡分析的模型；另一类是以搜寻为基础的货币理论，是基于货币的交易媒介职能的代表性理论，并开启了货币内生的模型研究。该理论始于 Kiyotaki 和 Wright（1989）的《论货币作为交换媒介》一文。作者通过引入个体之间的随机配对，对经济主体如何在分散化市场进行交易决策以及商品和纸币作为交换媒介的应有特点进行了研究。以后，Kiyotaki 和 Wright（1993）进一步发展了这一模型，并成功地证明了货币均衡的存在性。更为重要的是，其研究证明了货币可以内生产生。这是第一阶段的货币搜寻理论。此时商品和货币都被假设为不可分的，因此交易价格恒为 1，即交易价格外生。第二阶段的货币搜寻理论则重点研究商品可分、货币不可分的情况。Shi（1995）以及 Trejos 和 Wright

(1995) 在基本模型中引入了讨价还价方式，并得出了均衡存在的结论。Green 和 Zhou (1998) 对模型进行了进一步的拓展，在假定个体可以持有任意数量的货币、同时商品不可分的情况下，讨论了货币均衡的存在性。Curtis 和 Wright (2004) 与前人的思路不同，研究了卖方标价 (price posting) 环境下价格水平的决定问题。卖方标价与讨价还价两种模式的本质区别，在于定价水平中买方的参与度。在引入了买方偏好冲击后，卖方标价模式的情况下也存在货币的均衡。此后，Lagos 和 Wright (2005) 对商品和货币均可分的情况进行了更加深入的探究。

货币搜寻理论也应用于国际货币领域。Matsuyama 等人 (1993) 首先在搜寻模型的框架下研究了封闭经济下国际货币的产生和均衡问题，并且在基础模型之上创建了包括两个国家和两种货币的随机匹配模型。该研究认为，随着经济一体化程度、人口或经济规模的提高，本国货币会内生性地成长为国际货币并最终被他国接受。基于搜寻模型的货币国际化研究，刻画了国际货币形成的微观逻辑。Waller 和 Curtis (2003) 以及 Li 和 Matsui (2009) 等在搜寻模型中引入政府行为，探讨了政治因素在国际货币地位形成中的作用。国内学者对这方面的研究并不多。如张睿 (2010) 对基于搜寻模型的国际货币理论进行了文献整理与综述。邱虹宇 (2013) 则基于搜寻模型对人民币国际化进行了相关研究，通过对人民币的海外接受程度进行实证分析，认为经济贸易实力和交易便利性条件是人民币国际化最为根本的影响因素。

相比于主流的动态一般均衡模型，货币搜寻理论将重点放在商品与货币的交换过程和经济决策的相互作用，认为货币的需求是内生决定的；而动态一般均衡模型则认为，货币是外生的或者是被假设的。货币搜寻理论运用博弈论等微观基础研究存在摩擦的经济交换中的货币需求，更适用于充满摩擦的国际市场货币需求分析。因此，相比于传统货币理论，货币搜寻理论可以更精确、更合理地进行货币需求的衡量，从而为一国货币政策和汇率政策的制定与协调提供参考。与金融发展理论和货币竞争理论相比，货币搜寻理论更加强调货币交易的微观基础，从而为深入研究货币国际化问题奠定了坚实的微观基础。显然，货币搜寻理论与前二者之间的差别在于对微观交易机制的强调。这对于研究人民币国际债券市场发展问题具有积极的启示意义，即通过发展人民币国际债券市场打造畅通的人民币环流机制需要建立在稳固的微观基础之上。因此，跨境套利、企业融资成本、海外投融资风险溢价等微观层面的问题需要被纳入统一的分析框架中。此外，传统的货币搜寻理论认为，微观经济主体基于市场力量的选择行为是决定货币国际化成败的关键因素，而能够影响货币国际化进程的非经济因素以及宏观因素则往往不在货币搜寻理论考察的范围之内。近年来，一些研究试图对货币搜寻理论进行拓展，从而加强其对于货币国际化问题的解释力，这也构成了货币国际化研究的最新进展。

四、区域货币合作理论

罗伯特·蒙代尔（Robert A. Mundell）于 1961 年提出了区域货币合作的理论基础——最适度货币区（OCA）理论，从生产要素的流动性这一视角，论证了在何种情况下货币同盟或货币一体化或某一区域实行固定汇率是最佳选择。Mckinnon（1963）和 Kenen（1969）分别提出用经济开放度和生产多样化来划分最适度货币区。Harberler（1970）和 Fleming（1971）认为，相似的通货膨胀率是实行共同货币政策的前提条件。Ingram（1969，1973）的研究则认为，与资本流动相关的金融一体化也应是货币区的衡量条件。这些理论通过条件分析的方式展现了划分最优货币区的采用标准，比较完整地研究了货币一体化的可能影响，从而为区域货币合作理论的进一步发展奠定了基础。

自 20 世纪 80 年代以来，经济学家对区域货币合作的讨论增多。欧元的诞生是区域货币合作的重要实践，但其中固有的问题也导致了一系列新的挑战。这一时期的区域货币合作理论的主要代表有 Keohane（1984）和 Kindleberger（1986）的“霸权稳定论”。该理论认为，国际货币体系的稳定是由于有霸权国家的存在。Williamson（1986）和 Krugman（1991）的汇率目标区理论及以此理论为基础的通货自由流通联盟模式，则要求成员国之间实行相互钉住的汇率安排。这些理论为区域货币合作可能采取的区域合作模式提供了理论支持。

进入 20 世纪 90 年代以后，区域货币合作进一步发展。在此期间，欧元的诞生和拉丁美洲国家的美元化进程加快，国际货币体系很可能被分为几大货币区。在此背景下，关于一个区域内各经济体是否选择加入货币区的理论应运而生。主要有 Krugman（1991）的“GG-LL”模型和 Tavlas（1993）的新最优货币区理论。这些理论主要研究单个国家如何判断是否加入货币区以及加入货币区后的成本收益权衡标准。此外，这一时期关于货币选择的理论也有了进一步的发展。如 Emerson 和 Gros（1992）及 Steinherr（1993）提出的“一种市场、一种货币”理论，认为货币选择应该由市场状况而非国家主权决定。李扬和黄金老（2001）提出了超国家层面上的“金融区域化”这一概念，指出某一区域内有关国家或经济体可能在货币金融领域进行协调进而形成统一体。Mundell（2000）甚至提出了“世元”这一概念，设想建立单一世界货币。

李富有（2005）指出，平行货币在欧洲、美洲及非洲的区域货币合作实践中发挥了重要作用，并认为其在亚洲区域货币合作中也将有重要的应用价值。张洪梅（2008）则选取国际货币合作中极具典型意义的单一货币联盟——欧元模式作为研究对象，认为欧元模式是多国之间经过反复博弈而形成的均衡结构，并且对东亚货币合作具有重要的指导意义。其他国内学者则大多将区域货币合作理论应用于东亚以及海峡两岸货币合作的研究。如洪林（2007）通过分析最优货币区理论以及东亚货币合作的必要性和经济基础，认为东亚货币合作可以先加强中日之间的政治信任合作，然后建立“清迈协议”下的正式协调机构，最后落脚于加强汇率合作。胡芳、刘兴华（2010）则从区域货币合作的理论基础和发展方面，对东亚区域货币合作历程进行了回顾，并提出了东亚区域货币合作的相关政策建议。李晓（2011）在全球金融危机的背景下，研究了东亚货币合作遭遇挫折的原因，并分析了人民币国际化对东亚货币合作的影响。刘亮（2013）认为，东亚地区不具备货币一体化的条件，在东亚货币合作的过程中最重要的是实现汇率制度的协调。刘玉人（2013）采用最优货币区理论分析了海峡两岸的货币合作，认为“两岸构建最优货币区在长期来看是最佳选择，现阶段的货币合作成本将由建立货币区之后的收益弥补”。

在世界经济一体化、全球化成为当今发展主流趋势的背景下，任何一国政策的微小变化，如货币政策和汇率政策等，都可能会有相应的溢出效应。为此，各方都尽力不采取以邻为壑的政策是实现共赢的重要前提。在国际协调与合作的大背景下，从长远看，任何竞争都不会是单纯的竞争，其中一定需要通过合作来实现共同利益，而这一点在区域内的体现尤为明显。因此，区域货币合作理论在各国的政策制定中都有十分重要的参考意义。此外，货币国际化的前提是货币区域化，因此，区域货币合作理论是货币国际化进程中不可忽略的，这就为离岸债券的发展方向提供了指引。在合适的区域发行相应的离岸债券，不仅可以充分利用离岸市场进行融资，更能够增强本国货币的国际货币职能，提高本国货币的国际影响力。因此，区域货币合作理论为债券市场和货币国际化的地域发展提供了方向。

第二节　货币国际化的含义与基本逻辑

一、货币国际化的含义

现有的理论研究一般从货币职能的角度来理解和定义货币的国际化，即将货币国际化看作是一国货币在发行国以外行使全部或部分货币职能的过程。如 Cohen（1971）、Tavlas（1997）以及 Hartman（2002）作为这一观点的代表认为，国际货币主要具有三种职能，即计价单位、交易媒介和储藏手段，而货币国际化则是上述三种职能从一国国内向国外扩展的过程；这三种职能在客观上要求国际货币须保持币值的稳定，并具备高度的流动性和可兑换性（参见表 2–1）。

表 2–1　国际货币的职能

货币职能	私人部门	官方部门
计价单位	国际贸易与金融交易的计价货币	维持汇率稳定的锚货币
交易媒介、支付手段	国际贸易和金融交易的结算货币	外汇市场干预以及官方结算的工具货币
储藏手段	货币替代和外汇资产的计价货币	外汇储备资产的计价货币

资料来源：根据 Cohen（1971）、Tavlas（1997）以及 Hartmann（1998）整理而成。

不同学者对货币国际化职能的分类有所不同。Schumpter（1954）认为，有关货币职能的讨论主要围绕交易媒介、支付手段、价值尺度和储藏手段这四个方面展开。虽然很多人坚持认为这些职能是可以分开的，不过出于实际的原因，这四项职能又不得不结合在一起（Schumpeter，1954）或不同职能组合式的表述（Tobin，1992）。一般而言，支付手段与交易媒介的关系更为密切，价值尺度与储藏手段更加接近，因而货币职能大致可概括为支付媒介和价值储藏两大职能（Smithin，2003；陆磊、李宏瑾，2016）。支付媒介是货币最主要的职能，这是货币的必要条件（Laidler，1997）。同时，货币作为交易媒介本身也可以衍生出价值储藏手段的职能，因为如果无法稳定地储藏购买力也就不可能被用作可靠的交换中介（Smithin，2003；刘絜敖，2010）。因而，有关国际货币职能的讨论和基于贸易计价、贸易结算、金融投资及国际储备等标准对货币国际化进程的评价，实际上就是货币作为支付媒介和价值储藏国际职能的具体体现（Cohen，1971；Kenen，1983；Hartmann，1996；2007；Ito and Chinn，2015；Ito，McCauley and Chan，2015）。在早期研究中，国际货币又被称作媒介货币（Vehicle Currency），并主要集中于美元或欧洲货币单位（以及德国马克和日元）作为国际交易媒介、价值储藏或储备资产作用的讨论（Tavlas and Ozeki，1991；Frankel，1992；Tavlas，1992）。

一些国内学者在研究货币国际化问题时，在沿用基于货币职能这一视角的定义的基础上，对货币国际化的内涵和外延进行了一定的拓展。如周林和温小郑（2001）以及徐奇渊和刘力臻（2009）等，将货币国际化分为狭义的货币国际化和广义的货币国际化。其中狭义的货币国际化是指货币的部分或全部职能由一国国内向国外乃至全球扩展的过程，在这一过程中，单一主权国家货币的使用范围在地域上不断拓展和延伸，最终成为区域甚至全球通用的货币；而广义的货币国际化则是指以一国货币为载体的国际资本在逐利动机的驱动下，突破国别界限从而在更广阔的地域范围内进行拓展的动态过程。与上述研究强调货币国际化是一个过程所不同的是，另一些国内学者认为，货币国际化不仅仅体现为货币职能突破国别界限的过程，而且还体现为一种结果或客观状态。如李晓（2015）认为，货币国际化的实质就是货币职能的国际化，其表现为一国货币发展为国际货币或成为国际货币后的强化性动态阶段，以及由这些动态阶段所形成的相对稳定的状态；而国际货币则是一国货币国际化的最终状态或结果。孙海霞（2011）将一国货币国际化的结果即国际货币更加鲜明地划分为两种类型，即完全的国际货币以及不完全的国际货币，并认为所谓完全的国际货币也称为主导货币或核心货币（Key Currency），其具备国际货币应当具有的计价单位、交易媒介、支付手段以及储藏手段等全部职能（如现行国际货币体系下的美元），而不完全的国际货币则是指仅具备部分国际货币职能的主权国家货币（如目前的欧元、日元以及瑞士法郎等）。

二、一般意义上货币国际化应具备的条件

许多对于货币国际化的理论研究与实证研究认为，一国货币的国际化是一个由内在驱动因素和外界客观条件共同发生作用的过程。换言之，货币国际化既是一国经济、金融发展并主动融入全球化的重要途径，也受特定的国际环境尤其是其所处的国际货币体系的影响。正如 Cohen（1998）所指出的，一国货币的国际化进程主要取决于两个方面的因素：一国政府为推动其本币国际化进程而采取的政策措施，尤其是货币政策；在自由市场经济条件下自发形成的一国货币的交易网络规模。据此可以从一般意义上，将一国货币国际化应具备的条件归纳为以下五个方面：

第一，经济规模。

在现代信用本位制（Fiat Monetary System）下，一国货币的内在价值及其在全球范围内的认可度受众多因素的影响，其中货币发行国的经济总量及其在全球经济中的占比是最为重要的因素之一。一般认为，一国的经济规模是支撑其货币国际化的首要前提条件。其根本原因在于，在开放经济条件下，一国的经济总量往往与其进出口贸易状况和金融市场规模等其他能够影响其货币国际化进程的因素直接相关，因此可以被

视为度量其货币在全球市场中潜在需求和使用情况的一个直观、有效的变量。Eichengreen 和 Frankel (1996) 基于主要国际货币发行国的数据的实证研究发现，经济总量与各国货币在全球外汇储备中的占比二者之间的弹性系数约为 1.33，即前者每增加 1 个百分点会带动后者提高约 1.33 个百分点。Chinn 和 Frankel (2005) 的实证研究也表明，一国的经济规模与其货币在全球外汇储备资产计价货币中的地位之间是非线性的正相关关系。换言之，经济规模庞大的国家发行的货币更容易成为国际货币。

第二，在全球贸易格局中的地位。

如果说一国的经济规模是度量其货币可接受程度的综合性指标的话，那么一国的对外贸易规模及其在全球贸易中的占比则能够更加直观地反映其货币在跨国交易和实际使用过程中的潜在需求情况。Kubarych (1978) 认为，对外贸易规模之所以对于一国货币国际化如此重要，主要是因为随着一国国际贸易规模的增长，其本币的使用与交易将更加活跃，外汇交易的制度成本、信息搜寻成本都将趋于下降。由于微观市场主体往往是出于交易成本最小化的动机选择持有和使用某种货币进行交易，因此贸易大国所发行的货币会由于交易成本不断下降而自发地获得市场主体日益广泛的认可，其货币在国际贸易中成为计价货币和结算货币的可能性相对比较大。主要国际货币演进的历史进程也证明了这一点，如大量实证研究表明，19 世纪英国在全球贸易格局中的霸主地位是支撑英镑成为国际货币的重要因素（Flandreau and Jobst，2009）；在英镑成为国际贸易的主要计价和结算货币后，大量的进出口商不得不持有多余的英镑以随时用于进出口商品的结算，从而进一步推动和强化了英镑的国际货币地位（Williams，1968）。因此，正如 Selgin (2000) 以及 Shams (2002) 等指出的，一国的贸易规模越大，在全球贸易总额中的占比越高，其货币就越有机会承担国际货币的职能。

第三，金融发展情况。

主流的研究货币国际化问题的文献一般认为，一国金融发展的情况对于其货币国际化进程有着至关重要的影响。① 通常情况下，可以用金融开放度以及金融市场的深度和广度等指标衡量一国的金融发展情况。② 金融开放度主要用于衡量一国金融市场是否存在管制，即金融交易的自由度情况；金融市场的深度主要用于衡量一国金融市场的完善程度，如交易成本与金融效率的高低；金融市场的广度主要用于衡量一国金融市场的规模，如金融工具的数量与种类等。众所周知，20 世纪 70 年代以来，随着国际直接投资（FDI）与国际证券投资的兴起，国际金融活动逐渐改变了此前主要依附于国际贸易的状态，日益表现出独立的规律，并对全球经济、金融格局的演进产生了重要影响。相应地，一国货币的国际化不仅受到国际贸易活动的影响，也越来越受到国际资本流动等金融活动的影响和制约。在此背景下，一国金融市场完善与否成为决定其货币国际化程度的关键因素。正如 Williams (1968）和 Kenen (2002）所指出的，一国金融市场的开放度和完善程度对其货币的国际化进程起着决定性的作用。具体而言，一国金融市场的开放性是吸引外国投资者持有本币资产的首要前提，而一国金融市场的完善以及金融交易效率的提高，能够有效降低金融交易的成本，提高本币的流动性进而增加本币资产对于外国投资者的吸引力（Hartmann and Issing，2002）。因此，一个发达、成熟的金融市场是本币发挥国际货币职能的重要支撑。事实上，货币国际化的历史经验也证明，荷兰盾、英镑以及美元这

---

① 正如 George S. Tavlas (1998）所指出的，国际货币的发行国应当拥有稳定的、不受管制的金融市场，并且金融市场应当具有广度（拥有规模庞大、种类繁多的金融工具）和深度（拥有完善的二级市场）。

② 当然，衡量一国金融发展程度的指标是多样化的。如 Sarr and Lybek (2002）从金融稳定性（tightness）、交易即时性（immediacy）、金融深度（depth）、金融广度（breadth）以及金融韧性（resiliency）五个方面衡量一国金融市场的成熟度。

三种依次出现的国际货币无一例外地都产生于拥有成熟金融市场的国家（Cohen，1998）。

第四，货币的可兑换性及公信力。

由于本币与外币之间的可自由兑换性是一国货币国际化的重要前提，因此，取消资本与金融账户项目下对于资本自由流动的管制，是一国货币国际化的基础。当然，货币的可自由兑换和资本与金融账户开放在严格意义上并非是同一个概念。从理论上说，对国际资本流动进行必要的管理是维护一国经济、金融体系稳定的重要工具之一，因此也往往是国际货币发行国的宏观审慎政策工具，而一国货币的公信力则是其货币国际化的重要基础。一般而言，货币的公信力主要源自币值的稳定以及其他能够支撑本币价值的因素，如一国的总体经济实力、政治稳定性、货币金融纪律、甚至军事力量等非经济因素（Frenkel and Goldstein，1999；Tavlas，1998）。黄梅波（2001）认为，一国货币币值的稳定性是其发挥国际货币职能的重要条件。微观经济主体往往会对币值稳定的货币产生足够的信心，从而乐于持有和交易该种货币；反之，币值的波动会大大降低该货币对于交易主体的吸引力。此外，货币发行国相关政策的稳定性及其连续性也是支撑其货币公信力的重要因素。其中，霸权和政府声誉发挥着重要的作用，霸权能够增进复杂的货币体系中国家之间政策的连续性，霸权的领导作用不仅能够增进国家之间合作的便利，而且还有利于加强宏观经济协调（Barro，1986；Strange，1971）。

第五，历史惯性与网络效应。

除了上述影响一国货币国际化进程的因素之外，一般认为，历史惯性也是影响国际货币的兴起与衰落的原因之一。一个最为典型的例证是，尽管统计数据表明美国经济总量早在 19 世纪末就已经超越了英国，成为全球第一大经济体，然而美国是在第二次世界大战结束后才通过布雷顿森林体系正式确立了美元的国际货币地位。这一长达半个世纪之久的“时滞”便是英镑作为国际货币的历史惯性的最好注解。Ogawa和Sasaki（1998）对美元国际货币地位进行了实证分析，其研究证明，即使美元发生中等水平的贬值，美元的国际地位也不会大幅下降，其根本原因就在于短期内美元存在强大的历史惯性。网络外部性（Network Externality）往往被视为导致国际货币历史惯性的原因之一。Katz和Shapiro（1985）最早给出了网络外部性的定义，并对网络外部性的类型进行了归纳和分类。其研究认为，网络外部性是指消费者消费一单位某产品的效用随着消费该产品的消费者的数量增加而增加的现象。换言之，消费者消费网络产品的效用取决于已经连接到该网络的其他消费者的数量。同样，国际货币在其各自的地域范围内能够形成一个货币交易的网络。这一货币交易的网络规模越大，货币交易的便利性就越高，规模经济特征也越明显（Swoboda，1968；Cohen，1998）。因此，持有该货币的经济主体放弃该货币而选择另一种货币的机会成本损失就越大。

三、国际收支状况对货币国际化的制约

一国的国际收支状况乃至特定国际货币体系下的国际收支调节机制，对于一国货币的国际化有着至关重要的影响。在金本位制下，由于各国发行的纸币都以黄金储备作为基础，不同国家的货币通过“金平价”（Gold Parity）得以兑换和流通，黄金充当了真正意义上的世界货币。在“货币—价格”机制的作用下，全球贸易和金融活动最终体现为各国黄金存量的调剂与变动。因此，从理论上看，金本位制下单一主权国家货币的国际化需要具备两个条件：第一，充足的黄金储备。只有黄金储备充足的国家所发行的货币才具有足够的信誉，从而确保其货币能够在国际市场上发挥“类黄金”的作用。第二，国际收支盈余。由于黄金的供给受特定技术水平以及资源条件的硬约束，黄金的供给往往难以

满足全球贸易和投资需求的迅速增长，在此背景下，金本位制下的国际贸易往往呈现出“零和博弈”的特性，即贸易盈余国货币财富（以黄金计价）的增长往往以其贸易对手方货币财富（黄金）的流出为前提，因此，保持贸易盈余便近乎成为唯一有效的积累黄金储备的方法。换言之，在金本位制下，如果一国保持持续的国际收支逆差，则其货币不仅将难以成为国际货币，而且该国还将陷入由黄金外流所引发的通货紧缩。

金本位制由于其固有的缺陷而退出历史舞台后，布雷顿森林体系成为人类历史上首个通过国际会议与协定这一正式的制度安排确立、并且由单一主权国家货币（美元）与黄金共同充当国际货币的国际货币体系。布雷顿森林体系下的“双挂钩”体制① 在本质上是一种全球范围内的金汇兑本位制。然而，尽管《布雷顿森林协定》正式确立了美元的国际货币地位，但却无法解决美元体系的“启动”（Start-up）问题，即美元的可得性问题。1948 年，美国正式启动了旨在援助欧洲各国进行战后恢复和经济重建的“欧洲复兴计划”（European Recovery Program，即所谓的“马歇尔计划”）。该计划持续了 4 个财政年度，并向英国、法国、德国等主要欧洲经济体输出了超过 130 亿美元的各类援助。在“马歇尔计划”的推动下，美元可得性即美元作为国际货币的流出机制问题得到了缓解。然而，“马歇尔计划”所具有的突出的官方援助（ODA）属性使其难以长期持续。为此，美国作为国际货币的发行国必须找到一种在经济意义上可持续的美元流出机制，以实现对于世界货币的有效供给。在布雷顿森林体系的制度安排下，美国最终通过国际收支逆差这一方式，实现了美元的流出暨国际货币的供给。

然而，在布雷顿森林体系的“双挂钩”这一制度安排下，以经

---

①　即“美元与黄金挂钩，其他国家货币与美元挂钩”。

常账户逆差方式输出国际货币最终导致了“特里芬两难”(Triffin Dilemma),即美国作为国际储备货币发行国,其国际收支状况与美元作为国际货币地位之间的内在冲突问题。由于美元的发行受到美国黄金储备的硬约束,因此只要美元与黄金挂钩,这一内在冲突便无法得到妥善解决;而且由于贸易逆差的不断扩大,美国面临黄金储备不断减少的困境。在此背景下,1971 年 8 月,时任美国总统的尼克松宣布美元与黄金脱钩(即“尼克松冲击”)并最终导致布雷顿森林体系的崩溃。然而,美元与黄金的脱钩并未从根本上解决“特里芬两难”问题,即在后布雷顿森林体系时代,国际货币发行国的国际收支状况与其国际货币地位之间的矛盾并未消除。

第一,黄金的非货币化使国际货币发行国的货币政策失去了黄金锚,因此,其货币政策的定位与其货币作为国际货币的特殊属性之间的矛盾更加突出,而且存在经常账户收支货币化的问题。以美国为例,在 20 世纪 70 年代初美元与黄金脱钩后,以 M_2 衡量的货币供应量陡然加速;与此同时,在 20 世纪 70 年代初以来的大部分时间里,尤其是自 2001 年以来,美国的经常账户都处于逆差状态。由于失去了黄金锚的约束,美联储可以完全基于美国经济的状况制定和执行货币政策,而不必过多地考虑其货币政策的外溢效应。然而,一方面,美国看似独立的货币政策常常对世界经济尤其是经济周期与美国并不同步的广大发展中国家形成冲击,甚至诱发国际经济和金融动荡;① 另一方面,美国能够

① 正如周小川(2009)所指出的,对于储备货币发行国而言,国内货币政策目标与各国对储备货币的要求经常产生矛盾。货币当局既不能忽视本国货币的国际职能而单纯考虑国内目标,又无法同时兼顾国内外的不同目标。既可能因抑制本国通胀的需要而无法充分满足全球经济不断增长的需求,也可能因过分刺激国内需求而导致全球流动性泛滥。理论上特里芬难题仍然存在,即储备货币发行国无法在为世界提供流动性的同时确保币值的稳定。(参见周小川:《关于改革国际货币体系的思考》,《中国人民银行工作论文》2009 年 3 月。)

利用美元的国际货币地位，通过货币性策略（如加息或者强势美元政策吸引资本流入）缓解其国际收支赤字问题，从而进一步加剧了国际收支调节机制的不公平性。

第二，国际货币发行国的国际收支状况，尤其是经常账户收支难以长期保持顺差或平衡，而只能以国际收支逆差的方式保证国际货币的供给。其原因在于，一国往往难以通过资本与金融账户的持续对外净支付（即逆差）向国际金融体系提供本币流动性。这也正是在布雷顿森林体系确立之初，美国难以通过“马歇尔计划”持续对外输出美元的根本原因。正如管涛（2016）所指出的，通常而言，一国货币的国际化要么采取“经常项目输出本币（即逆差）、资本项目回流本币（即顺差）”的模式；要么采取“经常项目回流本币（即顺差）、资本项目输出本币（即逆差）”的模式。前者将在提高本国对外负债规模的同时吸引资本流入，而后者将在增加本国对外资产的同时刺激资本流出。一国货币的国际化越进入投资和储备货币的较高层次，非居民持有的本币资产将越多，这意味着本币国际化会增加而非减少资本流出的压力。因此，经常项目尤其是货物贸易的顺差，是一些货币迈向更高台阶国际化的主要障碍。① 然而，从长期来看，经常账户逆差必将导致国际货币币值的不稳定，本质上这仍然是布雷顿森林体系下的“特里芬两难”的延续。从理论上看，任何一种主权国家货币充当完全意义上的国际货币② 都将面临这一问题。总而言之，在当前的美元本位制下，一国货币的国际化仍将受其国际收支状况的制约与影响。尤其是对于中国这样典型的“贸易国家”而言，如何在保持经常账户基本平衡甚至盈余的前提下，推动本币

---

① 如 20 世纪 60 年代日本和前联邦德国对于其本币的国际化一直比较抗拒。究其原因，主要在于两国不希望本币的国际化削弱其出口竞争力。（参见管涛：《促进国际收支平衡与货币国际化》，《金融与保险，中国人民大学复印报刊资料》2016 年第 5 期。）

② 即交易媒介、计价单位以及储藏手段等全部职能的国际化。

的国际化进程，是一个需要创新性思维和举措的问题。

四、货币国际化与金融发展水平的互动关系

如前所述，主流研究一般认为，一国货币的国际化需要以货币发行国发达的金融市场作为前提条件和重要依托，即离开了具备一定深度和广度的金融市场，一国货币将难以实现真正意义上的国际化。换言之，一国的金融发展水平对于其货币国际化进程有着很强的约束与影响。然而，金融发展水平与货币国际化进程之间并非仅仅是简单的因果关系。事实上，一国货币的国际化不仅受其金融发展水平的制约，而且也能够对该国的金融发展产生至关重要的影响。因此，二者在实践中往往是相互影响甚至是相互增强的，即金融发展水平越高的国家，其货币国际化的程度可能越高；而货币国际化程度的提高，则会进一步促进其金融市场的深度和广度，并且不断强化其既有的金融比较优势。

仍以现行国际货币体系中最为重要的国际货币发行国——美国为例。布雷顿森林体系建立之初，美元之所以能够成为唯一与黄金比肩的国际货币，更多的是因为美国拥有将近全球 3/4 的黄金储备，而不仅仅是发达的金融市场。纵观 20 世纪下半叶美国的金融发展历程不难发现，在布雷顿森林体系运行时期，美国的金融发展水平较为平稳。20 世纪 70 年代初的黄金非货币化，使美元彻底摆脱了黄金的约束，其金融发展进程迅速加快。如图 2–1 所示，在 1975—2015 年这一期间，美国金融体系的资产总额由 3.1 万亿美元增长至 86.6 万亿美元，增长了将近 27 倍；而同期美国的金融相关比率（FIR）则由 187% 提高至 480%。同期，美国上市公司资本总额以及股票交易总额占美国国内生产总值的比重也大幅提高。由此可见，美元的国际货币地位对于促进美国的金融发展水平无疑具有十分显著的作用。与此同时，自 20 世纪 70 年代以来，由于美元已经成为主要的国际贸易尤其是国际大宗商品（石油）贸易的

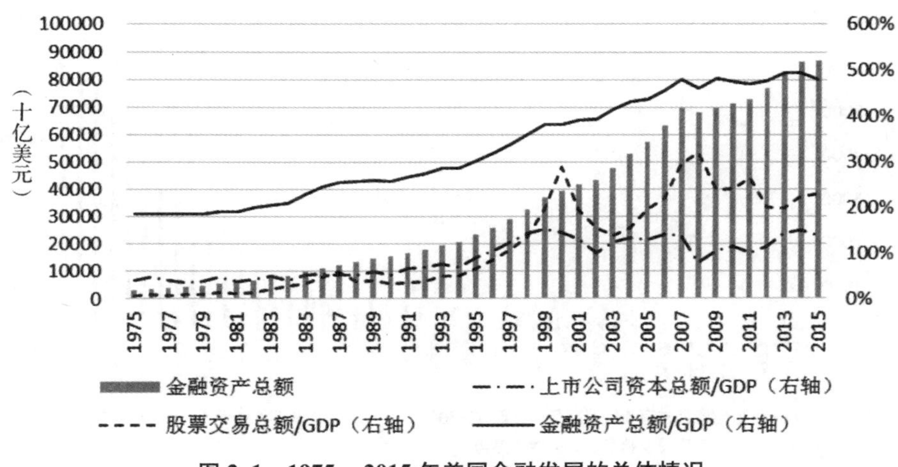

图 2–1　1975—2015 年美国金融发展的总体情况

数据来源：世界银行 WDI 数据库（http：//www.word bank.org/en/publication/gfdr/data），美联储网站（http：//www.federalreserve.gov/data.htm）。

计价和结算货币，因此对于美元以及以美元计价的金融资产的潜在需求十分巨大。国际贸易的逆差国需要融入美元以平衡贸易赤字；而国际贸易的盈余国则需要投资以美元计价的金融资产，以寻求贸易盈余和外汇储备的保值增值。可以说，美元的国际货币地位是推动美国金融市场突破国别属性和地域限制，进而发展成为一个真正意义上的全球化市场的关键因素。因此，随着 20 世纪 80 年代以来经济、金融全球化进程的不断加快，美国的金融发展水平也在不断提升。

需要指出的是，导致 20 世纪 70 年代以来美国金融深化程度不断提高的原因是多样的，而美元的国际货币地位仅仅是促进美国金融发展的原因之一。但如果从美国公共部门债务的投资者结构以及同期美国国债市场的发展情况来看，美元的国际货币地位对于促进美国金融市场发展的巨大作用是显而易见的。如图 2–2 和图 2–3 所示，自 20 世纪 70 年代以来，尤其是 80 年代中期以后，美国联邦政府债务总额以及国债余额迅速增长。如在 1974—2015 年这一期间，美国联邦政府债务总额和国债余额分别由 560 亿美元和 238 亿美元增长至 61547 亿美元和 54500

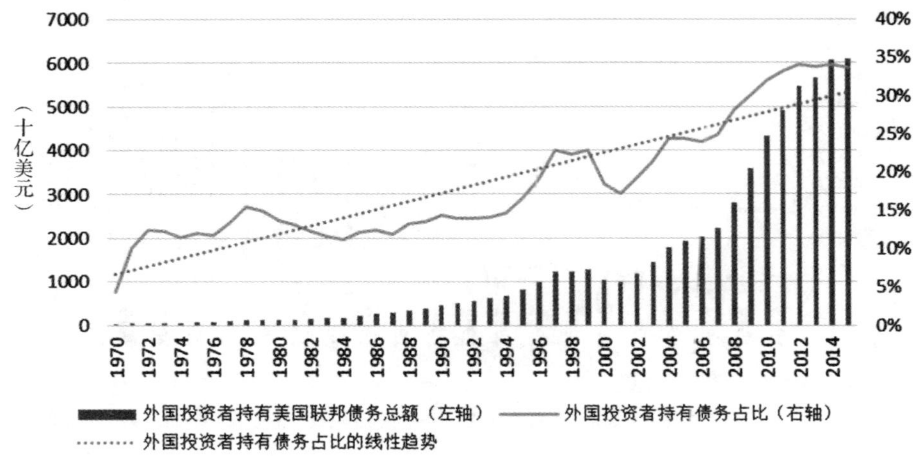

图 2–2　1970—2015 年美国联邦债务总额及外国投资者持有情况

数据来源：WIND 数据库。

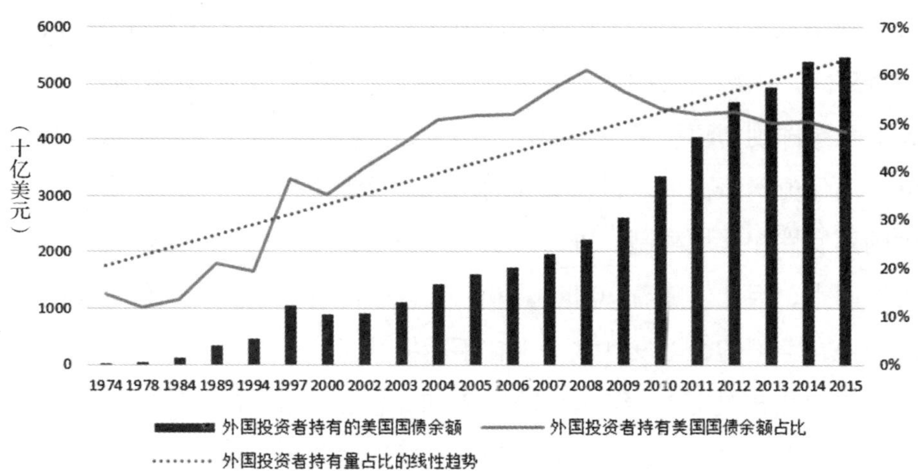

图 2–3　1974—2015 年美国国债总额及外国投资者持有情况

数据来源：WIND 数据库。

亿美元，而同期外国投资者的投资占比则相应地由 12% 和 15% 上升至 34% 和 48%。在 2008 年全球金融危机爆发前夕，外国投资者持有的美国国债余额占美国国债总额的比重一度高达 61%，其中仅中国便持有了 1/3 的美国国债。这无疑意味着大多数美国国债都是由外国投资者认购和持有，外国投资者已经成为美国债务融资市场最为重要的投资方。巨额海外资本的流入不仅进一步深化和拓展了美国国债的市场规模，而且还压低了美国的长期利率水平，降低了美国的融资成本。外国投资者之所以对美国国债市场形成如此严重的依赖，归根结底是因为美元在现行国际货币体系中所具有的不可替代的作用。美元作为国际储备资产计价货币的这一特殊属性，使得美国国债成为全球各国央行外汇储备投资的重要标的，以至于在全球金融动荡时期，美国金融体系甚至具有“安全港”（Flight to Safety）效应，即便危机最初肇始于美国。

由此可见，一国货币的国际化不仅受其金融发展水平的制约，而且也能够对该国的金融发展产生至关重要的影响，即一国货币的国际化程度越高，其对于本国金融发展的促进作用就越显著；一旦本币成为重要的国际储备资产计价货币（即完成了储藏手段职能的国际化），则其对于提升本国金融市场的开放度、深度以及广度都将产生至关重要的推动作用。事实上，这构成了“贸易国家”在现行国际货币体系下推动本币国际化的一个重要逻辑，即“贸易国家”可以利用自身在全球贸易格局中的地位，在逐步推进本币国际化的过程中提升金融发展水平，而非一味地等待货币金融条件成熟后再推进本币的国际化。有国内学者将这一逻辑概括为以本币国际化“倒逼”国内金融改革。正如张宇燕(2010)所总结的，历史经验说明，任何大国在本币国际化进程中都需要推动其国内货币金融体系的改革。因此，在人民币国际化的过程中，中国现行的利率管理体制、人民币汇率形成机制以及资本账户的管制措施都需要加快改革，而国内金融市场的开放程度势必提高，中国的金融监管体制改革也将加快。2001年中国加入世界贸易组织（WTO）后，中国经济取得的一系列成就便是这一逻辑的良好例证。陈晓莉、胡金焱(2014)认为，“倒逼”式改革是当前中国金融改革的一个突出现象——人民币国际化倒逼资本账户开放，在岸市场与离岸市场的套利活动倒逼人民币汇率体制改革等。因此，在推动人民币国际化的进程中因势利导地深化国内金融体制改革，提高我国金融市场的深度和广度，应当成为人民币国际化这一题中应有之义。

第三节　国际债券市场发展与货币国际化：基于中国的分析

一、现阶段人民币国际化的约束条件

第一，中国经济进入“新常态”，增长动力转换与结构性改革面临挑战。

庞大的经济总量与有质量的经济增长是支撑人民币国际化的基石。中国自2001年加入世界贸易组织（WTO）后，利用自身的资源禀赋积极融入经济全球化进程，不断强化出口导向型经济增长模式。与此同时，积极吸引海外直接投资并辅之以政府部门主导的公共投资，从而实现了经济总量的持续高速增长。2010年，中国经济总量超过日本，成为仅次于美国的全球第二大经济体。然而，2008年全球金融危机爆发以来，以高出口和高投资为主要特征的中国经济增长模式面临转型的巨大压力。一方面，危机爆发后主要发达经济体需求疲弱，中国出口增速迅速下降；另一方面，由高投资引发的环境恶化、产能过剩等问题日益突出。因此，中国经济开始由高速增长向中高速增长转换。如何在“新常态”下完成经济结构调整与增长动力转换，从而实现以内需和自主创新为内生驱动力的、更具韧性和可持续性的高质量的经济增长，是当前中国经济面临的一项重要挑战。中国经济的“新常态”将在今后一个时期内成为人民币国际化的重要宏观背景和约束条件。

第二，主要发达国家的经济表现持续分化，逆全球化浪潮日渐高涨。

2008 年全球金融危机作为进入 21 世纪以来全球经济发展的一个重要的分水岭，其对于世界经济格局产生了至关重要的影响。危机爆发以来，主要发达国家的经济表现出现了严重分化。一方面，美国经济在经历了阶段性的低迷后，于 2011 年前后开始缓慢复苏并持续走强，并于 2015 年先于其他主要发达国家率先进入加息周期和美元升值周期。另一方面，欧元区国家在欧洲主权债务危机的冲击之下，经济表现持续疲弱，高债务以及财政协调困境成为阻碍欧元区国家经济复苏的难题；而日本经济则始终受困于结构性改革的迟滞与人口老龄化的巨大压力，"安倍经济学"持续的量化宽松政策并未给日本经济带来实质性变化。全球经济格局的动荡与分化导致人民币的国际化进程面临相当多的不确定性。首先，欧元区国家和日本作为中国重要的贸易伙伴，其经济持续低迷导致中国对主要贸易伙伴的贸易增速严重下降（参见图 2–4）。近年来，全球贸易保护主义盛行，国际贸易与投资规则面临调整，逆全球化浪潮日渐高涨。中国作为全球最大的"贸易国家"，无疑将成为贸易

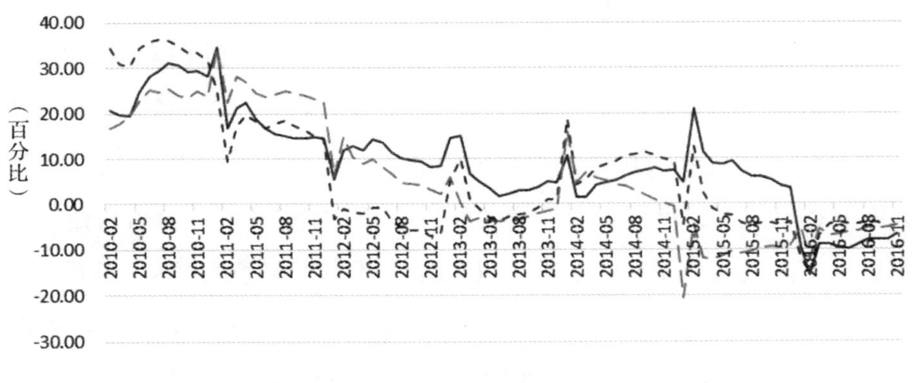

图 2–4　2010—2016 年中国对主要贸易伙伴出口月同比增速情况

数据来源：WIND 数据库。

保护主义和逆全球化趋势的受害方。其次，美国经济的持续向好对国际资本流动格局产生了决定性的影响，随着美联储加息步伐的加快，美元将持续升值，国际资本也将持续性地回流美国，包括人民币资产在内的非美元计价的资产将面临需求不足的问题，人民币资产潜在需求的下降对人民币国际化构成了较为严峻的挑战。

第三，中国资本账户开放进程放缓，必要的资本管制措施仍将持续。

长期以来，西方经济学界的主流观点认为，限制国际资本自由流动会导致价格机制的扭曲和福利损失。20 世纪 90 年代以来，主要发达国家以及国际货币基金组织（IMF）以“华盛顿共识”为由，要求广大发展中国家加速金融自由化进程，而国内金融市场与资本账户的开放被赫然列为首要条件。然而，2008 年全球金融危机爆发后，大规模资本频繁进出金融体系欠发达的广大发展中国家，对后者的宏观经济和金融的稳定构成了严重的影响。在此背景下，IMF 于 2010 年前后改变了对资本管制的立场，肯定了特定情况下资本管制措施的合理性。① 纵观 20 世纪 90 年代以来中国融入经济金融全球化的过程，在深化金融体制改革的基础上推动国内金融市场的开放，始终是一个不变的方向。尤其是 2001 年中国加入世界贸易组织后，中国金融部门开放的程度不断提高，其中资本账户的开放成为中国推动开放型经济持续发展的必然要求。自 2010 年以来，随着人民币国际化进程的推进，尤其是 2015 年人民币加入特别提款权（SDR）货币篮子之后，中国资本账户的完全可自由兑换将成为支撑人民币履行国际货币职能的重要前提和制度保障。然而，自 2015 年下半年以来，在一系列因素的影响下，短期资本外流的压力陡然加大。仅在 2015 年 7 月至 2017 年 1 月这一期间，中国外汇储备规模

① IMF“The Liberalization and Management of Capital Flows-An Institutional View”，*IMF Policy Paper*，November 14，2012.

便由36513亿美元迅速下降至29982亿美元，降幅高达26%。面对如此汹涌的短期资本外流，中国货币当局不得不采取必要的资本管制措施，以维护金融体系的稳定。2016年12月，美联储继2015年12月加息后再次上调联邦基金利率，由此决定了中国在今后一段时间将继续面临短期资本外流的巨大压力。在此背景下，中国资本账户开放的进程很可能将放缓。为此，如何在维持必要的资本管制措施的条件下继续推动人民币的国际化进程，是一个需要认真思考和妥善处理的重大问题。

第四，人民币汇率形成机制的弹性化改革在短期内难以取得突破性进展。

自2005年“7·21”汇率体制改革以来，人民币汇率形成机制改革始终坚持市场化和弹性化的改革方向。在2005—2008年全球金融危机爆发前这一期间，中国经济一直保持强劲增长，经常账户顺差不断扩大，人民币汇率保持了渐进升值的态势。[①]2008年9月全球金融危机爆发后，中国于2008年11月暂时恢复了钉住美元的汇率政策。此后，随着全球经济复苏态势的日益明朗，中国在2010—2014年这一期间先后3次上调人民币对美元汇率的单日波动幅度（由5‰扩大至2%）。在此期间，人民币延续了此前的持续升值态势。自2015年以来，为了顺应人民币国际化尤其是加入国际货币基金组织特别提款权（SDR）货币篮子的需要，中国货币当局于2015年8月11日进一步深化了人民币汇率形成机制改革，使每日人民币兑美元的中间价在更大程度上参考前一日的收盘价，即“8·11汇改”。至此，人民币汇率形成机制的透明度得到了极大的提升。然而，尽管人民币汇率形成机制改革取得了较大进展，但人民币汇率水平的变动趋势却由升转降。如图2–5所示，在2015年8月至2016年11月这一期间，人民币实际汇率指数和名义汇率指数

---

① 2007年中国经常账户顺差占GDP之比一度接近10%。在2005年7月至2008年9月这一期间，人民币兑美元的名义汇率升值了23%。

分别由 130.4 和 126.3 下降至 121.7 和 117.6，贬值幅度分别为 6.7% 和 6.9%。“8 · 11 汇改”之后，人民币终结了此前持续 10 余年的升值态势，转而进入下行通道。由于中国经常账户顺差并未出现趋势性改变，人民币汇率指数的下降更多地是资本与金融账户的资本外流所导致的。仅在 2015 年 3 季度至 2016 年 1 季度这一期间，中国资本与金融账户（不含外汇储备）的净资本流出便达到 4519 亿美元（参见图 2–6）。人民币的

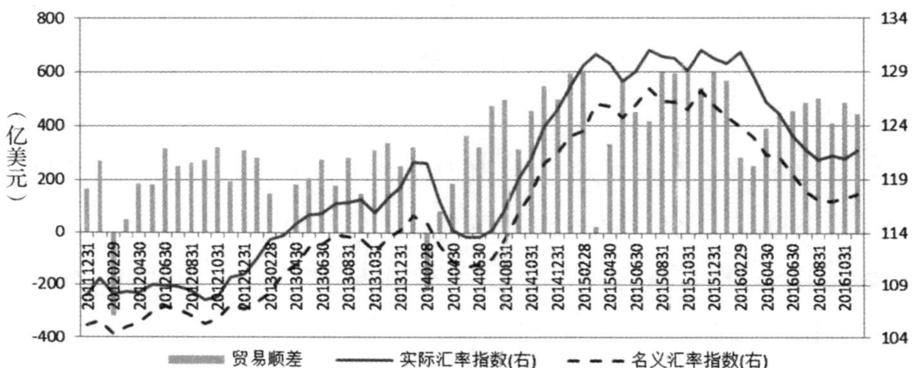

图 2–5　2011—2016 年中国贸易顺差以及人民币汇率变动趋势

数据来源：WIND 数据库。

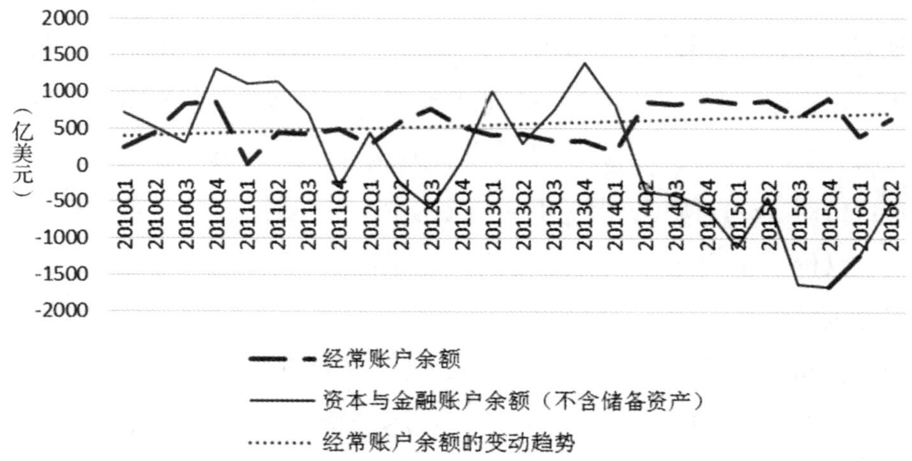

图 2–6　2010—2016 年中国国际收支平衡表的变动情况

数据来源：中国国家外汇管理局网站（www.safe.gov.cn/wps/portal/sy/tjsj）。

持续贬值无疑降低了人民币资产的吸引力，从而对人民币国际化进程形成了一定的冲击。基于这一原因，为了维持人民币汇率水平的稳定，防止由于投机和恶意做空而引发的人民币汇率雪崩式下降，中国货币当局不得不在人民币在岸市场和离岸市场同时采取必要的干预措施。在此背景下，如果国际短期资本由新兴市场国家回流美国的大趋势不发生改变的话，不仅人民币汇率将继续承压，人民币汇率形成机制的弹性化改革也难以在短期内取得突破性进展。

第五，中国在短期内难以改变“贸易国家”的属性，国际收支仍将保持经常账户盈余的基本态势。

自 2014 年以来，中国国际收支“双顺差”的基本格局发生了改变。扣除储备资产的资本与金融账户由此前一直保持的顺差转为逆差，但经常账户仍然保持顺差，且顺差余额始终较为稳定（季度平均增量为 500 亿美元，参见图 2–6）。由于中国的经济结构调整与增长动力转换将是一个渐进的过程，在既定的资源禀赋、技术水平以及增长惯性的约束下，中国在短期内难以改变“贸易国家”这一属性，对外贸易仍将是中国保证经济增长和参与经济全球化进程的重要途径，换言之，中国在可以预见的未来仍将主要以一个贸易大国而非金融大国的身份参与国际分工和全球经济治理，因此，人民币国际化将始终受困于“贸易国家”的货币这一身份。具体而言，中国难以通过经常账户的逆差持续输出人民币，并通过资本与金融账户的顺差回流本币，即中国难以直接复制美元的流出和回流机制以构建人民币的环流机制。因此，“贸易结算＋离岸市场”的人民币国际化模式仍将得以延续。然而，这一模式的弊端是显而易见的。首先，这一模式受人民币汇率波动的影响较大。在人民币持续升值的背景下，出口商更倾向于使用人民币进行结算，外国投资者持有人民币的动机也较为强烈。然而，一旦人民币汇率变动的趋势出现反转，这种建立在套汇动机基础上的人民币国际化显然是不可持续的。其次，由于离岸市场的管制相对宽松，其交易能够更加真实地反映外汇市场的供求状况。因此，一方面，离岸市场与在岸市场的价差将持续地导致套汇交易，从而削弱资本账户管制的效果；另一方面，在人民币汇率进入下行区间时，中国货币当局将陷入两难境地。这种两难主要表现为：如果不干预离岸市场，那么离岸市场人民币汇率的下降将成为引导人民币汇率变动的风向标，从而强化人民币贬值的预期；如果持续干预离岸市场，则不仅有悖于汇率体制自由化改革的初衷，而且还将面临高昂的干预成本（如外汇储备大量流失）。因此，人民币国际化的模式需要调整和创新。

二、人民币国际化：基于货币职能与环流机制的视角

货币国际化的本质在于货币职能的国际化。货币国际化作为一个受国内外众多因素共同影响和作用的过程，它具有突出的复杂性、渐进性和长期性。更为重要的是，一国货币的国际化是在特定的历史背景和国际政治经济环境中展开的，是一国总体经济活动和宏观政策对全球经济施加影响的一种方式。因此，尽管不同国家的货币国际化所需要具备的条件大体上是类似的，但归根结底，一国货币国际化的路径选择需要与各自经济的结构性特征以及特定的国际环境相契合。也正是从这个意义上说，货币国际化的复杂性决定了其不存在具有普适性的发展路径，而所谓的成熟的货币国际化经验，也不能被简单地复制和模仿。中国作为经济总量全球第二、对外贸易规模全球第一的发展中经济体，其货币的国际化需要另辟蹊径，这具有重大的开创性意义。

由于目前中国尚不完全具备推动人民币国际化的全部条件，因此中国确立了“贸易结算＋离岸市场”这一与当前中国国情相契合的国际化模式。前者是指人民币国际化秉持“先易后难”的基本原则，即从结算货币这一货币的初级职能开始，逐步向投资货币和储备货币等货币的

高级职能过渡。中国作为一个典型的“贸易国家”，在全球贸易中的影响力要高于在全球金融体系中的影响力。为此，从双边贸易计价和结算开始推动人民币的国际化，符合当前中国经济在全球经济中的定位。然而，人民币的“走出去”需要具有一定深度和广度的人民币金融市场的支持，以供外国投资者匹配人民币的资产与负债。但目前中国国内金融市场的开放程度有限，而且资本与金融账户尚未完全开放，由此决定了在逐步加快国内金融市场开放的同时，需要大力发展人民币离岸市场，通过人民币“体外循环”的方式解决人民币的环流问题。这也是过去一个时期中国货币当局推动人民币国际化的重要途径。离岸市场作为非居民进行本币交易的市场，有利于在非居民之间以及非居民与本国居民之间建立本币的流通渠道，进而形成本币在国际金融市场上的初始流动性以及定价机制，支撑本币在国际金融市场上的流动性（马骏，2012）。

然而，如前所述，这一单纯基于货币职能视角的人民币国际化模式目前面临一定的问题。由于人民币贸易结算受人民币汇率波动的影响较大，一旦人民币进入贬值通道，各方使用人民币进行贸易结算的动机便会下降。目前人民币贸易结算在相当程度上是建立在套汇动机基础上的短期行为，难以长期持续。而离岸市场的迅速发展在资本账户管制的条件下，很容易助长在岸市场与离岸市场的套利和套汇行为，从而不利于人民币汇率的稳定。基于这一点，需要在基于货币职能视角的人民币国际化模式的基础上，进一步从构建有效的人民币环流机制这一维度思考和审视人民币国际化问题。

事实上，人民币的环流机制（即人民币流出境外以及从境外回流的机制）是人民币国际化进程中难以回避的核心问题。发展离岸市场的初衷不过是以人民币“体外循环”的方式逐渐代替人民币回流国内金融市场，从而为国内金融体制改革和市场开放争取时间。与此同时，发展离岸市场还可以起到先行先试和隔离风险的作用。但从长期来看，离岸市场无法从根本上取代在岸市场的作用。理论研究和国际经验都证明，任何一国货币的国际化都需要一个具有深度、广度和开放度的国内金融市场作为支撑。因此，随着人民币国际化进程的深化，尤其是人民币在2016年10月正式成为国际货币基金组织特别提款权（SDR）的篮子货币后，人民币将在一定程度上发挥金融资产计价和储备货币的职能，这无疑更加需要构建一个顺畅的人民币环流机制，从而便利包括各国央行在内的全球投资者配置人民币资产以及开展人民币投融资活动。

目前已有的人民币流出机制和回流机制大体上包括以下几个渠道：

第一，跨境贸易人民币结算。

跨境贸易人民币结算是2010年以来中国政府推动人民币"走出去"的重要举措。如表2–2所示，截至2016年12月，跨境贸易的人民币金额累计已经达到29.1万亿元人民币，为2011年四季度结算额的11.2倍。从人民币环流机制的视角来看，进口的人民币结算会形成人民币的流出，而出口的人民币结算会形成人民币的流入。尽管跨境贸易人民币结算取得了比较大的阶段性进展，然而，统计数据表明，跨境贸易人民币结算的当季额在2015年第三季度达到峰值（2.09万亿元人民币）后，出现了下降的趋势。如前所述，这在一定程度上是人民币汇率由升转降导致的。因此，随着美元进入周期性升值阶段，跨境贸易人民币结算在未来一段时间难以成为人民币的主要环流机制。

表2–2　跨境贸易人民币结算与人民币直接投资情况

（单位：亿元人民币）

时间	跨境贸易人民币结算额（累计）	跨境贸易人民币结算额（当季）	人民币对外直接投资（RODI）累计余额	人民币外商直接投资（RFDI）累计余额
2011年12月	25899	5390	202	907
2012年3月	31703	5804	29	470

时间	跨境贸易人民币结算额（累计）	跨境贸易人民币结算额（当季）	人民币对外直接投资（RODI）累计余额	人民币外商直接投资（RFDI）累计余额
2012 年 6 月	38419	6716	187	918
2012 年 9 月	46408	7990	221	1545
2012 年 12 月	55299	8891	304	2536
2013 年 3 月	65338	10039	80	774
2013 年 6 月	75799	10461	220	1615
2013 年 9 月	86799	11000	518	2694
2013 年 12 月	101599	14800	856	4481
2014 年 3 月	118099	16500	278	1653
2014 年 6 月	134299	16200	865	3834
2014 年 9 月	149599	15300	1337	5871
2014 年 12 月	166899	17300	1866	8620
2015 年 3 月	183399	16500	534	2345
2015 年 6 月	200599	17200	1670	4866
2015 年 9 月	221499	20900	4993	10600
2015 年 12 月	239199	17700	7362	15871
2016 年 3 月	252599	13400	2610	3566
2016 年 6 月	265799	13200	5226	6766
2016 年 9 月	279499	13700	8340	10400
2016 年 12 月	291499	12000	10619	13988

数据来源：WIND 数据库。

第二，跨境人民币直接投资。

近年来，为了提供更加多样化的人民币流出和流入渠道，促进人民币的境外流通与使用，中国货币当局鼓励境内外相关主体使用人民币进行直接投资活动。2011 年 1 月，中国人民银行发布了《境外直接投资人民币结算试点管理办法》，允许在跨境贸易人民币结算试点地区内登记注册的非金融企业以人民币开展境外直接投资。同年 10 月，中国人民银行发布了《外商直接投资人民币结算业务管理办法》，允许符合一定条件的境外投资者办理外商直接投资人民币结算业务。人民币对外直接投资（RODI）和人民币外商直接投资（RFDI）是中国货币当局在资本账户尚未开放条件下探索人民币环流机制的一项重要举措，二者均属于国际收支平衡表的资本与金融项目，前者意味着人民币的流出，后者意味着人民币的流入。由于直接投资的稳定性显著高于证券投资，因此其对于一国的冲击和负面作用相对较小。然而，数据显示，这一人民币的流出机制和回流机制并不顺畅。一方面，RODI 和 RFDI 的金额相对较小，发展较为缓慢。如表 2–2 所示，截至 2016 年 9 月，RODI 和 RFDI 的累计余额仅分别为 8340 亿元人民币和 10400 亿元人民币。相对于庞大的跨境贸易结算与投资金额而言，这一规模显然难以满足国际市场对于人民币流动性的需求。另一方面，二者的稳定性较差。如在 2015 年 12 月至 2016 年 12 月这一期间，RODI 和 RFDI 的累计余额表现出了非常强烈的波动（参见表 2–2）。由此可见，目前二者作为人民币的流出机制和回流机制还存在很大的改进空间。

第三，有条件的金融市场开放。

事实上，中国国内金融市场开放的步伐远远早于人民币国际化进程。2001 年中国加入世界贸易组织（WTO）时，便以承诺一定程度的国内金融市场开放为前提条件。2006 年 12 月，随着中国加入 WTO5 年保护期的结束，中国的金融部门面向外资银行全面开放了人民币零售业务。此后，非居民的人民币存款有了一定程度的增长，这也成为境外人民币回流的渠道之一。[①]2002 年 11 月，中国证券监督管理委员会（以

① 截至 2014 年 9 月，中国境内的非居民人民币存款余额为 2.4 万亿元人民币。此后，中国官方便不再更新这一数据。数据引自中国国家外汇管理局网站（www.safe.gov.cn）。

下简称中国证监会）颁布了《合格境外机构投资者境内证券投资管理暂行办法》，由此标志着国际通行的合格境外机构投资者（QFII）制度在中国正式实行。在资本账户管制的条件下，QFII 成为境外投资者投资和持有人民币资产的重要途径。2011 年，在人民币国际化迅速推进的背景下，中国结合此前实行 QFII 制度的经验，推出了人民币合格境外机构投资者（RQFII）制度，允许符合条件的基金公司、证券公司香港子公司作为试点机构，直接以人民币投资于内地 A 股市场，从而为海外人民币的回流提供了一条新的渠道。然而，目前 RQFII 制度仍然处于试验和探索阶段，受到的管制较为严格，而且只能以香港作为中转。截至 2016 年 12 月，RQFII 在内地 A 股市场开立的账户数量仅为 1078 个，总投资额度仅为 5238 亿元人民币。[①] 显然，目前 RQFII 作为一种人民币的回流机制仍存在较多局限。

第四，政府之间的双边本币互换。

由于政府之间的双边本币互换协议不仅有利于推动双边货币金融合作和便利双边贸易投资，而且还有利于扩大本币在地区乃至国际上的影响力，因此，它是一种重要的本币国际化途径。通过双边本币互换协议向主要经贸投资伙伴国输出本币，具有协商成本低以及便捷高效的特点。自 2008 年全球金融危机爆发以来，中国货币当局先后与许多国家签订了双边本币互换协议。中国人民银行的统计数据显示，在 2008 年 12 月至 2016 年 11 月这一期间，中国签订的双边本币互换协议总额由 1800 亿元人民币上升至 34757 亿元人民币，有力地扩大了人民币的国际影响力。然而，政府之间的双边本币互换协议作为一种本币流出机制，其弊端也十分明显，即这种双边本币互换属于典型的被动型货币国际化方式，货币互换额度使用与否主要取决于对手方对于人民币的需

① 数据引自 WIND 数据库。

求。换言之，控制人民币流出机制的主动权在对方而非中方，如果对方不提出使用货币互换额度，那么双边本币互换便无法确保人民币的实际流出。

总而言之，目前人民币的流出机制与回流机制并不顺畅，尤其是在经常账户持续保持盈余以及资本账户管制的前提下，如何探索和不断完善更加合理、可控的人民币环流机制，已经成为进一步推动人民币国际化进程需要解决的首要问题。

三、国际债券市场对人民币国际化的支撑作用

目前积极推动人民币国际债券市场的发展，是构建顺畅的人民币环流机制，从而进一步深化人民币国际化进程的重要途径。人民币国际债券市场对于人民币国际化进程的支撑作用，主要表现在以下几个方面：

第一，发展人民币外国债券市场，开辟资本与金融账户下人民币流出的新渠道。

如前所述，中国作为一个典型的金融市场欠发达的“贸易国家”，难以通过“经常账户逆差输出本币、资本与金融账户顺差回笼本币”这一方式推进人民币国际化，因此，探索资本与金融账户下的本币环流机制对于中国而言具有十分突出的现实意义。目前大力发展人民币外国债券市场，鼓励和引导符合条件的外国投资者在中国发行以人民币计价的债券（即“熊猫债券”），能够实现本币流动性的直接输出。国际经验证明，外国债券市场在货币国际化的特定阶段往往能够发挥至关重要的作用。如在布雷顿森林体系建立初期，对于美元流动性有着强烈需求的欧洲企业通过在美国发行“扬基债券”的方式筹措美元，是美元流出美国的一条重要途径。直至20世纪60年代中期以后，随着国际金融市场上的“美元荒”逐渐转变为“美元过剩”，美国为了扭转

美元大量流出美国、国际收支持续恶化的状况，才通过征收利息平衡税（Interest Equalization Tax）① 的方式限制居民的对外投资，“扬基债券”市场的繁荣才被欧洲美元市场的兴起所取代（Coles，1981）。此后欧洲美元市场和“扬基债券”市场共同发挥着调节境外美元流动性的重要作用（Peristiani，2010）。当前中国大力发展“熊猫债券”市场可谓正当其时。首先，外国投资者发行“熊猫债券”并不受中国资本账户管制措施的约束，而只需通过发行资格审批、获取发行额度即可。其次，在人民币汇率下行阶段，“熊猫债券”往往更容易获得外国投资者的青睐，因为未来债券发行人可能将使用更少的外币兑换为人民币偿还债务。因此，“熊猫债券”市场能够成为资本与金融账户项下人民币流出的重要渠道。

第二，发展人民币离岸债券市场，引导境外人民币资金有序回流在岸金融市场。

大力推动人民币离岸市场的建设和发展，始终是人民币国际化的一个重要途径。然而，离岸市场不应当仅仅成为人民币“体外循环”的媒介，更应当通过与在岸金融市场的有效互动成为人民币环流机制的重要组成部分，从而在引导海外人民币回流国内的同时，从根本上消除两个市场之间的制度性套汇和套利行为。为此，应当鼓励更多的国内企业尤其是私人部门经济主体在“走出去”的过程中，通过在离岸债券市场发行人民币债券的方式筹措资金，而资金的具体用途既可以通过人民币对外直接投资（RODI）的方式在海外流转，也可以在国内用于生产经营活动从而形成人民币的回流。由于中国现行的资本账户管制措施主要针对私人部门出于纯粹的证券投资目的的本外币兑换，且不允许私人部门借入外币债务，因此，中资企业在离岸市场发行人民币债券（即借入

① 规定美国居民购买外国在美国发行的证券，所得利息一定要付 15% 的税。

人民币债务）并不受现行资本账户管制措施的限制。与此同时，由于离岸市场具有管制宽松、竞争充分以及市场机制完善等特点，因此其价格发现职能更加完善，即离岸债券的利率水平往往能够更加合理地反映债务发行方的信用水平与偿债能力。相对于国内金融市场而言，企业在离岸市场发行债券融资往往更具成本优势，从而有利于降低企业的融资成本，为中国企业"走出去"提供金融支持。更为重要的是，离岸债券市场主体的多元化有利于其市场深度和广度的提高，从而为形成更加完善、顺畅的人民币环流机制创造条件。

第三，加快国内债券市场开放，持续拓展国内金融市场的深度和广度。

人民币国际化最终需要一个足够开放、具有深度和广度的国内金融市场的支撑。因此，包括国内债券市场在内的中国金融市场的深化改革与对外开放，是人民币行使计价与储备货币等高级货币职能的首要前提。目前，人民币在全球外汇储备中的占比远低于美元、欧元、英镑、瑞士法郎以及日元等主要国际货币，甚至低于澳大利亚元和加拿大元等非核心国际货币，其中一个重要原因在于中国金融市场的封闭性以及由此导致的人民币资产的供给不足。根据曹远征、郝志运（2016）的测算，如果人民币储备资产在全球外汇储备资产总额的占比达到 2%（即目前加拿大元的水平），则需要新增约 5400 亿元的人民币资产；如果人民币储备资产的占比达到目前澳大利亚元的水平，则需要新增近 7000 亿元的人民币资产；而如果人民币储备资产的占比达到与人民币在特别提款权货币篮子中所占权重相同的水平，则无疑需要新增更多的人民币资产。因此，以发展人民币国际债券市场为契机，带动和促进中国国内债券市场的深化改革，不断丰富人民币债券产品的种类，能够为全球投资者提供更加多样化的人民币金融产品。这不仅有利于提高人民币资产的吸引力从而提升人民币的国际货币职能，而且可以为解决长期以来困扰中国的“高储蓄”难题提供新的思路和方向。[①]

四、发展人民币国际债券市场的深远影响

尽管从国别角度来看，人民币国际债券市场仅仅是中国金融市场的有机组成部分之一，但在当前条件下，其建设和发展却具有十分重大而深远的影响。

第一，促进中国传统货币政策的转型。

在中国传统的数量型货币政策向价格型货币政策转型的过程中，人民币国际债券市场的发展能够起到积极的促进作用。众所周知，货币政策对于一国货币的国际化进程有着至关重要的影响。随着人民币国际化进程的不断深化，中国利率、汇率的联动效应日益显著，货币政策的外溢效应也将更加突出，由此决定了传统意义上的以调控货币数量为核心理念的数量型货币政策的有效性必然下降。为此，建立以调控基准利率为主要手段，并通过完善有效的价格传导机制影响经济主体行为的价格型货币政策，是中国货币政策转型的目标。债券市场尤其是一个发达的国债市场，无疑是价格型货币政策传导机制的重要组成部分。通常意义上，一年期国债利率是确立金融市场无风险利率基准的重要参考指标之一。完整有效的国债收益率曲线是金融市场中长期风险资产定价的基准，其对于一国金融市场的重大意义不言自明。此外，国债往往是一国央行实行公开市场操作的主要标的，即通过买卖国债调节市场流动性、

---

① 众所周知，高储蓄一直是困扰以中国为代表的东亚国家的一个重要问题（罗纳德·麦金农，2005）。在开放经济条件下，储蓄率远远高于投资率的直接后果是经常账户会积累大量盈余，从而加剧外部失衡。这一问题在中国尤为突出，受直接融资方式欠发达和金融抑制的影响，中国的高储蓄只能在经常账户下以净出口的方式输出并最终体现为美元储备，而难以通过资本与金融账户流出形成有效的金融投资（当然，这与汇率制度和资本管制有关）。显然，人民币国际债券市场的发展为后者提供了可能，即持有人民币流动性的中国投资者可以通过购买“熊猫债券”的方式实现对外投资。因此，一个发达的人民币国际债券市场无疑为消化和转移中国的过剩储蓄提供了新的渠道。

引导市场预期。因此，一个发达、完善的债券市场尤其是国债市场是中央银行实行价格型货币政策操作的重要保障。显然，在推动人民币国际债券市场发展的过程中，大量经验丰富、资金雄厚的境外机构投资者得以进入国内债券市场参与人民币债券交易，这对于深化国内债券市场改革，形成多样化的预期，促进债券类金融衍生产品的发展，改进债券市场基础设施，都将具有积极的现实意义。

第二，为“一带一路”提供金融支持。

2008 年全球金融危机爆发以来，全球经济与地缘政治格局发生了一系列重大变化。自 20 世纪 90 年代以来不断加速的经济、金融全球化进程日益放缓，主要发达国家经济表现的持续分化以及新兴经济体宏观经济的起伏波动为全球经济增长带来了相当大的不确定性。在此背景下，中国作为全球第一贸易大国，当然也是经济全球化最大的受益方之一，需要在继续深化国内经济体制改革尤其是转变经济增长方式的同时，以新的姿态和新的方式应对全球政治经济格局变化所带来的各种挑战。与此同时，中国更需要新的思路和新的战略，从而在发挥自身比较优势的基础上继续推动经济全球化向纵深方向发展。在此背景下，2013 年 9 月和 10 月，习近平主席先后提出了共建“丝绸之路经济带”和“21 世纪海上丝绸之路”（合称“一带一路”）的重大倡议。2015 年 3 月，中国正式发布了《推动共建“丝绸之路经济带”和“21 世纪海上丝绸之路”的愿景与行动》，全面系统地阐述了“一带一路”的基本理念、合作框架以及愿景展望。可以说，“一带一路”是中国立足自身国情对国际合作创新以及全球治理模式创新的积极探索。作为中国的一项重要国家战略，“一带一路”将在今后一个时期成为中国与世界互动的重要途径。相比之下，尽管人民币国际化与“一带一路”属于不同维度和不同层次上的国家战略，但二者之间又存在较为明显的交叉与结合。显然，在“一带一路”的战略框架下积极推动人民币的国际化，既能够实现人民币国际化在空间和职能上的突破，又是对“一带一路”内涵的升华。因此，“一带一路”与人民币国际化之间应当是战略互动、耦合演进、相互促进的关系。以人民币国际债券市场促进中国与“一带一路”沿线国家的人民币资金往来，为以人民币计价的双边贸易和投资活动提供便利，鼓励和引导“一带一路”沿线国家的货币当局持有以人民币计价的储备资产，既有利于提高人民币在“一带一路”沿线国家的影响力，又能够为“一带一路”倡议的实施提供金融支持。

第三，继续深化现行国际货币体系的改革。

以美元为核心的现行国际货币体系存在根本性缺陷，即美元作为主导性的国际储备资产计价货币的地位与美国的国际收支状况以及货币政策之间存在难以调和的矛盾和冲突。这既是2008年全球金融危机的主要诱发因素，也是促使中国加快人民币国际化进程的重要客观原因。从理论上看，在信用本位制时代，任何单一主权国家的货币充当国际储备资产计价货币，都难以摆脱“特里芬两难”式的困境，因此，储备货币多元化成为现行国际货币体系改革的主要方向。然而，从长期来看，储备货币的多元化并不能从根本上解决国际货币的供给难题，因此也难以消除国际货币体系潜在的动荡与危机。只有在真正意义上实现国际货币供给的“去主权国家化”，即国际货币的发行并不是由单一国家货币当局控制，而是由类似国际货币基金组织（IMF）的超主权国家机构进行调节，才有可能走出“特里芬两难”的困境，从而实现国际货币体系的稳定。中国作为一个负责任的大国，在全球金融危机后始终积极推动现行国际货币体系的改革，旨在构建一个更加公平、合理的国际货币金融秩序。早在2009年，中国人民银行行长周小川便提出，现行国际货币体系存在重大缺陷，应当考虑进一步提高特别提款权（SDR）的地位，从而弥补美元本位制的不足。在SDR的框架下，逐步提高人民币的国际货币地位和全球认可度，是现阶段人民币国际化的一个重要目标；而推动 SDR 的全球使用，始终是中国参与国际货币体系改革的利益诉求之一。然而，SDR 作为一种官方计价和结算货币单位，其在私人部门的推广和使用仍然面临较多的障碍。为此，中国政府明确提出，将探索发行以 SDR 计价的债券产品。2016 年 8 月，中国银行间债券市场成功发行了以国际复兴开发银行为筹资人、以 SDR 为计价货币的债券产品，这是 1981 年以来全球发行的首单以 SDR 计价的债券，也是全球首次以公募形式发行的 SDR 计价债券，具有非常重大的现实意义。未来，中国将继续加大 SDR 计价债券的发行，以进一步扩大 SDR 在私人部门的影响力，推动国际储备资产计价货币的发行机制改革。显然，SDR 计价债券的发展离不开人民币国际债券市场的有力支撑。由于人民币已经是 SDR 的篮子货币，因此国际机构在中国发行以 SDR 计价的债券本身就属于人民币国际债券。因此，大力发展人民币国际债券市场，不断完善这一市场的基础设施与定价机制，有利于 SDR 计价债券的发行和推广，从而能够为推动现行国际货币体系向着更加公平、合理的方向演进作出中国的贡献。

金融结构与金融发展理论，为包括债券市场在内的整个金融市场乃至宏观经济的分析提供了重要的理论支持。而货币竞争理论、货币搜寻理论以及区域货币合作理论则分别从不同层面和视角，对一国货币国际化的动因、本质以及影响等问题进行了理论阐释。现有的理论研究一般将货币国际化看作是一国货币在发行国以外行使全部或部分货币职能的过程。一国货币的国际化是一个由内在驱动因素和外界客观条件共同发生作用的过程，其主要受一国的经济规模、在全球贸易格局中的地位、金融发展情况、货币的可兑换性及公信力、历史惯性与网络效应五个方面因素的影响和制约。一国的国际收支状况乃至特定国际货币体系下的国际收支调节机制，对于一国货币的国际化有着至关重要的影响。

对于中国这样典型的“贸易国家”而言，如何在保持经常账户基本平衡甚至盈余的前提下，推动本币的国际化进程，是一个需要创新性思维和举措的问题。

主流研究一般认为，一国的金融发展水平对于其货币国际化进程有着很强的约束与影响。然而，金融发展水平与货币国际化进程之间在实践中往往是相互影响甚至是相互增强的。这构成了“贸易国家”推动本币国际化的一个重要逻辑，即在逐步推进本币国际化的过程中提升金融发展水平，而非一味地等待货币金融条件成熟后再推进本币的国际化。有国内学者将这一逻辑概括为以本币国际化“倒逼”国内金融改革。因此，在推动人民币国际化的进程中因势利导地深化国内金融体制改革，提高我国金融市场的深度和广度，应当成为人民币国际化这一题中应有之义。

现阶段人民币的国际化面临五个方面的约束。第一，中国经济进入“新常态”，增长动力转换与结构性改革面临挑战。第二，主要发达国家的经济表现持续分化，逆全球化浪潮日渐高涨。第三，中国资本账户开放进程放缓，必要的资本管制措施仍将持续。第四，人民币汇率形成机制的弹性化改革在短期内难以取得突破性进展。第五，中国在短期内难以改变“贸易国家”的属性，国际收支仍将保持经常账户盈余的基本态势。为此，现行的“贸易结算＋离岸市场”这一人民币国际化模式需要作出调整，需要在基于货币职能视角的人民币国际化模式的基础上，进一步从构建有效的人民币环流机制这一维度思考和审视人民币国际化问题。事实上，人民币的环流机制是人民币国际化进程中难以回避的核心问题。随着人民币国际化进程的深化，需要构建一个顺畅的人民币环流机制，从而便利全球投资者配置人民币资产以及开展人民币的投融资活动。目前，跨境贸易人民币结算、跨境人民币直接投资、有条件的金融市场开放以及政府之间的双边本币互换等人民币的流出机制与回流机制并不顺畅。

积极推动人民币国际债券市场的发展，是在资本与金融账户下构建顺畅的人民币环流机制，进一步深化人民币国际化进程的重要途径。具体来看，第一，人民币外国债券市场能够开辟资本与金融账户下人民币流出的新渠道；第二，人民币离岸债券市场可以引导境外人民币资金有序回流在岸金融市场；第三，加快国内债券市场开放有利于持续深化和拓展国内金融市场的深度和广度。从长远来看，发展人民币国际债券市场还能够促进中国传统货币政策的转型，为“一带一路”提供金融支持，并推动现行国际货币体系的改革。

第三章　国际债券市场发展与货币国际化的国际经验

国际债券市场是国内债券市场债权债务关系在全球背景下的一个延伸。国际债券市场起源于20世纪50年代末60年代初。在“马歇尔计划”①实施的背景下，美国对欧洲国家援助的美元流入促成了欧洲美元债券的产生，而美国国际金融中心的形成则催生了“扬基债券”等外国债券市场。这一时期也是国际债券发展的初级阶段。到20世纪80年代，国际债券市场有了新的发展，主要表现在国际债券市场规模的迅速扩大，成为国际金融市场上的主要融资手段，并且欧洲债券市场的规模超过外国债券市场。国际债券市场的利率和各种费用进一步降低，融资技术和融资工具不断创新，金融自由化和金融工具的发展促进了这一时期国际债券市场的繁荣。进入20世纪90年代后，随着全球经济的一体化和自由化，国际资本市场的全球化进程进一步加速，资本流动的空前增长推动了国际债券市场的发展。这一时期国际债券融资规模急剧增长，国际债券的类别结构、币种结构和融资者国别结构都发生了巨大变化。进入21世纪后，国际债券市场得到进一步发展，欧元区的形成使得欧元国际债券成为国际债券市场重要的标价货币债券。2008年全球

① 1947年，美国杜鲁门政府的国务卿马歇尔制订了一项向欧洲16个国家提供132亿美元贷款和实物的“欧洲复兴计划”，即“马歇尔计划”。

金融危机后，国际债券市场的发展又出现了一些新的特征。本章旨在回顾国际债券市场发展的历史演进，并以美国和日本这两个最为典型的国家为例，分析国际债券市场发展在其本币国际化进程中发挥的重要作用，从而为人民币国际债券市场的建设和发展提供经验借鉴。

第一节　国际债券市场发展的历史演进

一、国际债券市场的发展历程

（一）外国债券市场的快速发展

国际债券作为债券市场的一个组成部分，其在各个历史阶段的演进，都与当时的国际金融市场环境以及各国的经济、金融政策环境密切相关。

从 19 世纪 20 年代起，伦敦金融市场上就出现了外国债券发行者。这些发行者通常是外国政府和大型铁路公司。[①] 从 19 世纪下半叶到第一次世界大战爆发前，伦敦和巴黎都形成了大规模的外国债券市场，是最主要的融资中心。[②] 然而，20 世纪 20 年代，考虑到大量的国家债务以及确保英镑回归金本位制等问题，英国政府开始限制其他国家债券发行者在伦敦发行英镑债券。第二次世界大战爆发时，英国又实行了汇率管制，伦敦市场上的外国英镑债券发行开始减少。与此同时，美国金融市场繁荣发展，纽约取代伦敦成为最重要的外国债券市场。据估计，

---

① 关于早期外国债券的历史可参见 Dawson，F.G.（1990）：*The First Latin American Debt Crisis：the City of London and the 1822-25 Loan Bubble*，New Haven：Yale University Press。

② 参见［美］查尔斯·金德尔伯格：《西欧金融史》，中国金融出版社 2010 年版，第 240 页。

在 1946—1963 年这一期间，美国大约发行了 140 亿美元的“扬基债券”。[①]20 世纪 50 年代初，美国的国际收支开始出现逆差，美元和黄金大量外流。为了解决不断扩大的国际收支逆差给国内实体经济和金融市场带来的影响，特别是维护美元信誉和国际金融秩序的稳定，美国政府于 1963 年推出了利息平衡税，规定其他国家债券发行者在美国市场发行“扬基债券”时必须多支付 1% 的利率。这一规定大大减少了“扬基债券”的发行量。直到 1974 年 6 月，美国终结了利息平衡税，“扬基债券”市场才开始慢慢恢复。20 世纪 80 年代，日本“武士债券”市场和瑞士法郎债券市场迅速发展。到 80 年代末，瑞士法郎的外国债券市场份额已经超过“扬基债券”的市场份额而居于首位。除了这三大外国债券市场外，早期还存在一些规模较小的债券市场（参见表 3–1）。

表 3–1　1990 年年底国际债券市场前 21 大货币发行国

名义流通面值：十亿美元[①]

债券市场	公开发行量	国内市场						国际市场	
		公开市场			非公开市场				
		中央政府	机构	州和地方政府	非金融机构	银行	非银行金融机构	国外	欧洲
美元	5984.9	1653.4	1413.5	596.0	1187.6	109.2	417.6	81.7	525.9
日元	2576.9	1163.6	387.2	143.3	212.0[②]	502.8	—	52.1	115.9
德国马克	1123.8	295.3	49.3	27.0	1.7	603.1	—	147.4	
意大利里拉	759.4	594.0	23.1	—	4.3	—	123.5	0.5	14.0
法国法郎	487.3	152.5	213.6	4.4	87.8	—	—	1.5	27.5
英镑	370.3	225.7	—	0.5	28.0	—	—	9.5	106.6
加拿大元	361.7	119.5	—	145.4	48.9	—	—	1.1	46.8

① 参见 Hanna and Staley，*International Bond Manual*：*US Dollar*，Salomon Brothers。

债券市场	公开发行量	国内市场						国际市场	
		公开市场			非公开市场				
		中央政府	机构	州和地方政府	非金融机构	银行	非银行金融机构	国外	欧洲
瑞士法郎	271.1	8.8	—	11.4	28.3	30.9	16.4	175.3	—
比利时法郎	250.1	140.9	52.0	5.0	10.4	39.5	—	1.9	0.4
丹麦克朗	212.6	66.5	—	—	9.6	—	131.3	0.2	5.0
荷兰盾	190.4	121.6	—	0.4	25.9	13.7	3.5	10.1	15.2
瑞典克朗	174.7	40.9	—	0.9	10.4	4.6	115.8	0.1	2.0
澳元	122.6	25.8	—	59.5	7.3	—	4.0	0.2	25.8
西班牙比塞塔	100.0	53.0	5.3	3.6	15.8	3.4	13.3	5.2	0.4
奥地利先令	87.7	30.6	2.3	0.6	2.9	44.6	—	2.6	4.1
挪威克朗	49.7	13.1	4.0	5.9	1.7	1.1	23.2	0.2	0.5
芬兰马克	33.3	7.9	—	0.5	6.5	—	16.5	0.2	1.7
爱尔兰镑	23.5	23.3	—	—	—	—	—	—	0.2
卢森堡法郎	12.6	—	—	—	—	—	—	4.3	8.3
新西兰元	11.3	7.8	1.1	—	—	—	—	0.1	2.3
欧洲货币单位	117.4	42.8③	—	—	—	—	—	—	74.6
总计	13321.3	4787.0	2151.4	1004.4	1689.1	1352.9	865.1	1471.4	

注：① 所有本币货币数据都按照 1990 年年底的汇率换算成美元。

② 包括一些金融部门发行的债券。

③ 包括意大利、法国和西班牙政府发行的以欧元计价的债券。

数据来源：国际清算银行（1991）。

（二）欧洲债券市场的出现和赶超

欧洲债券同外国债券相比出现较晚。第二次世界大战结束后，国际政治格局和国际金融格局发生了深刻的变化。美国作为战争的最大获利者，经济实力空前强大，黄金储备位居各国之首，国际政治、经济地位迅速提高。为了获取更多的利益，美国开始以主导者的角色重建国际政治、经济、贸易、金融等方面的世界体系。1944 年 7 月，以美英为代表的西方主要国家在联合国国际货币金融会议上确立了以美元为中心的国际货币体系——布雷顿森林体系，奠定了美元霸权的基础。为了进一步促进国际贸易自由化，美英等 23 个国家于 1947 年 10 月在日内瓦签订了关税和贸易总协定。至此，以外汇自由化、资本自由化和贸易自由化为主要内容的全球多边经济体系正式形成。1947 年，为了重振因战争破坏的西欧经济，美国通过实施“马歇尔计划”，向西欧国家提供多种形式的援助。大量美元的流入，使欧洲美元债券应运而生。到 20 世纪 60 年代初，欧洲美元债券的一级市场形成，主要涉及欧洲美元的发行和配售。到 60 年代末，欧洲美元债券的交易市场也建立起来，与一级债券市场共同构成了完整的欧洲美元债券市场。

一般认为，第一笔欧洲债券是由意大利国家高速公路管理局于 1963 年 7 月发行。该债券名义金额为 1500 万美元，到期期限为 10 年，息票率为 5.5%。[①] 绕过美国的利息平衡税是该债券选择在欧洲发行的主要原因。20 世纪 70 年代，欧洲债券市场上发行最多的是欧洲美元债券，其次是德国马克和荷兰盾。随着布雷顿森林体系的瓦解，美元危机加深，美元相对于德国马克、日元等货币不断贬值，欧洲美元债券的持有者损失惨重，开始重视资产负债中的多元化货币管理，而不再单一持有某种货币的债券，因此 20 世纪 70 年代中期以后，欧洲债券市场上以日元、英镑、法郎以及加元为发行货币的债券迅速发展，欧洲债券市场的币种结构进一步丰富和完善。

---

① Decovny（1998）认为，第一只欧洲债券于1957年发行，但该债券的详细情况并不明确。

到了20世纪80年代前半期，各国开放债券市场，实行自由化政策，而国际银行业由于拉美债务危机收缩贷款，融资者纷纷转向欧洲债券市场。据统计，在1981—1986年这一期间，欧洲债券市场迅速发展，发行量增长了8倍，在几年内就取代了国际银行业，成为最重要的国际融资渠道。然而在1986年之后，其发行量出现较大波动，结束了欧洲债券市场迅速增长的局面，但欧洲债券市场依然占据重要地位。据统计，1990年欧洲债券市场的发行量占国际债券市场发行量的3/4。

（三）欧元的产生对国际债券市场的影响

1999年1月1日，11个欧盟国家实行统一的货币政策，欧元正式诞生。2002年7月1日，欧元彻底取代各国原有的货币，成为欧元区唯一合法的货币。欧元的出现虽然在货币市场遇冷，但是在国际债券市场上却受到投融资者的热捧，成为债券市场上极为重要的发行币种，对国际债券市场产生了重要影响。

第一，欧元的产生使欧洲债券市场的规模迅速扩大。在欧元产生之前，欧元区国家之间由于流通货币的不同存在重重障碍，国与国之间的贸易只能通过银行结算，欧元区国家的金融资产大都以银行借款的形式存在，其比重高达50%以上，远远高于发达国家银行借款的占比。欧元产生后，原有的各国债券均以欧元命名，债券的发行、交易、税收以及信用评级等标准得以统一，欧元区国家统一降低利率，银行对资本市场的吸引力大大降低，资本从银行系统流向债券市场，改变了欧洲金融市场以银行为主要筹资渠道的传统格局，促使欧洲金融市场逐渐向美国的以债券市场为主的模式转变。

第二，欧元的产生使欧洲债券市场的结构发生了深刻变化。在欧洲传统的债券市场上，政府债券和市政债券占有较大比重，而公司债券相对较少。由于欧元的产生消除了欧元区国家之间的汇率风险，提高了投资者的信用风险承受能力，也由于欧元创造了一个统一的、充分流动的资本市场，降低了融资者对银行或银团贷款的依赖，从而导致公司债券在欧洲债券市场上迅速发展，债券投资者的选择范围从政府、银行以及国际组织发行的债券扩大到公司债券等具有信用风险的债券，债券市场逐渐向一个有深度有广度的市场发展。

第三，欧元的产生改变了国际债券市场的币种结构。在欧元问世前，美元在国际债券市场长期占据主导地位，以美元计价的国际债券的净发行额和未偿余额占比一直超过 50%（1965 年美元国际债券发行占比曾高达 80% 以上）。欧元问世后，欧元区国家新发行的债券开始以欧元计价，欧元区国家原有的以本国货币发行的债券从 2002 年起全部转换为欧元债券。由于欧元的产生统一了欧洲债券市场，打破了欧洲国家之间的资本流通障碍，提高了投融资者的参与积极性，从而使以欧元为面值计价的国际债券占比大幅提高。据统计，2003 年，欧元国际债券的未偿余额和美元国际债券未偿余额大致持平。在 2004—2014 年的 10 年间，国际债券市场上欧元债券的占比超过美元债券而位居第一。2015 年后，欧元债券的占比略有下降，美元债券再次居于首位。根据国际清算银行（BIS）的数据，截至 2016 年 9 月，国际债券市场未偿债券余额的币种结构为：美元占 44.94%，欧元占 38.54%，英镑占 8.18%，日元占 2.19%，人民币占 0.52%（参见图 3–1、图 3–2）。

第四，欧元的产生提高了国际债券市场的流动性。欧元的产生，推动了欧洲统一债券市场的形成和发展。一方面，欧元区国家的投融资者不用再考虑国内外投资偏好，其资产的分布可以更加多元化，从而提高了债券市场的流动性。另一方面，对于非欧元区国家的投融资者来说，欧洲债券市场的发展也更具吸引力，越来越多的非欧元区国家开始在欧洲债券市场上发行债券或进行债券交易，从而使国际债券市场的流动性进一步提高。

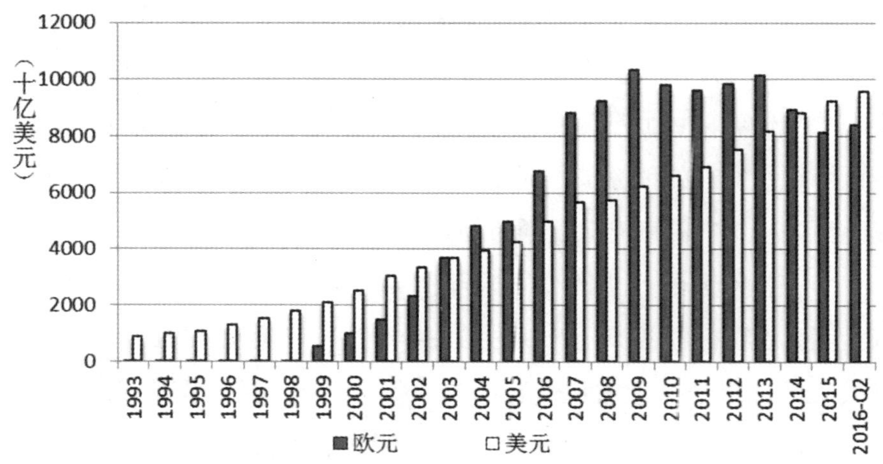

图 3–1 国际债券未偿余额中美元和欧元的变化

数据来源：国际清算银行债券统计数据库（http：//www.bis.org/statistics/secstats.htm）。

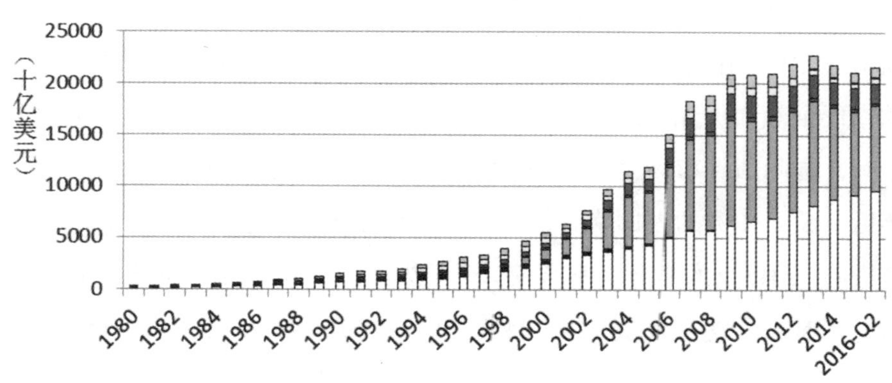

图 3–2 国际债券未偿余额及其币种变化

数据来源：国际清算银行债券统计数据库（http：//www.bis.org/statistics/secstats.htm）。

二、国际债券市场发展的现状和特点

（一）国际债券市场发展的现状

目前关于全球债券市场和国际债券市场比较权威的统计数据来自

于国际清算银行（BIS），本书主要引用该机构的统计数据分析国际债券市场发展的现状和特点，另有部分数据来源于万得资讯（WIND）。

就全球债券市场总规模而言，截至2016年第二季度，全球未偿债券余额（含国内债券和国际债券）为102.30万亿美元，较2008年年底增长了约28.28%，全球未偿债券余额相当于全球GDP的139.32%（参见图3–3）。截至2016年第二季度，未偿余额反映的债券市场规模最大的国家依次为美国、日本、中国和英国，其全部未偿债券余额分别为37.61万亿美元、13.85万亿美元、8.07万亿美元和5.92万亿美元，占各国GDP之比分别为209.59%、335.87%、74.30%和207.64%。其中，美国约占全球债券市场未偿余额的36.77%，中国超过英国成为全球债券市场规模第三大国（参见图3–4）。

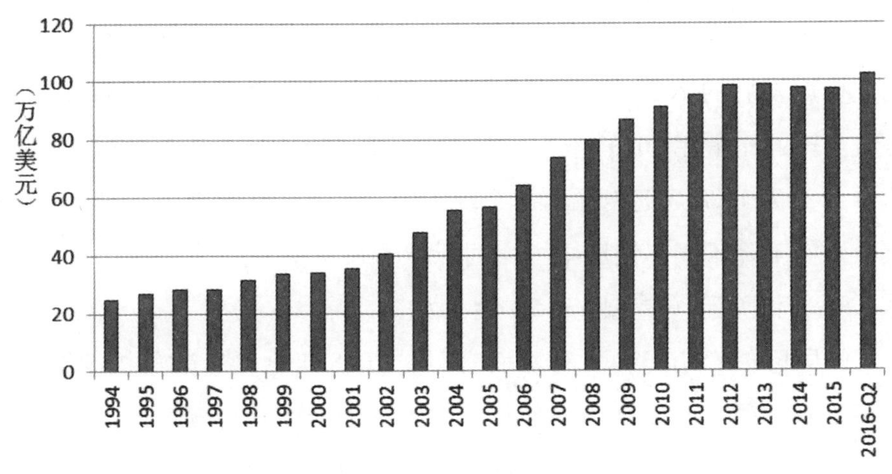

图3–3　全球债券市场未偿债券余额变化情况

数据来源：国际清算银行债券统计数据库（http：//www.bis.org/statistics/secstats.htm）。

就国际债券市场未偿债券余额而言，全球国际债券余额在2013年达到最高的22.7万亿美元，之后随着美国经济复苏和美元加息预期的上升而有所下降，但2015年年末仍高达21.1万亿美元。发达国家是国

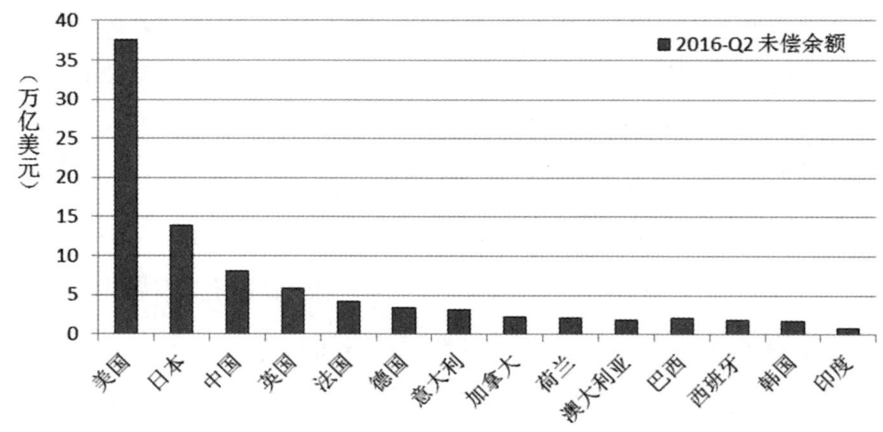

图 3–4 主要国家债券市场未偿债券余额情况

注：未偿债券包括国内和国际债券，各国未偿债券余额为 2016 年第二季度公布的数据。
数据来源：国际清算银行债券统计数据库（http：//www.bis.org/statistics/secstats.htm）。

际债券发行的主体，占全球国际债券余额约 80% 左右，在 2013 年达到最高的 17.7 万亿美元。发达国家国际债券余额占全球的比重在全球金融危机爆发后的 2009 年达到最高的 84.1%，而无论是国际债券余额还是占全球的比重在 2013 年之后都明显下降，2015 年年末发达国家国际债券余额为 15.7 万亿美元，占全球的 74.4%。与近年来发达国家国际债券余额下降不同，发展中国家国际债券余额稳步上升，至 2015 年已达 1.88 万亿美元（参见图 3–5、图 3–6）。

就国际债券市场净发行额而言，受 2008 年全球金融危机的影响，近年来发达国家和发展中国家每年的国际债券净发行额均出现较大波动。具体而言，在国际债券市场净发行额中，发达国家仍占据主导地位。2008 年，发达国家发行的国际债券规模为 16003 亿美元，2009 年骤降至 10802 亿美元。2010 年至 2013 年的净发行额持续下降，2013 年降至 374 亿美元。直到 2014 年净发行额才呈现正增长，达到 1455.9 亿美元，到 2016 年前三季度增长至 4236.9 亿美元。发展中国家在国际债券市场中所占份额相对较小，除 2012 年和 2013 年外，每年的净发行额

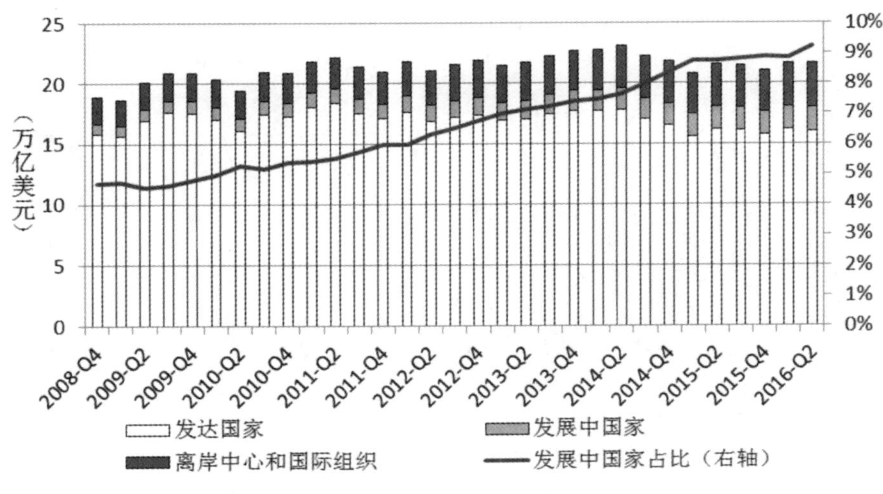

图 3–5　全球国际债券市场未偿债券余额情况

数据来源：国际清算银行债券统计数据库（http：//www.bis.org/statistics/secstats.htm）。

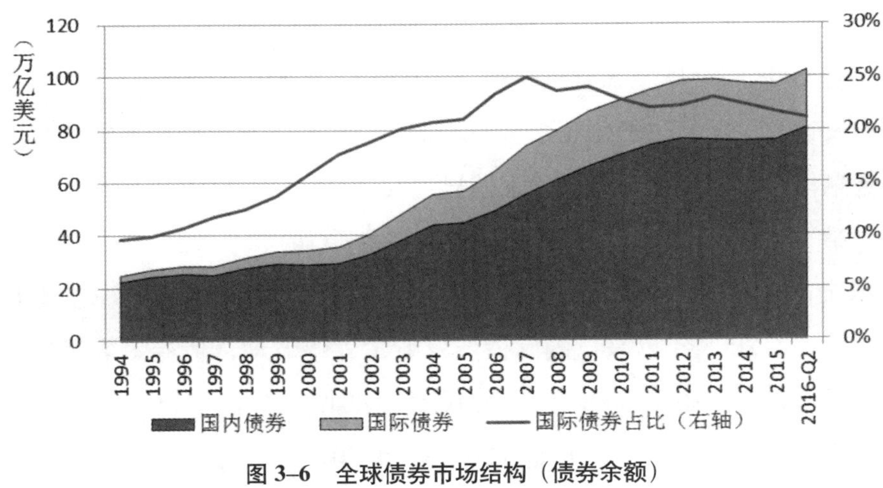

图 3–6　全球债券市场结构（债券余额）

数据来源：国际清算银行债券统计数据库（http：//www.bis.org/statistics/secstats.htm）。

不超过 2000 亿美元，其中 2008 年的净发行额为负，2016 年前三季度的净发行额为 1411.0 亿美元（参见图 3–7）。

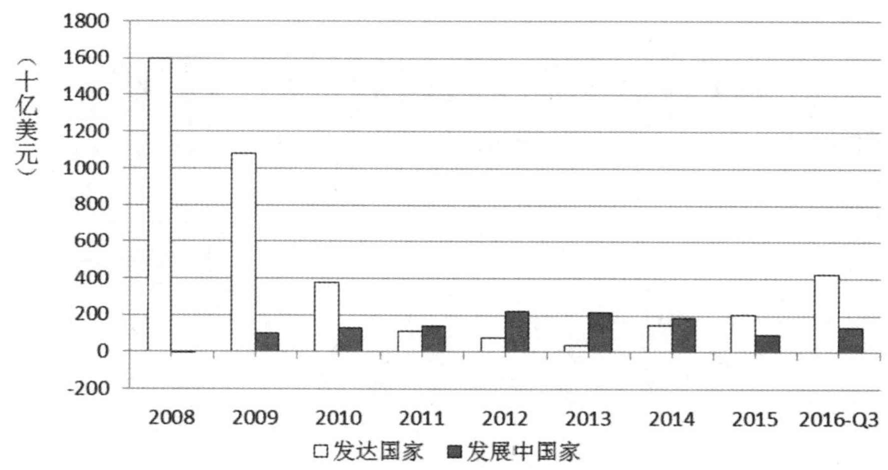

图 3–7 国际债券的净发行额情况

数据来源：国际清算银行债券统计数据库（http：//www.bis.org/statistics/secstats.htm）。

（二）当前国际债券市场的总体特征

自 2008 年全球金融危机以来，由于银行信贷和股票融资渠道受阻，同时发达国家又通过量化宽松货币政策和财政扩张等措施刺激经济和救助金融体系，国际债券市场呈现差异化发展。

第一，国际债券发行减缓，未偿债券余额波动增大。在 2008 年全球金融危机前，国际债券发行迅速增长，债券余额平均每年增长 20% 左右。2008 年以来，国际债券发行量大幅波动，债券余额年均增速仅为 1.83%。除了 2009 年实现 10.58% 的增长外，增速均低于 5%。自 2014 年以来更是显著下降（2014 年和 2015 年分别为－4.06% 和－3.24%）。究其原因，既有美元升值导致以其他货币计价的国际债券缩水的影响，更有金融市场波动对国际债券市场构成的冲击。如在欧洲主权债务危机的冲击下，国际金融市场的流动性严重短缺，美国国债收益率大幅下行，与其他国家债券之间的利差拉大，欧洲国家的国际债券发行受到严重冲击，债券发行量下降，债券价格波动加剧。特别是处于欧洲主权债务危机中心的意大利、西班牙、爱尔兰、葡萄牙和希腊等国的国债收益率大幅上升，在一段时期内甚至无法从欧洲债券市场获得融资。从具体品种看，欧元债券和欧元区国家的政府债券、金融机构债券所受到的影响最大，而公司债券和美元债券的发行则有所增加。导致这一变化的主要原因包括：由欧洲主权债务危机和银行业危机叠加所导致的监管强化和银行去杠杆化、信贷能力下降以及非金融企业被迫通过国际债券市场寻求替代性的融资。这一状况在2016年有所好转，截至2016年第三季度，国际债券未偿余额同比增长1.96%（参见图3–8、图3–9）。

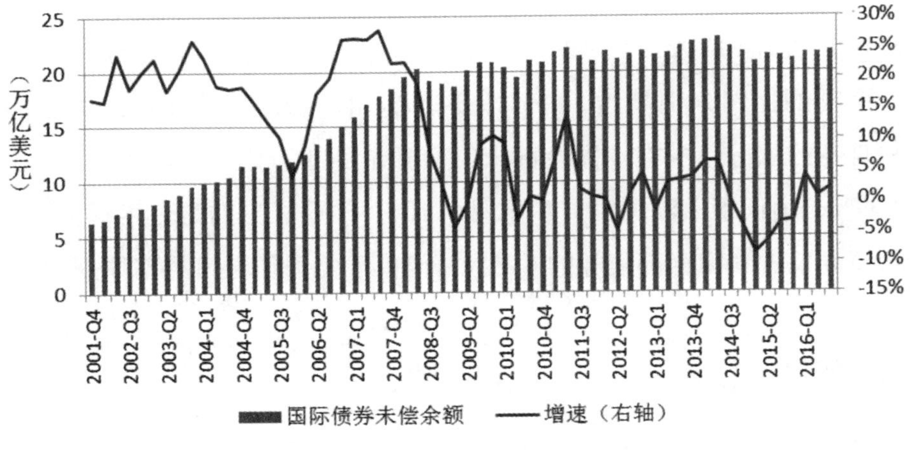

图3–8　国际债券市场未偿余额增速的变化

数据来源：国际清算银行债券统计数据库（http：//www.bis.org/statistics/secstats.htm）。

第二，美欧发达国家国际债券市场规模大，开放度高。作为国际债券市场的发源地，欧洲是金融一体化程度最高的地区。尽管经历了2008年全球金融危机和2010年欧洲主权债务危机的冲击，欧洲国际债券市场规模仍然十分庞大。据统计，截至2016年第二季度，欧洲发达国家的国际债券规模达到11.63万亿美元，占全球国际债券余额的53.68%。其中英国、法国和德国发行的国际债券余额占本国GDP的

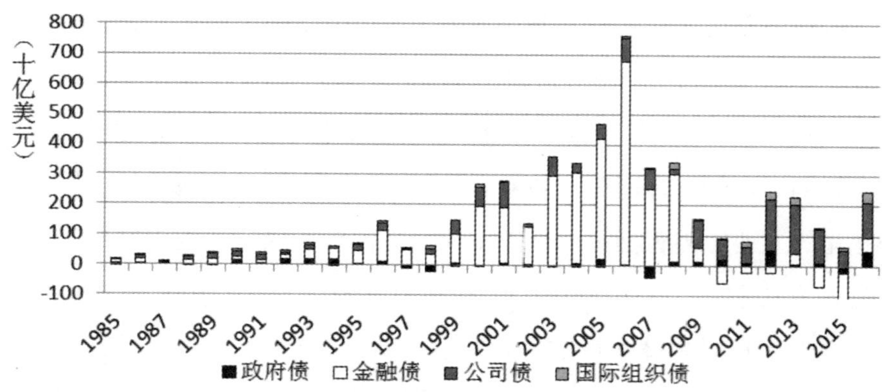

图 3–9　国际债券市场净发行额的发行人类别分布

数据来源：国际清算银行债券统计数据库（http：//www.bis.org/statistics/secstats.htm）。

比重分别为 104.92%、59.36% 和 35.11%，国际债券占本国全部未偿债券余额的比例分别高达 50.53%、34.57% 和 34.35%。相比之下，美国和日本的国际债券在本国全部未偿债券余额的占比分别仅为 6.23% 和 2.09%，远低于欧洲国家（参见图 3–10）。需要指出的是，尽管美国国际债券仅占本国全部债券的 6.23%，但由于美国债券市场整体规模大，

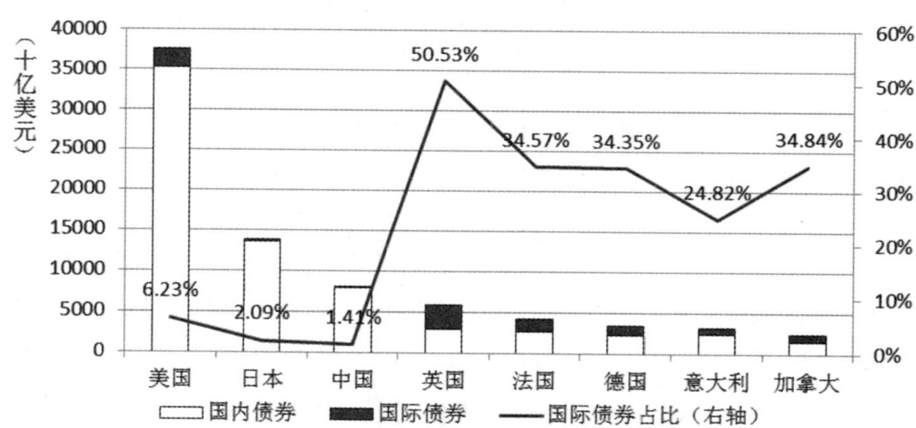

图 3–10　部分国家国际债券余额占本国未偿债券余额的比重（2016 年第二季度）

数据来源：国际清算银行债券统计数据库（http：//www.bis.org/statistics/secstats.htm）。

美国债券发行人发行的国际债券未偿余额仍达到 2.34 万亿美元，为目前全球发行国际债券未偿余额规模排名第二的国家（英国排名第一，其国际债券未偿余额 2.99 万亿美元）（参见图 3–11）。

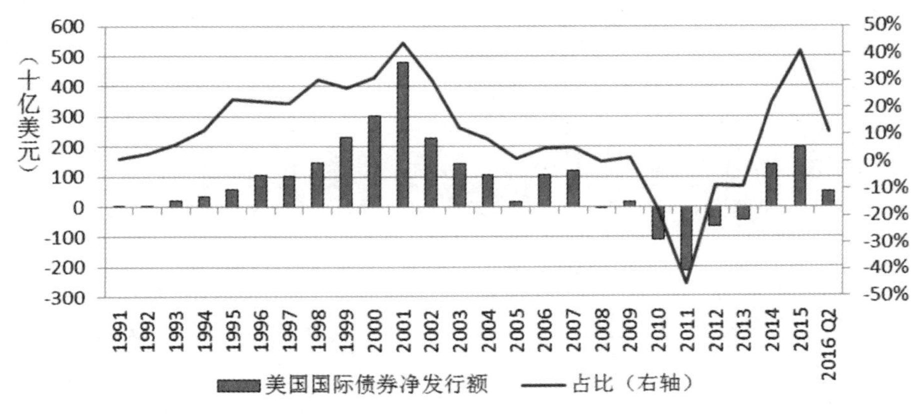

图 3–11　美国国际债券净发行额

数据来源：国际清算银行债券统计数据库（http：//www.bis.org/statistics/secstats.htm）。

第三，国债收益率下降，部分国家国债收益率降为负值。近年来，由于全球经济增长乏力，主要国家央行货币政策趋于分化，如美国在先后实施了 3 轮量化宽松货币政策后开始加息，英国降息并扩大量化宽松规模，欧元区、日本、瑞士、瑞典以及丹麦分别实施负利率政策，特别是英国开始推进脱离欧盟（EU）进程以及部分国家地缘政治风险增加等因素，导致全球资本市场出现严重的“资产荒”，许多国家的国债收益率下行，部分国家的国债收益率降为负值（参见图 3–12）。

三、国际债券市场发展的趋势

第一，债券类别结构将更趋多元化。20 世纪 80 年代中期以后，金融创新浪潮和投资者需求多元化等因素推动了国际债券品种的增加，浮动利率债券、可转换债券、资产证券化以及权证等品种，都给发行者

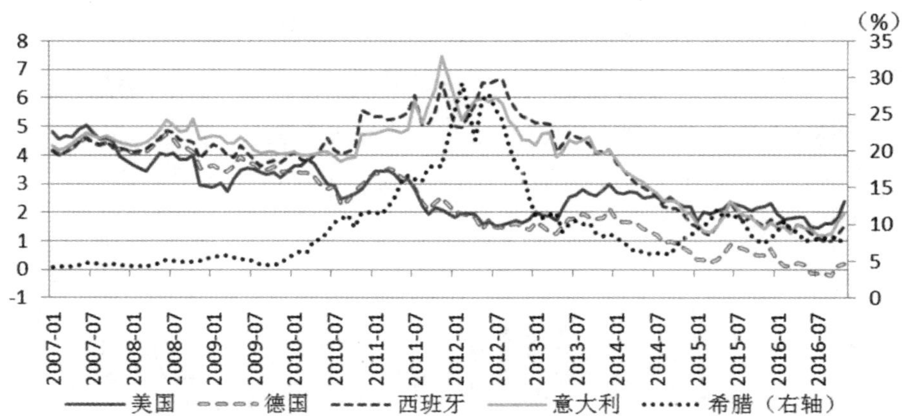

图 3–12 欧美部分国家 10 年期国债收益率

数据来源：WIND 数据库。

和投资者带来新的选择。到 2008 年年末，固定利率债券余额占所有国际债券市场的比重从 1995 年年初的 75 % 下降至 58.2% 的历史新低。2008 年全球金融危机后，资产证券化产品一度被认为是引发危机的因素，其发行受到抑制。加上各主要国家央行纷纷实行零利率甚至负利率政策，在持续低利率背景下，固定利率债券能给投资者带来更为稳定的回报，从而导致固定利率债券余额占国际债券市场的比例再度回升到 70%，而创新类国际债券的发行则受到一定的影响（参见图 3–13）。从未来发展趋势看，金融创新和多元化需求仍然是国际债券市场发展的源动力，预计债券市场类别结构仍将趋于多元化，创新类国际债券仍具有广阔的发展空间。

第二，债券发行主体将进一步多元化。全球金融危机后，一方面，在美欧各国央行实施的低利率和量化宽松货币政策的刺激下，国际资本纷纷涌入全球金融市场，显著压低了融资成本；另一方面，发展中国家实体经济并未受到金融危机的影响，许多国家的企业国际化经营扩张步伐加快，出现了新的海外并购与融资浪潮。这些因素刺激了发展中国家

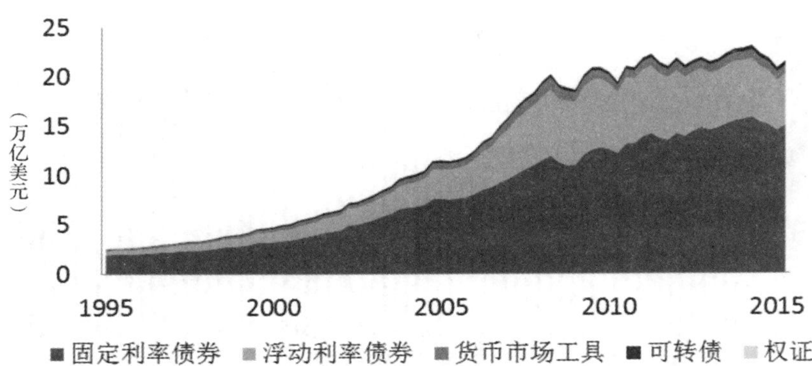

图 3–13 国际债券市场按产品类别的未偿余额变化

数据来源：国际清算银行债券统计数据库（http：//www.bis.org/statistics/secstats.htm）。

在国际债券市场上的融资活动。据统计，发展中国家发行的国际债券规模从 2008 年上半年的 0.94 万亿美元增长到 2016 年上半年的 1.99 万亿美元，占所有国际债券未偿余额的比重从 4.65% 上升到 9.2%，接近 1997 年亚洲金融危机前 13.51% 的最高水平（参见图 3–14、图 3–15）。发行国际债券最多的国家主要集中在亚太和拉美地区。未来发展中国家经济实力的提升、企业国际化经营步伐的加快以及本国债券市场开放度

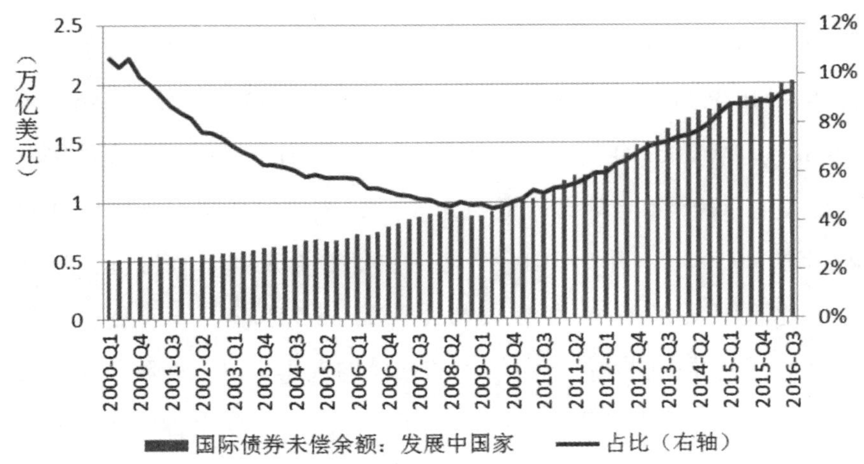

图 3–14 发展中国家在国际债券未偿余额中占比的变化

数据来源：国际清算银行债券统计数据库（http：//www.bis.org/statistics/secstats.htm）。

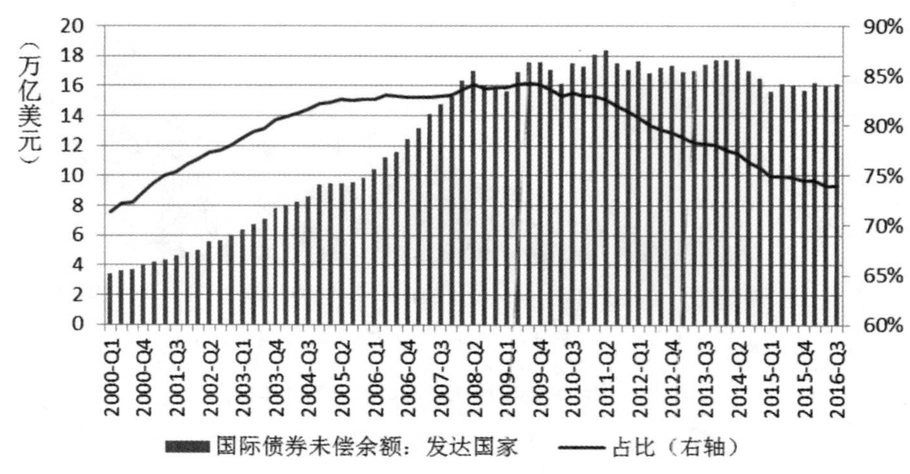

图 3–15　发达国家在国际债券未偿余额中占比的变化

数据来源：国际清算银行债券统计数据库（http：//www.bis.org/statistics/secstats.htm）。

的提高，都将推动其在国际债券市场成为更加活跃的发行主体，从而促进国际债券发行主体的进一步多元化。

第三，债券发行币种将进一步多元化，但美元债券地位依然稳固。近年来，国际债券市场上多种货币计价的债券都在迅速发展。从 2000 年到 2008 年，受欧元诞生的影响，美元国际债券占全球国际债券市场的比重从 46.36% 下降为 30.43%，欧元国际债券的比重从 18.46% 上升为 48.82%。从 2003 年开始，欧元超越美元成为市场份额最高的国际债券。但是在 2008 年全球金融危机爆发后，美元国际债券所占的比重从 2009 年的 29.78% 上升为 2016 年第三季度的 44.94%，而欧元国际债券所占的比重则从 2009 年的 49.43% 下降为 38.54%。至于英镑、日元和人民币国际债券在国际债券市场上的规模均远小于以上两种货币（参见图 3–16）。由此可见，虽然近年来国际债券市场呈现币种多元化的格局和欧元国际债券所占比重有所上升，但美元国际债券依然是各类金融机构投融资最重要的渠道，且目前在市场上占有最大比重。

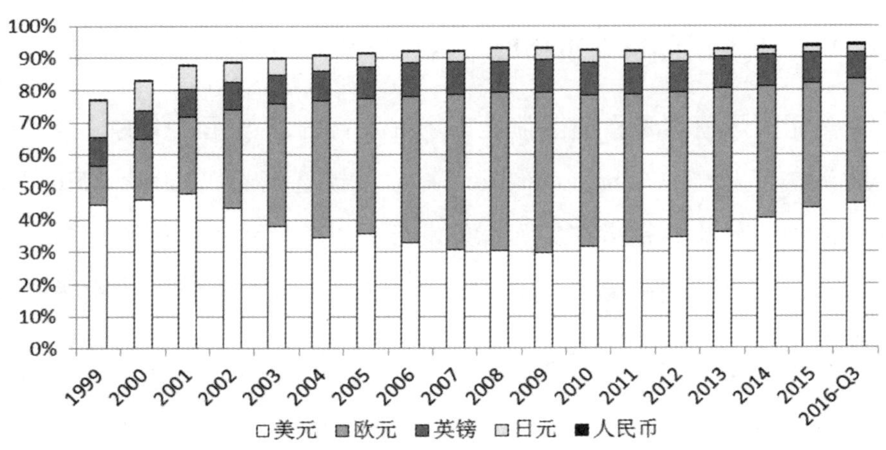

图 3–16 国际债券未偿余额货币构成

数据来源：国际清算银行债券统计数据库（http：//www.bis.org/statistics/secstats.htm）。

第二节 美元国际债券市场的发展与美元国际地位的巩固

各国货币在国际债券市场所占的计价份额反映了该国货币的国际化程度。本节和下一节将分别对美元国际债券市场和日元国际债券市场的发展及其与本国货币国际化之间的关系进行研究。之所以选择这两个国家作为样本，一是因为它们分别作为“金融国家”和“贸易国家”的典型代表，其各自金融市场的结构性特征较为突出（美国为市场主导型而日本为非市场主导型），其国际债券市场发展具有明显的国别特征；二是美元国际化与日元国际化的路径和效果都不同，但在其国际债券市场发展和货币国际化的相互促进过程中，有些经验和教训值得中国借鉴。

一、美元国际债券市场的兴起和发展

美元国际债券是指国际债券市场上发行的以美元计价的债券，包括欧洲美元债券（Euro-dollar Bond）和“扬基债券”（Yankee Bond）。其中欧洲美元债券是指在美国境外发行的以美元计价的国际债券，而“扬基债券”是指美国以外的政府或金融机构在美国国内债券市场发行的以美元计价的国际债券。

（一）兴起和发展的背景

1811 年，以商品交易、联邦政府债券和州政府债券为主的纽约证券交易所成立，标志着美国证券市场的初步形成。[①] 经过 200 多年的发展，美国完成了从银行为主导向市场为主导的金融结构变迁，形成了规模庞大、创新活跃以及多层次的金融市场体系，其中债券市场和股票市场在美国金融市场中占据非常重要的地位。据统计，2015 年年末美国资本市场市值（未偿债券市值加上股票市值）达到 62.04 万亿美元。美国债券市场余额占全球债券余额的比重为 38.10%。从资产分布看，债券在美国金融资产总量中所占的比重最大，2015 年年末美国债券余额与 GDP 之比为 206.02%。作为债券市场的一部分，美元国际债券市场从 20 世纪中后期开始兴起和迅速发展，并在进入 21 世纪以后保持平稳增长势头。美元国际债券市场的兴起，是经济、金融以及国际货币体系等多方面因素共同推动的结果。

从经济方面看，第二次世界大战结束后，美国经济实力急剧增强，对外贸易额占全球贸易总额的 1/3 以上，资本输出额由 1938 年的 115 亿美元增加至 1945 年的 170 亿美元。与此同时，西欧各国受战争破坏

① 参见张健华：《美国金融制度》，中国金融出版社 2016 年版，第 106 页。

严重，美国通过“马歇尔计划”对其提供经济援助并进行投资扩张，导致大量美元流入欧洲市场，由此导致欧洲美元债券产生并迅速发展。此外，美国在朝鲜战争发生后冻结中国财产，苏联和东欧国家担心在美资产遭到冻结，将美元存款转移到欧洲，也推动了欧洲美元市场的发展。

从金融方面看，美国为减少国际收支逆差，从 20 世纪 50 年代开始实施一系列限制美元外流的政策，即分别从存款准备金率、利率、信用额度、海外投资和税制等方面对金融市场进行管制。为规避这些管制措施，境内外金融机构纷纷转向欧洲市场开展业务，导致美元外流和欧洲市场融资需求上升。同时，欧洲各国对美元采取宽松的监管政策，允许货币和资本自由流动，无存款准备金要求，并给予税收方面的优惠政策，欧洲国家的银行纷纷开展欧洲美元业务。美国市场的严格监管和欧洲市场的宽松环境，为欧洲美元债券的兴起和发展提供了良好机遇。

从国际货币体系方面看，经过两次世界大战，美元地位逐渐超越英镑，特别是 1944 年签订的《布雷顿森林体系协定》确定了以美元为中心的国际货币体系。在布雷顿森林体系下，美元成为各国货币的“锚”，可以像黄金一样进行国际收支调节，因此各国需要储备一定数量的美元以满足对外支付职能和清偿债务的需要。在 1945 年之后的 10 年里，美元甚至比黄金还要抢手。美元由此成为世界记账单位、关键货币、合约单位、价值储藏手段、交易媒介、干预外汇市场的主导货币、贸易结算货币、延期支付的货币单位以及国际储备货币。[①] 布雷顿森林体系解体后，美元依旧长期保持基准货币的属性，在全球贸易、投资和外汇储备中占有主导地位。

---

① 参见余治国：《世界金融五百年》，天津社会科学院出版社 2011 年版，第 75 页；黄金生：《“新土豪”成功逆袭　美元本位制正式加冕》，《国家人文历史》2015 年第 5 期。

（二）欧洲美元债券市场的早期发展阶段和特征

第一阶段：欧洲美元债券的起步阶段（20 世纪 50—60 年代）。

欧洲债券市场是伴随欧洲美元货币市场的形成而兴起的国际债券市场。一方面，由于美国政府实施严格的监管政策，如《Q 条例》（最高利率限制）、《M 条例》（存款准备金限制）、《自愿限制对外信用计划》（贷款限制）、利息平衡税和利息预扣税[①] 等，并实行紧缩性货币政策，导致外国借款者在美国发行债券和获得借款变得困难，因此纷纷转向境外寻求融资渠道。另一方面，由于当时欧洲美元市场已经初具规模，因此欧洲国家的企业和金融机构开始在美国境外投资，从而催生了欧洲美元债券市场。如前所述，1963 年意大利国家高速公路管理局发行了金额为 1500 万美元的第一笔欧洲美元债券，在卢森堡股票交易所上市，当年全球共发行了 1.45 亿美元的欧洲美元债券；到 1968 年共发行了 30 亿美元的欧洲美元债券。这一时期的欧洲债券市场处于起步阶段，为国际收支逆差国和金融机构提供了融资渠道。该市场主要依靠供需双方共同推动市场的发展，其中多元化的参与者及多样化的产品是市场发展的一大动力，不同的市场参与者对于资金的去向存在差异性需求。

第二阶段：欧洲美元债券的快速发展阶段（20 世纪 70—90 年代）。

20 世纪 70 年代以后，各国机构对中长期资金的需求日益增加，以债券形式出现的融资活动迅速发展。1973 年和 1979 年两次石油价格的上涨，不仅导致产油国向欧洲市场输出大量石油美元，而且还导致一些国家出现国际收支逆差，不得不在欧洲市场上举债来筹集资金，由此促进了欧洲美元债券市场规模的扩大。从债券的发行规模看，在 1975—1982 年这一期间，欧洲债券占国际债券的比重从 43% 上升至 66%，其中欧洲美元债券市场的发展更为强劲，其发行额不仅从 37 亿美元增加

① 美国政府在债券购买人购买债券时，就根据购买人可能所得的利息算出一个比例，先从中扣掉一部分税，年底报税时再多退少补。

至 429 亿美元，而且占欧洲债券的比重也从 43% 上升至 85%，表明欧洲债券市场上绝大部分债券是以美元计价的国际债券（参见表 3–2）。1983 年欧洲债券的发行规模超过国际银行的贷款总额，成为国际金融市场上规模最大的融资工具。1996 年，欧洲美元债券市场与美国国内债券市场的发行总量保持在 1∶5，到 1999 年，这一比重达到 1∶1.5，表明欧洲美元债券的发行规模迅速扩大。[①] 从债券的发行地看，1981 年，美国联邦储备委员会批准建立纽约离岸金融市场，允许在纽约的本国和外国的银行、金融机构通过建立国际银行设施（International Banking Facilities，IBF）从事欧洲美元业务，改变全球离岸债券市场的格局，美国境内的机构不用再进入其他离岸市场发行离岸债券。1986 年，日本建立离岸金融市场。据统计，到 20 世纪 90 年代，全球共有 67 个国家和地区建立了自己的离岸金融市场。欧洲美元债券的发行地开始突破地域限制，向亚太、北美和拉丁美洲等地扩展。

表 3–2　国际债券的发行情况

年份	欧洲美元债券（亿美元）	欧洲债券（亿美元）	国际债券（亿美元）	欧洲美元债券占欧洲债券的比重（%）	欧洲债券占国际债券的比重（%）
1975	37	86	199	43	43
1976	91	143	325	64	44
1977	116	178	340	65	52
1978	73	141	342	52	41
1979	123	184	400	67	46
1980	164	240	419	68	57
1981	268	316	530	85	60
1982	429	504	762	85	66

数据来源：王光华：《欧洲债券市场在国际资本市场上的地位和发展新趋势》，《国际金融研究》1984 年第 2 期。

---

① 参见袁沁敔、漆鑫：《美元和日元外国债券市场与离岸债券市场比较研究》，《中国货币市场》2014 年第 2 期。

这一时期的欧洲美元债券市场由于不受美国政府金融法律的管制而发展较快。欧洲美元债券每笔的发行额一般在0.2万—1.5亿美元之间，比较普遍的在0.5万—0.7亿美元之间，到期期限为5—8年。欧洲美元债券的利息收益免缴当地预扣税，其利息计算方法以浮动利率为主，且利率低于美国境内市场的利率。由于发行成本低、收益率高、安全性高，可以满足各国政府、跨国公司和国际组织的融资需求。融资者可以根据需要发行适合类型和期限的美元债券，投资者也可以根据美元债券的收益情况和风险程度进行购买。① 欧洲美元债券通常是由发行银行和证券公司组成的辛迪加认购团完成发行，发行速度快，到期日和发行条件的吸引力强。同时，二级市场活跃且运转效率高，债券持有人容易转让债券以取得现金。大部分欧洲债券是通过欧洲银行票据交换所（Euroclear）或明讯国际（Clearstream）结算系统进行交割。至于欧洲债券市场的流动性，则随时间和具体债券的不同而不同，并受到债券发行规模、投资者需求水平以及做市商对该债券的支持承诺等因素的影响。

欧洲美元债券市场的形成和发展，对世界经济和国际金融产生了重要影响。其积极作用主要表现为：第一，在很大程度上打破了各国金融市场相互分隔的状态，将大西洋两岸的金融市场联系起来，促进了资金的国际流动和国际金融的一体化发展。第二，为各国的经济发展提供了资金，如发展中国家在1976—1978年6月短短两年半的时间里，从国际金融市场借入的621亿美元贷款中，绝大部分来自欧洲美元市场。第三，帮助一些国家解决了国际收支逆差的问题，即通过欧洲货币市场和欧洲债券市场，国际储备盈余的国家和国际储备短缺的国家之间相互调剂，使国际收支困难得以缓解。

---

① 参见王光华：《欧洲债券市场在国际资本市场上的地位和发展新趋势》，《国际金融研究》1984年第2期。

（三）“扬基债券”市场的早期发展阶段和特征

第一阶段：“扬基债券”的缓慢起步阶段（20 世纪 50—70 年代）。

第二次世界大战后欧洲各国为重建经济，接受“马歇尔计划”并实施宽松的货币政策，纷纷到美国市场筹集资金，从而催生了“扬基债券”市场。1955 年，英国国家电网公司发行了第一笔“扬基债券”，金额为 600 万美元。“扬基债券”市场曾经是世界上最大、最活跃的外国债券市场。然而，进入 20 世纪 60 年代后，美国政府对金融市场进行严格的管制，肯尼迪总统在 1963 年颁布了《利息平衡税法》，“扬基债券”市场逐渐萎缩，而欧洲美元债券市场迅速发展。1976 年，欧洲美元债券市场的发行量开始超过“扬基债券”市场。①

这一时期的“扬基债券”市场发展较为缓慢，政府对市场准入和发行程序等方面都进行监管。尽管“扬基债券”的发行者不是发行地居民，但要遵守美国当地的金融法规。如美国政府要求发行者具有较高的信用评级，并规定发行者要向联邦证券交易委员会（SEC）提供有关债券发行方法和发行者财务状况的说明，办理登记手续和定期汇报。同时，“扬基债券”的约束条件多、发行期限长、文件准备和执行工作繁杂。

第二阶段：“扬基债券”的快速发展阶段（20 世纪 80—90 年代）。

进入 20 世纪 80 年代以后，美国开始放松金融管制，资本市场迅速发展。美国国会于 1975 年通过了《证券交易修正案》，简化了“扬基债券”的发行手续，使该债券的发行量迅速增加。从债券的发行规模看，1980 年“扬基债券”的发行规模仅为 10.85 亿美元，而当年欧洲债券市场发行规模达到 173 亿美元。此后，“扬基债券”的发行规模从 1989 年的 113 亿美元增加到 1992 年的 232 亿美元，1996 年增至 405 亿美元。

① 参见袁沁敔、漆鑫：《美元和日元外国债券市场与离岸债券市场比较研究》，《中国货币市场》2014 年第 2 期。

从债券的发行结构看，20 世纪 80 年代“扬基债券”市场主要由 AAA 级和 AA 级的政府债券、地方债券和国际机构债券等债券垄断，而 20 世纪 90 年代的“扬基债券”市场主要由 A 级和 BBB 级公司债券构成。从债券的发行地看，亚洲国家掀起发行“扬基债券”以筹集长期资金的热潮。1993 年亚洲国家发行“扬基债券”的总额达到 40 亿美元，占该债券发行总额的 14.5%。1990—1995 年，亚洲各国政府和企业通过发行“扬基债券”融资 174 亿美元，相较于其他地区的融资者处于领先地位。①

这一时期“扬基债券”市场发展较快，每笔债券的发行额约为 0.75 万—1.5 亿美元。由于该债券市场容量大，流动性高，发行者信用高，融资期限长（20—30 年），而且发行“扬基债券”尤其是私募“扬基债券”时不要求披露内部信息，保密性高，这些因素共同促进了“扬基债券”市场的发展。尽管“扬基债券”的发行地通常在纽约证券交易所，但实际发行遍及美国各地，能够吸引到美国各地的投资资金。

（四）美元国际债券市场的发展现状

尽管 2008 年全球金融危机是近年美元国际债券市场发展的一个转折点，但是从全球国际债券与美元国际债券的对比数据看，金融危机对美元国际债券的影响相对短暂而且轻微，金融危机爆发后美元国际债券的恢复相对更快。

从新发行额看，在 2000—2007 年这一期间，全球国际债券新发行额的平均增速为 18.23%（在 2008 年达到峰值，当年的新发行额为 74962 亿美元），同期美元国际债券发行额的年均增速为 14.97%，低于全球水平。2008 年，美元国际债券发行额大幅下降至 19230 亿美元，

① 参见钱共鸣、黄玉启：《扬基债券——亚洲国家和地区理想的筹资工具》，《国际金融研究》1996 年第 4 期。

较上年下降 19.29%，而当年全球国际债券的发行额比上年增长 2.34%。2009 年以来，美元国际债券的新发行额得以恢复，2009—2015 年这一期间的平均增速为 3.56%，2015 年发行额为 24206 亿美元，但全球国际债券的新发行额基本处于停滞状态（2009—2015 年这一期间的平均增速为 −4.34%）。2016 年的发行状况有所改善，其中前三季度全球国际债券新发行额同比增长 3.84%，美元国际债券同比增长 16.32%（参见图 3–17）。2008 年后，美元国际债券新发行额的年均增速远远高于全球国际债券新发行额的年均增速，说明这一期间除美元以外的其他货币的国际债券发行额的增速极低，从而印证了全球金融危机爆发后美元作为计价货币在国际债券市场的避险功能不降反升。

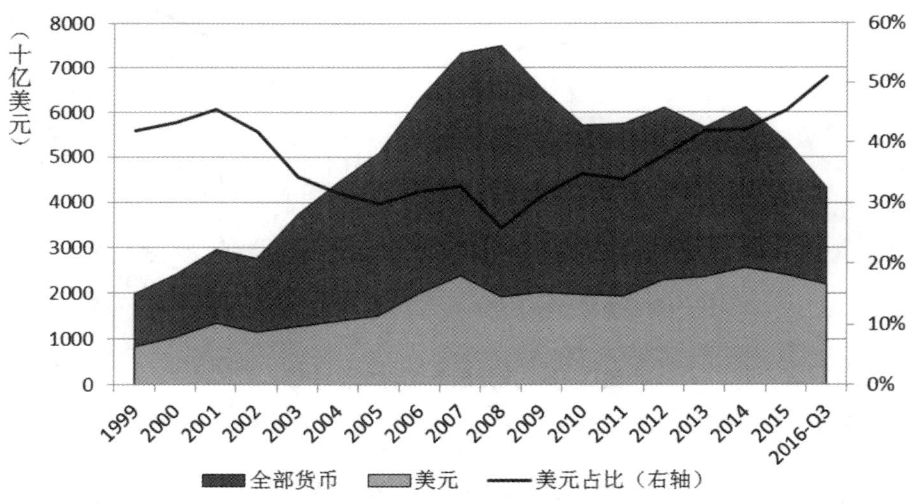

图 3–17　国际债券和票据公布发行额中美元占比

数据来源：国际清算银行债券统计数据库（http：//www.bis.org/statistics/secstats.htm）。

国际债券未偿余额数据也反映了这一趋势。截至 2016 年第三季度，美元国际债券的未偿余额为 9.83 万亿美元，占全球国际债券未偿余额的 44.94%，为 2002 年以来的最高份额，从而反映了美元国际债券在经历金融危机短暂影响后迅速恢复的趋势（参见图 3–18）。概括而言，2008年全球金融危机爆发前，随着全球经济和金融市场一体化进程的加快，美元和全球国际债券市场都蓬勃发展，其中美元债券市场的发展速度慢于其他市场，而国际债券市场则向着多元化格局转变。金融危机爆发后，美元国际债券市场迅速复苏，而全球国际债券市场处于低速发展的态势。导致这种情况的原因主要包括：金融危机后美元汇率的升值、美元国际债券发行成本的下降（美国国债收益率下降）、美国经济相对较好的复苏势头，以及与此相对应的欧元区和日本经济的持续低迷、主权债务危机的爆发和货币汇率的大幅波动等。

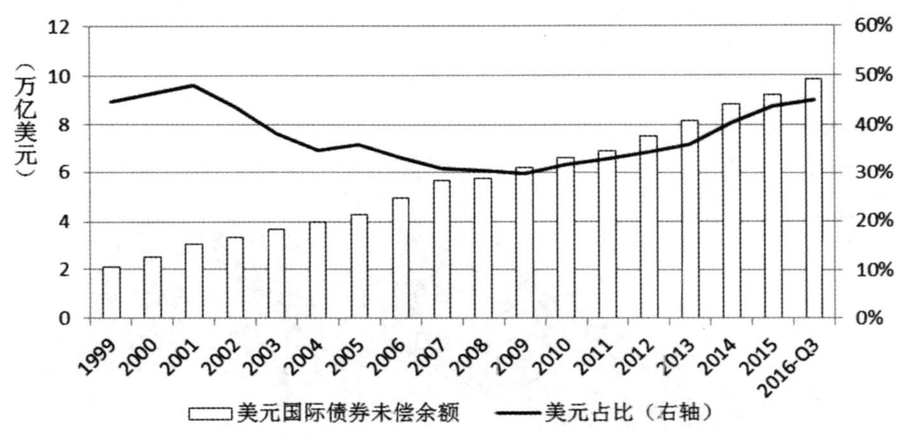

图 3–18 美元国际债券未偿余额

数据来源：国际清算银行债券统计数据库（http：//www.bis.org/statistics/secstats.htm）。

同时，美国境内机构发行的国际债券也远远少于全球以美元计价发行的国际债券。在2001—2007年这一期间，美国境内机构发行的国际债券规模与全球以美元计价发行的国际债券规模的平均比值为3：5；全球金融危机爆发后，两者规模的平均比值变为1：4（参见图3–19）。由于美国境内机构在国际债券市场上不仅发行美元债券，还发行其他币种债券，因此美元国际债券绝大部分都由境外国家所属机构发行。全球金融危机导致美国境内机构发行的国际债券规模大幅缩小，而以美元

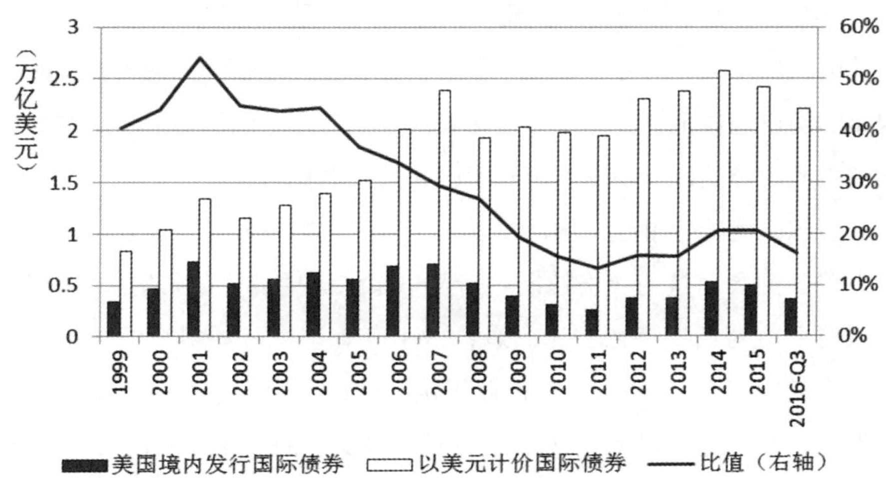

图 3–19 美国境内机构发行与全球以美元计价发行的国际债券规模

数据来源：WIND 数据库。

计价的国际债券规模却逐步扩大，超过金融危机爆发前的峰值。如在2008—2014 年这一期间发行的 1.3 万亿美元的美元债券中，中国和巴西企业的发行量最大，其中中国企业以 2137 亿美元位居第一，巴西企业以 1880 亿美元位居其后①，表明新兴国家成为美元国际债券市场的主力军。这主要是因为，全球金融危机后美联储实施的量化宽松货币政策导致债券市场的借贷成本下降，刺激了新兴市场国家增加在国际债券市场的融资，进一步提高了美元在全球债券市场的比重。

二、政策推动措施及其效果

第一，“马歇尔计划”促进了欧洲美元市场的诞生。第二次世界大战与第一次世界大战相比，在国际金融方面有一些共同之处，就是它增强了美国净国际投资国的地位，提升了美元在国际货币体系运行中的地

① 数据来源：Dealogic 数据库。

位。① 美国通过该计划向欧洲输出大量过剩产品，通过美元结算培养了西欧国家使用美元的习惯，使得根据布雷顿森林体系确立的美元在西方国家的霸权地位更加具体化，也使大量美元流入欧洲金融市场，对早期欧洲美元市场的建立和发展起到了极大的推动作用。

第二，美国金融政策的调整推动了美元国际债券市场的发展。1933年，美国国会通过的《格拉斯—斯蒂格尔法》中的《Q条例》，规定商业银行不能对活期存款支付利息；1966年，美国开始对商业银行发行的“可转让存单”（CDs）实行此规定。此外，美国政府还颁布了《M条例》，规定美国商业银行对于国外银行在美国的负债收取存款准备金，而美国商业银行的国外分支机构不受此条例的约束，国外的欧洲美元也不用缴纳存款准备金。这些不仅限制了外国资金向美国境内流动，还导致美国商业银行将对外贷款业务转移至海外分行，以规避存款准备金和利率管制。在此背景下，美国银行的国外业务迅速扩张，国内资金大量转移至国外，推动了欧洲美元市场的发展，并在一定程度上导致美国国内金融市场的萎缩。

1963年，美国国会通过《利息平衡税法》，向购买外国债券的美国公司及个人征收15%的利息税，导致外国债务人在美国发行债券变得困难，这对于刚刚起步的“扬基债券”是一个重创，由此导致“扬基债券”市场的发展陷于停滞，国内金融市场的国际信贷业务也逐步减少，资金大量外逃并转向欧洲美元市场发行债券。1965年，美国实施《自愿限制对外信用计划》，限制本国银行对外国贷款，结果导致外国借款者难以获得美元贷款。这些因素都导致外国企业和美国的跨国公司纷纷转移至欧洲美元市场进行融资，美国国内金融市场的竞争力下降。同时，对于持有美国政府和企业债券的非居民，美国针对其利息征收30%

① 参见［美］斯坦利·L. 恩格尔曼、罗伯特·E. 高尔曼：《剑桥美国经济史：20世纪》（第三卷），中国人民大学出版社2008年版，第358页。

的预扣税，导致非居民购买美国发行债券的收益降低，从而减少对美元债券的持有，美元债券的吸引力因此下降。大量外国资金流入到欧洲债券市场，进一步扩大了欧洲美元债券市场的规模。

1974 年，美国政府取消了利息平衡税和对外国贷款的限制。由于欧洲债券市场已发展到一定规模以及欧洲债券的发行优势明显等原因，这一举措并没有导致国际资本大量回流美国。1981 年，美国建立了纽约离岸金融市场。1984 年，美国政府取消了利息预扣税。1999 年，美国政府通过《金融服务现代法案》，结束了美国自 20 世纪 30 年代大危机以后实施的银行业、证券业和保险业分业经营的限制。由于金融监管的放松，“扬基债券”市场开始复苏和发展，纽约离岸金融市场也逐渐发展，为美国境内金融市场的发展提供了良好条件。

2010 年 7 月，美国国会通过《多德—弗兰克法案》。根据该法，扩大了金融监管机构的权力，设立了“消费者金融保护局”以保护消费者的合法权益，并加强对金融衍生产品交易的监管，以防范金融风险。2015 年，美国加强对信息披露的规范，规定所有的信息披露义务人都要通过电子化数据集成、分析及检索系统入档。全球金融危机后，美国金融监管当局实施的加强金融监管的政策，不仅没有导致美元的再次外流，而且促进了美国和全球国际债券市场更加稳健、安全和有序的发展。

第三，货币政策为美元国际债券市场发展提供了良好的外部环境。1966 年，美国政府实施紧缩性货币政策，国内银行业因此转向欧洲美元市场融资，导致欧洲市场上融资需求的出现。而欧洲各国政府却实施宽松的货币政策，给予存款准备金率和税收方面的优惠政策，并解除了外汇管制，允许各国货币自由兑换美元，从而使欧洲银行的美元存贷业务迅速增长。布雷顿森林体系瓦解后，西方各国普遍实行浮动汇率制，但是其贸易结算、金融投资和储备货币仍以美元为基准。浮动汇率增加了对美元外汇交易的需求，扩大了欧洲美元市场的规模，为债券市场的发展提供了有利条件。2008 年全球金融危机爆发后，美联储下调联邦基金利率即实施量化宽松货币政策和扭转操作，推出一系列融资工具创新，向国际市场提供流动性，稳定了外国机构对美元债券的信心，极大地促进了美元国际债券市场的复苏和发展。

三、国际债券市场发展对美元国际化的意义和作用

（一）美元国际化的阶段特征

毋庸置疑，美元国际化是在特殊的历史条件下实现的，其模式不可复制。至于美元国际化的阶段性特征，主要有以下四个方面：

第一，强大的经济实力是美元取代英镑成为国际货币的基础。在1870—1914 年这一期间，美国经济迅速发展并超越英国，成为世界头号工业化国家和第一大经济体，当时尽管英镑具有在位优势和国际化货币的自我强化机制，美元尚无法取代英镑的地位，但强大的经济实力已经为美元霸权地位的确立奠定了坚实的基础。

第二，两次世界大战为美元国际化提供了机遇。1914—1945 年的两次世界大战期间，大部分欧洲国家经济受到重创，货币价值不稳定，普遍实行外汇管制，而美元因为按照固定比价保持与黄金兑换关系而更具吸引力，结果导致国际贸易开始更多以美元计价，欧洲官方和私人部门持有的美元资产大幅增加，加之美国通过“马歇尔计划”向英国和欧洲国家提供巨额经济援助，全球经济体之间的货币格局发生变化，美元开始取代英镑逐步走向国际化。

第三，布雷顿森林体系确立了美元国际储备货币的地位。1944—1971 年的布雷顿森林体系时期确立了“双挂钩”机制，即美元与黄金挂钩、其他货币与美元挂钩，美元成为全球最重要的国际清偿手段和国际储备货币，完成了国际化演进。

第四，布雷顿森林体系解体后美元依旧保持本位货币的属性。1971

年至今的后布雷顿森林体系时期，国际货币体系呈现多元化格局，但美元的中心和支配地位并未动摇，在全球计价、结算、交易和储备货币中保持支配性地位，美元仍作为事实上的基准货币发挥应有的作用。①

（二）债券市场在美元循环机制中的地位

第一，布雷顿森林体系时期，债券市场促进了美元的输出。1944—1971 年布雷顿森林体系时期，美元主要通过资本与金融项目逆差的方式流出至其他国家，再以经常项目顺差的方式回流。② 这一时期美国凭借自身的经济实力和西欧国家战后恢复期对美国贸易需求的增加，以对外直接投资、证券投资和信贷投资等方式推动美元流出，再以贸易方式形成美元回流。此时欧洲债券市场凭借利率、发行额、监管等方面的优势成为美元资金流出的主要目的地，欧洲市场的存款准备金率较低，能够创造出更多的货币和美元负债，导致美元信贷扩张，增加国际市场上美元存款总量，进一步促进美元的全球化供给。③

第二，布雷顿森林体系解体后的 10 年，债券市场提高了美元使用规模和“体外循环”比例。1971—1981 年的布雷顿森林体系解体初期，美国经济波动剧烈，经常项目出现顺逆差交替的情况，国际收支逆差不断加剧。这一时期的美元债券市场迅速发展，大量石油美元资金涌入欧洲市场，贸易逆差国的政府也纷纷到欧洲市场发行美元债券，资本主要流向是非居民之间的离岸市场交易。④ 欧洲债券市场为境外美元的流通

---

① 参见张原：《美元国际化的历史经验及其对我国的启示》，《经济研究参考》2012 年第 37 期。

② 参见李青：《美元国际循环机制及其启示》，《中国金融》2012 年第 1 期。

③ 参见 Aliber R.，“The Integration of the Offshore and Domestic Banking System”，*Journal of Monetary Economics*，1980。

④ 参见 He，D. and McCauley，R.，“Eurodollar Banking and Currency Internationalisation”，*BIS Quarterly Review*，2012。

和交易提供了场所，抑制了美元贬值，不仅大幅提高了国际市场上美元的使用规模，更重要的是增加了离岸美元“体外循环”的比例。

第三，后布雷顿森林体系时期，债券市场为美元回流提供了顺畅的通道。1981—1999年的后布雷顿森林体系时期，美国确立了通过经常项目逆差方式向国外输送美元，又通过金融资本方式推动美元回流的循环机制。①1982年后美国经常项目持续逆差（1991年除外），贸易渠道成为美元流出的主要通道。这段时期美国开始实施金融自由化政策，取消对非居民实施的利息预扣税，放松债券市场监管，提高境内市场对外开放程度，吸引境内外机构重新将资金投入到美国市场。同时，美国政府批准建立纽约离岸金融中心，允许美国和国外银行在纽约建立“国际银行设施”（IBF），颠覆了传统离岸金融市场的概念，促使境内外机构将在欧洲市场从事的业务重新转移至美国境内进行，美国境内债券市场得到深入的发展。在美国政府财政赤字逐渐扩大、资本与金融项目顺差加剧的情况下，监管政策的放松和离岸金融中心的建立引导美元回流至美国，债券市场的发展为美元回流提供了顺畅的通道，美元国际循环机制逐步形成。

第四，全球金融危机发生后，债券市场为改变美元循环机制提供渠道。2008年金融危机爆发后，美国经济持续下行，美国政府通过量化宽松政策向市场源源不断注入流动性资金，并以美元债券的形式将货币输送至国际市场，再通过美国政府和金融机构举债使美元回流至国内。这一时期的美国政府不断降息并3次实行量化宽松政策，增加了基础货币供给，其经济效应体现为：一方面，美元债券凭借低廉成本吸引各国机构进行融资，尤其是新兴市场国家发行美元债券大举借款以实现自身增长，这些增发的美元货币流出到国际市场；另一方面，美国政府

① 参见张纯威：《美元本位、美元环流与美元陷阱》，《国际金融研究》2008年第6期。

和金融机构面向国际市场发行美元债券，凭借债券风险低和流动性高的优势，吸引不同国家的投资者购买，使得美国国债成为美元回流的主要手段，美国政府在国际债券市场上筹集到大量资金，极大地缓解了美国国内的经济压力，也令美元在国际金融市场的实力得到进一步强化。

（三）美元国际债券市场发展对美元国际化的推动作用

除较强的经济实力以外，美元国际化主要依靠金融市场的发展，尤其与美元国际债券市场的发展密不可分。

第一，美元国际债券市场为非居民提供良好的融资环境，提高了美元的国际流动性。首先，美元国际债券市场的债券在品种和期限上呈现多样化发展，融资者可以根据需要选择发行适合类型和期限的美元债券，且欧洲美元债券收益率和流动性高，吸引非居民进行离岸市场交易。其次，基于对一国政治稳定、法律、税收等制度的担心，非居民对离岸市场的偏好长期存在，一般倾向于选择在离岸市场进行美元债券的投资和融资。离岸债券市场分离了货币风险与国家风险，为非居民提供了筹集美元的场所，提高了美元的国际流动性。

第二，美元国际债券市场具有便利性与规模优势，巩固了美元国际货币的属性。首先，随着离岸金融中心在世界范围内的建立，欧洲美元市场从欧洲扩展至全球 67 个国家，为美元提供 24 小时交易的条件和场所，能够保证各个国家的政府、企业和金融机构及时进行美元债券的交易。其次，离岸债券市场拥有税收、监管、发行等方面的优势，还能提供其他各种优惠条件鼓励政府及金融机构进行交易，为美元资金的转移和调拨提供便利条件，为国际收支逆差国提供融资渠道，提高了贸易投资领域内美元的使用范围，强化了美元计价结算货币的职能。最后，美国对西欧国家的经济援助和石油输出国提供美元资金，向欧洲市场输入大量美元，先入为主的存量优势使美元在全球信用货币体系中处于优势地位。国际债券市场的发展更是增加了美元交易的规模，将美元从盈余机构转移至短缺机构，派生出大量新的美元资金，达到了美元国际化的数量供给，满足了美元作为国际清算、结算和储备货币的需求。

第三，国际债券市场维持美元币值稳定和经济持续发展，保证了美元储备货币的地位。首先，国际债券市场上存在大规模的美元债券交易，但大部分交易都与美国国内实体经济没有直接的关系，无须转移至美国境内市场。国际债券市场的存在减少了跨境资本流动的规模，使大部分境外对美元的供给和需求得以在离岸市场上对冲，从而降低了美国利率、汇率的波动程度，有利于维持国内经济的平稳发展和美元币值的稳定。其次，美国金融市场发达，产品种类繁多，收益率高，创新度高，发行量大，纽约离岸金融中心的建立更是提高了美国市场的吸引力，导致大量金融机构和企业的资金回流至美国市场，给美国带来巨额铸币税。离岸债券作为离岸金融中心最重要的融资渠道，不仅完善了美元的循环机制，改善了美国国际收支状况，还促进了美国经济的持续发展，为维持美元储备货币职能提供了强大的支撑。

第三节　日元国际债券市场的发展与日元国际化

日元国际债券市场的发展，既依托于战后日本金融制度的变迁和日本融资结构的发展，也与日元国际化进程相互影响、相互促进，呈现出明显的周期性特征和鲜明的日本特色。

一、日本金融制度的演进

不同文献对第二次世界大战后日本经济发展阶段的划分各不相同。按照刘昌黎（2014）的研究，战后日本经济主要经历了五个发展阶段。

金融在日本经济发展的各个阶段都发挥了十分重要的作用。McKinnon在1973年的研究中曾经指出，日本是在金融中介不断发展过程中实现快速经济增长的典型国家。[①] 这一描述深刻反映了第二次世界大战后日本通过金融制度的不断深化，特别是通过传统银行主导型金融制度向市场型间接金融制度的演进，逐步实现经济赶超和金融实力增强的过程。

在战后经济恢复时期（1945—1954年），日本经济百废待兴，金融资源贫乏，民间资本积累水平低，急需资金投入恢复生产。在此背景下，日本政府成立了专门的"复兴金融金库"，保证重点产业部门的资金需求。同时又对金融体系进行改革，陆续成立了一些政府金融机构，包括长期信用银行、城市银行、地方银行、合作金融等机构，建立主银行制度，多种金融机构分工明确的金融体制基本形成，有力地促进了日本重化工业的产业振兴。

在高速经济增长时期（1955—1973年），日本进一步健全了以银行为主导的间接金融体系。据统计，日本企业在1959—1970年这一期间为扩大固定资产投资而进行的项目投资高达145.2万亿日元[②]，其中通过间接融资方式进行筹资的项目超过90%。在此期间，日本政府对金融市场实行了严格的管制，采取"护航舰队式"的保护措施，严格实行分业管制，包括长、短期融资业务分离、银行业与信托业分离、银行业与证券业分离，以实现对金融机构的有效控制和保护。同时，政府制定一系列外汇管理措施，将国内与国外金融市场隔离，以确保将稀缺的外汇资金和有限的金融资源投入到重点产业中去。

在低速经济增长时期（1974—1990年），日本面临"石油危机"冲

---

① 参见McKinnon，Ronald I.，*Money and Capital in Economic Development*，Washington，DC：The Brookings Institution，1973。

② 参见白钦先、高霞：《日本产业结构变迁与金融支持政策分析》，《现代日本经济》2015年第3期。

击和布雷顿森林体系解体的双重影响，经济增速大幅下降，企业投资大幅减少，国内通货膨胀严重，日元对外不断升值，放松金融管制的内外部压力不断加大。在此形势下，日本开始循序渐进地推行金融自由化政策，包括利率自由化、放松对证券业管制、放宽并废除外汇管制等，同时积极推进公共投资，加大国债发行，日本直接金融体系得到迅速发展。

在长期经济停滞时期（1991—2001 年），主要是针对泡沫经济破灭和不良债权大幅增加等问题，提出了日本版的"金融大爆炸"改革计划，目标是在 2001 年 3 月底之前将东京市场建设成为与纽约和伦敦并驾齐驱、自由、公平、国际化的国际金融市场。这次改革是以证券市场改革为主体进行的，同时也修改了《银行法》，力争实现银行、证券、保险等金融机构在业务领域中的相互准入，消除分业经营限制。这次改革对日本证券市场的发展带来诸多有益的影响，但对银行业的改革成效并不尽如人意，产业空心化和金融泡沫化加剧了日本经济和金融的脆弱性。

在缓慢经济增长时期（2002 年以后），日本政府吸取上一轮经济金融危机的教训，围绕多层次资本市场的建设，持续深化金融市场化改革，通过一系列改革措施、法律规范和制度建设，将金融结构由单纯的银行业主导转型为银行与市场相互融合的结构方向，"市场型间接金融"① 体制初步确立起来。截至 2015 年年底，日本债券市场与股票市场市值之比达 2.28 倍（高于美国的 1.48 倍，1998 年日本为 1.58 倍，美国为 1.06 倍），债券市值与国内生产总值的比例为 206.02%。日本的"市场型间接金融"是将间接金融和直接金融相互融合的一项金融制度创新，它通过资本市场将资金借贷方与金融中介有机地结合起来，可以实现投资组

① "市场型间接金融"一词最早由日本学者蝋山昌一提出，后被学界广泛使用来描述日本当前介于直接金融和间接金融之间的这样一种金融制度，也有学者使用"直接金融＋市场型间接金融"一词。（参见郑蔚、王思慧：《战后日本金融制度变迁与转型：一个制度金融学的考察》，《现代日本经济》2014 年第 1 期。）

合的多样化和分散化，降低风险，提高资金使用效率，并由此实现了日本金融市场的深化和发展。

二、日元国际债券市场发展的历史和现状

日元国际债券是指国际债券市场上发行的以日元计价的债券，包括“武士债券”和欧洲日元债券。其中“武士债券”是指日本以外的政府或金融机构在日本境内市场发行的以日元计价的国际债券，欧洲日元债券是指在日本境外发行的以日元计价的国际债券。

（一）日元国际债券市场发展的背景

在宏观经济方面，日本经济在战后开始重建，1955 年进入高速增长阶段，到 20 世纪 60 年代末成为世界第二大经济体，经济实力大幅提高，经常账户出现盈余并快速增加，日本成为资本输出国家。至 20 世纪 70 年代，日本对外贸易顺差急剧增加，日本政府应国际社会要求决定对海外开放国内资本市场，日元国际债券市场开始起步。

在金融方面，战后日本国民经济各个部门、行业对于资金非常渴求，各金融机构和公司纷纷去海外发行股票和债券筹集资金，各证券公司也将国内发行的股票债券向海外投资者进行推销。20 世纪 70 年代，随着国内居民储蓄率的增加和金融市场国际化的快速发展，各金融机构资金充裕，纷纷寻找海外投资渠道，进一步推进了日元国际债券市场的发展。

在国际货币体系方面，布雷顿森林体系瓦解后，日元依靠经济的出色表现取得了国际硬通货的地位。1973 年，日本开始实行完全浮动汇率制度。为了缓解日元升值压力以及为推动日元国际化的伟大宏图，日本政府放宽了非居民发行“武士债券”的限制，并加快了国内日元向海外的输出，同时日本政府也放宽了在欧洲债券市场发行欧洲日元债券

的限制。

（二）“武士债券”市场的发展

第一阶段：萌芽起步阶段（1970—1983 年）。1970 年亚洲开发银行发行第一笔“武士债券”，期限为 7 年，发行量为 60 亿日元，市场接受度较高。这一阶段“武士债券”的年平均发行量约为 2670 亿日元，由于石油危机和市场开放对象的严格限制（仅限于超主权国际机构及与日本关系密切的一些主权国家），日本国内债券市场发展落后并增长缓慢。

第二阶段：快速发展阶段（1984—1996 年）。从美日 1984 协议（A 1984 Accord）开始，日本不断放宽非居民发行者的市场进入标准，“武士债券”市场得到快速发展。进入 20 世纪 90 年代，日本进一步出台政策放宽市场限制，如双重货币发行制度、批准可转换公司债和浮动利率债发行、取消发行数量限制、废除企业债券受托制度等。从发行规模看，1984—1995 年间，“武士债券”的年均发行量约为 10310 亿日元，较第一阶段明显增加，但发行量依旧低于欧洲日元债券。1996 年“武士债券”发行量增加至 38737 亿日元，达到历史最高点，并首次超过欧洲日元债券的发行量。从发行人构成看，亚洲各国发行主体后来居上，欧洲国家（除北欧外）发行量持续增加，澳洲国家和国际金融机构发行份额逐渐减少。从投资者看，日本作为世界上最大的债权国，“武士债券”成为其购买外国证券的重要选择，1996 年日本企业购买“武士债券”的金额占其购买外国债券金额的 25%。

这一时期的“武士债券”市场发展较快，发行标准放宽，债券类型多样，每笔债券的发行规模和期限不受规定限制，吸引了大量个人投资者和外国借款人。然而，债券市场的风险定价机制存在问题，很多投资者受到高收益率的吸引进入市场，却没有做好承担风险的准备。“武士债券”的发行机构需要经过特定机构评级并达到相应的标准，但日本评级机构给予发行机构的评级高于美国机构的评级①，结果导致“武士债券”的初始定价相比同级别国内债券具有更大的初始风险溢价，该风险溢价随着借款人信贷评级的下降而急剧上升。

第三阶段：平稳回落阶段（1997 年至今）。1997 年以来，由于自身竞争力不足和亚洲金融危机的影响，“武士债券”的发行量一路下滑。1998 年“武士债券”的发行量只有 2050 亿日元。2000 年以后，债券发行量有所回升，但依旧没有呈现出快速增长的势头，整体发行规模只保持在年均约 1 万亿日元。根据日本证券交易商协会（Japan Securities Dealers Association）统计，2016 年 9 月末，“武士债券”余额为 8.13 万亿日元，在日本债券市场余额中占比仅 0.72%。

（三）欧洲日元债券市场的发展

第一阶段：萌芽起步阶段（1977—1983 年）。1977 年欧洲投资银行发行第一笔欧洲日元债券。这一阶段欧洲债券市场发展缓慢，日本政府对债券发行进行严格限制。市场发行者包括日本企业和外国机构，当发行者为外国机构时，信用评级需为 3A 级且至少已发行过 3 次公募债券，一年发行次数不超过 6 次。

第二阶段：快速发展阶段（1984—1997 年）。1984 年，日本大藏省放宽对欧洲日元债券发行的限制，规定信用评级 1A 级及以上的外国机构都可拥有发行资格，同时放宽发行次数和数量限额，并允许外国银行成为欧洲日元债券的首席包销人。自此，欧洲日元债券发行规模一路攀升。1985 年，欧洲日元债券发行量超过“武士债券”，达最初欧洲日元债券发行量的 10 倍。1987 年，欧洲日元债券发行量占欧洲市场债券发行总量的 17%。1997 年，欧洲日元债券的发行量为 18.80 万亿日元，

---

① 参见 Hirai，Naoki，and Hiroshi T.，*Credit Ratings in Japan*：*A Progress Report*，Nri Quarterly，1996。

达到历史最高峰。这一时期的欧洲日元债券市场发展迅速，不受交易惯例的束缚，高效并富有竞争力，能够分散风险并降低成本，具有发行周期短、发行程序简便、监管限制少、发行费用和利息成本低、税款低等优势。[①] 欧洲日元债券吸引各地发行者进入市场发行债券，同时也吸引大量日本国内企业到该市场发行债券，造成国内市场的“空心化”。

第三阶段：平稳回落阶段（1998 年至今）。1998 年以后，随着日元地位下降和亚洲金融危机，欧洲日元债券市场的规模出现波动，总体呈现明显的下滑趋势，2007 年小幅回升后，再一次回落。2010 年，欧洲日元债券的发行量减少至 9.36 万亿日元。这一阶段欧洲日元债券市场的融资规模显著下降。

（四）日元国际债券发展现状

从发行规模看，进入 21 世纪以来，日元国际债券的发行规模停滞不前，甚至出现倒退的趋势。根据 BIS 的数据，在 2000—2006 年期间，日元国际债券的发行量从 2193 亿美元下降至 1418.6 亿美元，占全球国际债券的比重从 9.1% 下降至 2.24%。2007 年，日元国际债券的发行量小幅上升至 2268.7 亿美元，随后再次下滑。在 2008—2014 年这一期间，其年平均发行量仅为 1344 亿美元，占全球国际债券的比重徘徊在 1.5%—3% 之间。从总体上看，截至 2016 年第三季度，日元国际债券的未偿余额为 4783.5 亿美元，占全球国际债券未偿余额的比重仅为 2.2%，远远低于 1995 年 16.33% 的峰值水平（参见图 3–20、图 3–21）。

从发行机构看，在 2000—2006 年这一期间，日本境内机构发行的日元国际债券和所有国际债券的绝对规模基本呈上升趋势。其中日元国际债券占所有国际债券的年均份额高达 69.85%，日本境内机构在国际

① 参见林兆波：《关于欧洲日元债券》，《福建金融》1988 年第 7 期。

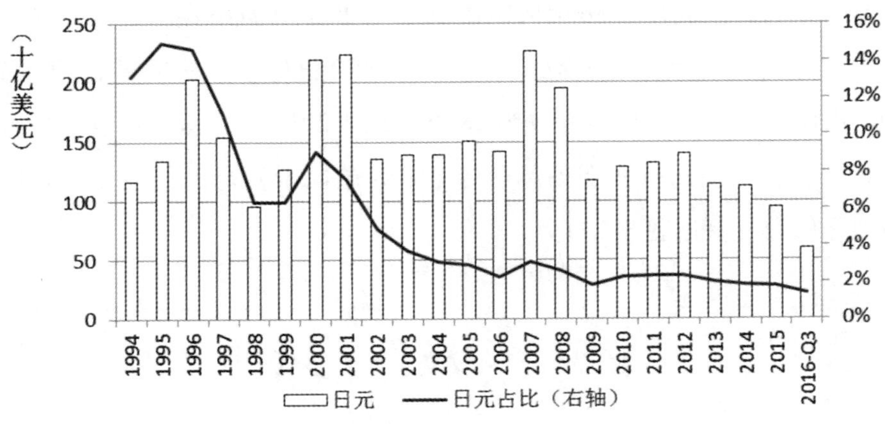

图 3–20　国际债券总发行额中的日元占比

数据来源：国际清算银行债券统计数据库（http：//www.bis.org/statistics/secstats.htm）。

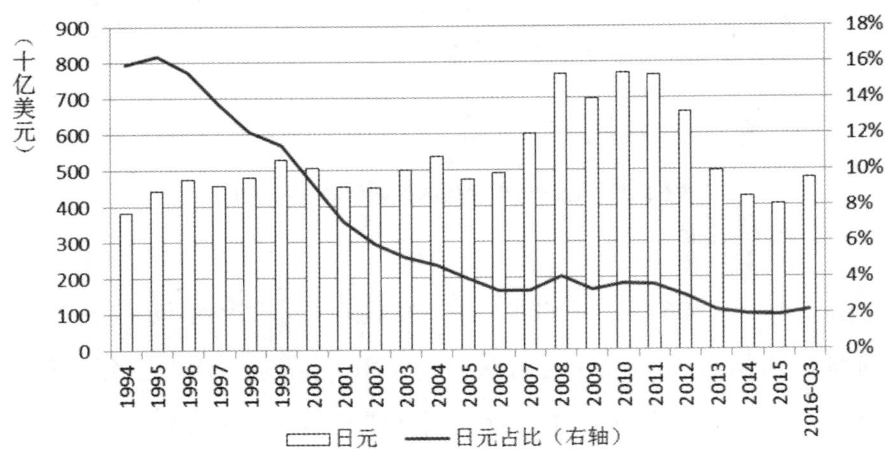

图 3–21　国际债券未偿余额中的日元占比

数据来源：国际清算银行债券统计数据库（http：//www.bis.org/statistics/secstats.htm）。

债券市场上主要发行以日元计价的债券。在 2007—2008 年这一期间，日本境内机构发行的日元国际债券和所有国际债券的绝对规模都大幅下降，全球金融危机虽然阻止了部分日本境内机构进入国际市场发行债券，但提高了日元债券对境内机构的吸引力，日元国际债券占所有国际债券的年均份额上升至 86.45%。在 2009—2014 年这一期间，日本境内机构发行的国际债券的规模稳步上升，但日元国际债券的规模呈下降趋势，占国际债券的年均份额仅为 28.78%。到 2015 年，这一比重下降至 16.26%。日本境内机构在国际市场上开始趋向于发行以其他货币计价的国际债券（参见图 3–22）。

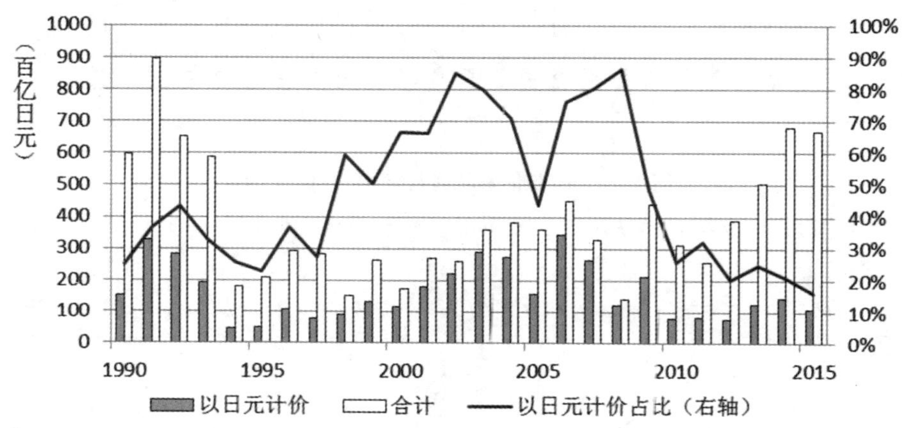

图 3–22　日本境内主体的国际债券发行情况

数据来源：WIND 数据库。

在 2000—2006 年这一期间，境外机构在日本国内市场发行的日元国际债券占所有国际债券的比重从 97.10% 下降为 62.12%，年均比重为 68.68%，境外机构在日本发行的国际债券以日元国际债券为主。在 2007—2009 年这一期间，境外机构发行的日元国际债券的份额进一步上升，年均份额达到 76.19%。虽然全球金融危机的爆发提高了日元国际债券对境外机构的吸引力，但好景不长，2010 年日元国际债券所占份额大幅下滑，2011 年虽然有所提升，但之后基本上呈下降趋势，反映了境外机构在日本发行的国际债券趋向于多种币值计价，日元国际债券的发展受限（参见图 3–23）。

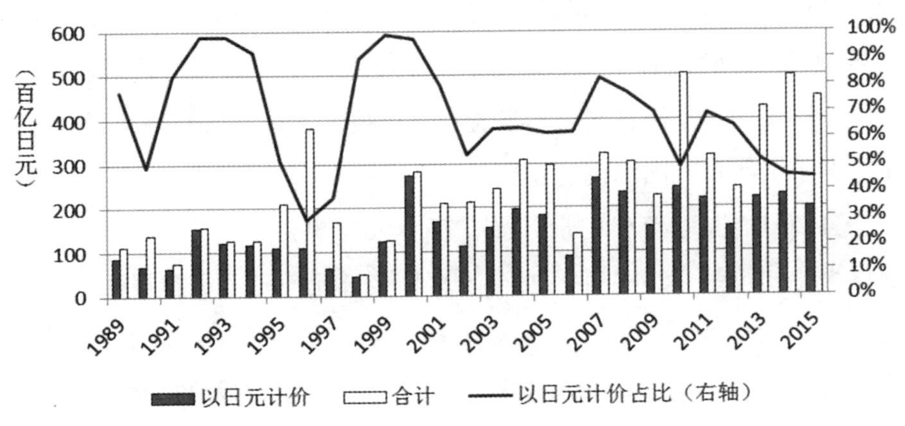

图 3–23　境外机构在日本境内债券发行情况

数据来源：WIND 数据库。

三、日本政府采取的主要政策措施

与美国类似，日本政府和金融管理部门为促进本国国际债券市场发展，持续推出了一系列政策措施。

第一，放宽并废除外汇管制。日本自 1980 年起实施新的《外汇法》，取消外汇管制，取消对本国居民外汇存款和外汇贷款不能兑换为日元的限制，改善外汇衍生品市场发展滞后的情况，提高国内债券市场的避险职能，促进"武士债券"市场的发展。1984 年，撤销对日元汇兑业务的管制，提高国际上日元的流动性。1985 年 9 月 22 日，日本政府与美、英、法、联邦德国签订《广场协议》，日元兑美元汇率大幅上升，日本资本输出规模迅速增长，成为世界上最大的债权国。

第二，实行利率自由化。1993 年，定期存款利率自由化；1994 年，放开流动性存款利率，放宽存款储蓄期限和付息方式的管制；1996 年，存款利率完全实现自由化。利率自由化作为金融自由化的核心和关键部分，提高了资本市场的流动性，促进了直接融资的发展。

第三，资本市场政策的调整。20 世纪 70 年代，日本政府对欧洲日元市场进行较多管制，如限制金融机构对欧洲日元债券的持有额，设定"冻结期"，即欧洲日元债券发行后的180天内不允许国内投资者购买，并对非居民购买欧洲日元债券设置利息预提税。这些措施限制了欧洲日元债券市场和日元国际化的发展。

自20世纪80年代中期开始，日本政府出台了一系列推动金融市场自由化的政策。1984年，发布了《日美日元美元委员会报告书》，放宽对公司债券发行方式、交易规则和评级制度的管制，将发行机构的评级从3A放松到1A；放宽对欧洲日元贷款和债券的限制，加速欧洲日元债券的发行。1986年，日本建立了东京离岸金融市场，增强日元债券在国际金融市场的竞争力，提高非居民持有日元债券的意愿。1988年，在公司债券的发行业务中引入申请登记制，缩短债券发行时间，公开发行债券时无须再向日本财政部证券登记处登记，提高债券市场的灵活性。1989年，取消所有欧洲日元债券市场的准入资格要求，欧洲日元债券市场的规模进一步扩大。进入20世纪90年代以后，日本政府继续推行金融市场自由化的政策。1990年，日本实行了双重货币发行制度，即用日元作为发行货币，偿还时可用非日元，提高了非居民进入日本市场发行日元债券的意愿。1991年，批准发行可转换公司债券和浮动利率债券，取消了对发行数量的限制。同年，允许日本银行进入欧洲日元市场承销公司债券，但需要遵守"三局协议"①，债券价值大于100亿日元的公共债券需要提供至少5000亿日元的公司净资产证明（后来减少到3000亿日元）。该协议于1993年逐渐放松，于1998年完全废除。1993年，允许日本银行在国内公司债券市场从事日元债券承销业务。Takaoka和McKenzie（2002）研究发现，日本银行参与承销后国内

① 指日本大藏省的证券局、银行局和国际金融局在1975年8月达成的协议，规定日本证券公司和银行的海外机构都可以作为日本企业海外债券发行的承销商，但实际实施中，证券公司一直是企业欧洲日元债券的主要承销商，银行只是作为相关金融机构的承销商。

企业的日元债券息差急剧下降，甚至可能会造成欧洲日元债券息差下降的压力。① 1993 年，取消企业债券受托制度，撤销公司债发行额度的限制。1995 年，日本和美国签署金融服务协议，加速解除日本债券市场管制。1996 年，实现公司债市场发行的自由化，取消债券发行的最低信用评级，取消“适债基准”，标志着日本政府结束国内债券市场的准入监管，推动“武士债券”市场规模进一步扩大。1997 年，日本实施了被称为“金融大爆炸”（Big Bang）的改革，加速金融业务自由化，进一步开放金融和资本市场，放松和废除对金融交易的管制，强化金融监管，进一步提高金融市场的效率。1999 年，日本政府出台了关于国债市场改革的多项政策，包括增加国债商品种类、减免税收、提高国债交易透明度和国债市场流动性，以改善非居民持有和运用日元的政策环境。

进入 21 世纪以来，特别是 2007 年以后，日本政府重新进行金融政策的调整，进行了以“增强日本金融市场竞争力”和“改进金融监管”为核心的金融改革，同时积极推动亚洲货币金融合作，以期在日元区域化方面取得新的进展。

四、跛行的日元直接融资体系与日元国际化的缺陷

（一）日元国际化的阶段特征

根据日本大藏省的定义，“日元国际化”是指提高国际金融交易和海外交易中日元的使用比例以及外国投资者资产存量中以日元计价资产的比例，即日元在国际货币制度中的作用以及在经常交易、资本交易和

---

① 参见 Takaoka，S. and McKenzie，C. R.，“The Wizard of Oz in the Japanese Underwriting Market”，Spring Meeting of the Japanese Economic Association，Otaru University of Commerce，2002。

外汇储备中地位的提升。[①] 从发展结果看，日元国际化并不成功，日元在国际贸易和金融交易过程中的使用比例都比较低，没有发挥国际货币的计价、结算和储备职能。日元国际化的阶段发展特征如下：

第一阶段（1964—1983 年）：消极推动结算职能，回避价值储藏职能。日本政府在 1964 年以前限制日元的国际使用，甚至在国际贸易结算方面的使用。1964 年，日元实现了经常项目下的自由兑换，日本政府开始逐步解除外汇和资本管制。1972 年，日本政府允许非居民在日本国内发行以外币计价的债券。1980 年，日本在资本项目上的行政管制依然较强，这不仅限制了日元结算方面的使用，而且使日元很少进行金融方面的国际交易，日元国际化几乎没有进展。

第二阶段（1984—1997 年）：积极推动结算职能，限制价值储藏职能。1985 年 9 月，日本同美、英、法以及联邦德国签订《广场协议》，日元汇率从 1 美元兑 240 日元急速升至 1987 年年底的 1 美元兑 120 日元。面对日元升值，日本政府希望推动日元国际化来规避外汇风险，促进日本对外直接投资的增加，扩大日元的国际影响力。1986 年，日本建立东京离岸金融市场。1989 年，日本放松对东京离岸金融市场的管制。但这些措施主要是停留在推进以日元计价的交易上，针对储备职能的国际化，还需要对《外汇法》进行根本性的修改，消除非居民交易障碍，开放资本市场。日本各界对修改法律大多持反对态度，结果导致日元国际化的效果受到影响，而泡沫经济的破灭又使日元国际化出现倒退。

第三阶段（1997 年至今）：积极推动日元全面区域化。以 20 世纪 90 年代的“金融大爆炸”为契机，日本积极推动国内金融市场改革，完成资本和金融自由化，以更好地推动日元国际化。同时，因欧元的诞生，日本开始转向国际化与区域化并重战略，如大藏省开始加强对日元

---

① 参见李晓：《“日元国际化”的困境及其战略调整》，《世界经济》2005 年第 6 期。

亚洲化的研究。此后，财务省加大了对亚洲债券市场的培育，在2009年5月东盟与中日韩（10+3）会议上建立了信用担保和投资机制，日本利用5亿日元保证亚洲公司债券的发行，这些都表明日本试图提升日元在亚洲地区的影响力。

日本政府曾指出，日元国际化进展缓慢，主要是受20世纪90年代以来日本经济长期停滞和日元信用降低等因素的影响，加上贸易、资本等国际交易中货币选择的制度、惯例等因素，导致国际社会对日元使用的需求很低。[①] 该结论总结了日元国际化进程中的问题，但忽略了金融市场因素对日元国际化受阻构成的深层次影响。

（二）日本金融市场发展缺陷对日元国际化的制约

与美国相似，日元国际债券市场的发展曾经在日元国际化进程中发挥了积极作用。以20世纪90年代中期数据为例，“武士债券”和欧洲日元债券发行量分别在1996年和1997年达到历史高峰，同期反映日元国际化的一些指标也达到了较高水平，如日元在外汇交易中的比重于1989年达到27.0%的峰值，日元计价的国际债券和票据占比于1995年达到18.08%的峰值，以日元为锚货币的日元区经济总量占全球经济总量的比重于1985—1989年达到9.6%的峰值，日元国际储备占比于1991年达到8.5%的峰值[②]，这些都反映了日本国际债券市场发展和日元国际化之间相互促进和相互提升的积极作用。然而与美国不同的是，日本债券市场和金融市场发展中出现的一些问题，在短暂的正向影响后，又成为阻碍日元国际化的负向因素，并最终导致日元国际化的倒退。

---

① 参见刘瑞：《日元国际化困境的深层原因》，《日本学刊》2012年第2期。

② 参见陈卫东、钟红、陈静：《日元国际化进程的货币职能演进及借鉴》，中国银行内刊《全球经济金融问题研究》2015年第3期。

第一，直接融资体系的不健全阻碍日元国际化。

日本作为传统的“银行主导型”国家，其直接融资在融资总额中所占的比重在20世纪90年代为40%—50%左右，远远低于美国80%的比重。根据市场发展的一般规律，当经济发展到一定程度、间接融资不能再满足市场需求时，直接融资规模需大幅扩展，但日本政府的保护政策使得这一转换无法正常完成，导致直接融资市场无法得到健全的发展。

首先，直接金融体系的不健全抑制产业结构升级，不利于日本经济的发展。日本经济实现赶超后，技术、产业发展都迈入新阶段，而间接金融体系难以将金融资源配置到资本密集型产业中。如在产业结构升级时期，银行无法根据信息优势确定需要优先支持的重点产业；而资本市场由于发育不成熟，不能及时提供资金给融资企业。因此，高新技术企业获取资金的渠道受限，产业升级的进程受阻，影响了经济的发展，未能给日元国际化提供持久有力的经济支撑。

其次，直接金融体系的滞后降低了市场吸引力，不利于日元在国际市场上的流通。日本政府对金融市场进行严格管制，导致直接融资渠道狭窄，金融市场发展落后。对于发行者来说，存在发行成本上升、发行程序繁杂以及监管约束等问题；对于投资者来说，存在利息税收较高、收益率低下以及投资渠道不足的问题。在这种情况下，境内外投融资者纷纷将业务转移到其他金融市场，导致日元国际债券的发行和流通规模降低，日元在投资交易中的使用比例下降。

再次，直接金融体系的不健全导致汇率不稳定，不利于日元发挥国际货币职能。在金融市场深度和广度不足的情况下，日本政府取消外汇管制，允许非居民使用日元进行交易，引发国内的银行和企业以各种渠道对外借款，并吸引大量外币资金流入日本套利。日本以“金融大爆炸”方式进行自由化改革，不仅给本身并不成熟的金融市场带来冲击，而且也导致日元汇率的不稳定。从1971年布雷顿森林体系解体日本实行浮动汇率制度以来，日元汇率出现过多次大幅度波动，如石油危机爆发、高利率政策和亚洲金融危机导致日元大幅贬值，而美国经济滞胀、新经济泡沫崩溃又导致日元出现大幅升值。为保证汇率稳定，日本货币当局频繁介入外汇市场对汇率进行干预，但由于缺乏多国联合协调而未见成效。为规避汇率波动可能带来的风险，境外机构对日元债券的投融资减少，非居民持有日元债券的意愿降低，日元在金融市场上的交易规模缩小，这些都不利于日元国际货币职能的发挥。同时，由于日本政府和央行认为日元升值对经济不利，大部分的汇率干预是阻止日元升值，导致日元成为主要的套利交易货币，而不是被当作储备货币。

第二，债券市场的不发达导致日元循环机制缺陷。

日元要成为国际货币，要向境外输出足够规模的日元，满足境外居民对日元的需求；要有一个离岸市场为境外居民提供便利的投资交易场所；境外日元要能够顺畅地回流至日本境内，提高非居民持有日元的意愿。然而日本债券市场未能为日元建立良好的循环机制，从而制约了日元国际化进程。

首先，资本输出规模不足。尽管在日元升值和资本账户开放背景下，日本银行对外贷款和日本企业对外投资发展较快，但日元的输出规模依旧远远不够，从而限制了日元国际化。如日本银行的对外贷款中，日元计价比重较低；海外直接投资中，日元计价比重较低（1985—1990年期间，海外投资中的80%为债券等证券类投资，多数是以投资所在国货币进行计价结算）；“武士债券”和欧洲日元债券等国际债券的发行规模不足，以发行债券形式向境外市场输出的资本有限（1995年以来，日元国际债券占所有国际债券的比重逐年下降，2015年降至1.9%）。

其次，境外市场使用规模不足。日本离岸金融市场内外分离，禁止离岸账户的资金向在岸账户渗透，但不禁止在岸账户流入至离岸账户。离岸金融市场建立后，日本与东亚国家之间的资金流动规模迅速扩大，但流向其他国家的日元资金却没有明显增加，且超过一半的资金又通过海外分行流回至日本①，境外市场上日元使用程度受限，境外居民的投资和交易规模不足。

再次，回流渠道不畅。日本债券市场由于日本政府的干预而发展滞后，对非居民的吸引力不足，存在流动性不足、国际化水平较低、市场化程度不足、产品种类单一以及收益率低等一系列问题。同时，日本政府限制非居民进入国内市场，并实施严格的评级机制、繁杂的审批程序以及过高的税收标准，因此，日本债券市场限制日元的回流，非居民持有日元的意愿显著降低。以国债这一日本债券市场主要流通产品为例，截至2015年6月末，日本的国债余额为879.85万亿日元②，其中国内投资者持有90.8%（海外投资者仅为9.2%③），而同期美国的这一比率为48.2%④，德国为70.33%⑤。

最后，债券市场结构不合理，风险大，影响非居民参与。市场结构的不合理主要表现为公共部门占比过大，其中国债占比高达80%，公司债券占比很小。投资者风险高主要表现为国债市场流动性低，买入卖出价差高，市场价格无法正常运作。

第三，离岸市场与在岸市场的脱节和无序渗透使日元沦为“再贷款游戏”⑥货币。

---

① 参见中条诚一：《亚洲的日元国际化》，《经济资料译丛》2002年第5期。

② 数据来源：日本证券交易商协会（JSDA）。

③ 数据来源：亚洲开发银行（ADB）。

④ 数据来源：美国财政部。

⑤ 数据来源：德意志联邦银行。

⑥ 关于“再贷款游戏”的研究可参见Shigeo Nakao，*The Political Economy of Japan Money*，University of Tokyo Press，1995。也可参见殷剑峰：《人民币国际化：“贸易结算＋离岸市场”还是“资本输出＋跨国企业”？——以日元国际化的教训为例》，《国际经济评论》2011年第4期。

日本离岸债券市场虽然起步晚于在岸债券市场，但是其发展速度却远远超过在岸市场。从存量看，1987 年欧洲日元债券市场的存量超过“武士债券”市场，二者的存量之比在 2012 年达到 7.6：1。从市场占比看，欧洲日元债券市场发行量占日本国内债券市场总发行量的比重在 1996 年以后长期保持在 4% 左右，2007 年一度占比接近 13%；而“武士债券”的发行量占国内债券市场发行量的比重则一直维持在 1% 左右，即使在最高峰时也仅为 1.72%。[①] 国内债券市场改革滞后、政府管制过严和监管不力，是导致日本离岸市场和在岸市场无序发展的重要原因。以“武士债券”市场为例，日本对该债券的发行限制较多，这与日本国内债券市场所处的“主银行制度”以及“企业债券受托制度”等体制环境密切相关。在主银行制度下，日本企业对资金的需求主要来源于银行贷款。当企业准备发行债券时，需由其主银行担任债券受托银行；“债券发行委员会”也由受托银行（主银行）组成。受托银行在很大程度上能够控制债券发行市场，不仅收取较高的受托费，而且利用自身评级体系决定企业债券的优先发行人。受此影响，日本国内债券市场的发行效率低，而成本却远远高于欧洲债券市场。据统计，“武士债券”的发行费用为发行额的 0.78%（在 1991 年甚至达到 1.69%—1.88%），而欧洲日元债券仅为 0.28%[②]。尽管从 20 世纪 80 年中期开始，日本迫于美国的压力逐渐放松对国内债券市场的管制，但直到 1993 年《商业法》重新修订才废除“企业债券托管制度”，到 1996 年才取消所谓参照产业政策而制定的“适债基准”。

日本国内债券市场在发行、交易、结算、监管等方面存在的问题，导致非居民和日本本国企业都愿意选择到欧洲债券市场发行日元债券，

① 参见袁沁敔、漆鑫：《美元和日元外国债券市场与离岸债券市场比较研究》，《中国货币市场》2014 年第 2 期。

② 参见陈春锋：《日本债券市场发展的启示》，《中国金融》2012 年第 4 期。

而蓬勃发展的欧洲日元债券市场不仅没有为日元国际化提供重要支撑，反而对其国内债券市场产生了明显的竞争替代，导致国内债券市场出现边缘化和空心化，影响了日元资金的国际输出及其在国际金融市场的使用。同时，日本政府虽然对日本离岸市场的准入、操作流程以及资金使用都设定了限制条件，并通过调整“资金划拨相关账户”的存款准备金率对离岸资金向在岸资金的渗透量进行调控，但是在实际运行过程中，由于过早开放资本项目而国内金融改革滞后，许多商业银行因逐利动机而将在离岸金融市场的外汇资金贷给其境外分行，境外分行又将资金转回国内，从而使这些资金绕过政府对离岸资金进入在岸市场的监管通道。这种做法不仅导致大量海外资金进入国内股票和房地产市场，助推了资产价格泡沫，更重要的是导致日元完全背离了货币国际化的初衷，沦为在岸市场和离岸市场之间“再贷款游戏”的货币，从而无法达到预期的日元国际化目标。

第四节　国际经验与启示

一、国际债券市场在本币环流机制中能够发挥重要作用

美国和日本分别作为“金融国家”和“贸易国家”的典型代表，两国的金融体制存在巨大差异，企业的主要融资模式也各不相同。然而，尽管融资模式的不同直接影响了银行和资本市场在两国金融体系中的不同地位，也影响了两国债券市场的规模、结构和流动性，但从美元和日元国际化的历程中不难发现，国际债券市场都在其各自货币的国际化进程中扮演了至关重要的角色，尤其是在资本与金融项目下为两国本币的输出和回流开辟了重要途径。从美元国际化的历程来看，欧洲美元

债券市场的兴起不仅满足了国际投资者多样化的投融资需求，也成了贮存石油美元流动性的重要“蓄水池”；而“扬基债券”市场的发展，则在 20 世纪 60 年代美元环流机制由“资本与金融账户逆差输出美元——经常账户顺差回笼美元”向“经常账户逆差输出美元——资本与金融账户顺差回笼美元”的转换过程中发挥了重要作用，尤其是 20 世纪 80 年代以来，随着美国金融自由化进程的加快，一方面迅速发展的“扬基债券”市场成为国际投资者获取美元流动性（即美元流出）的重要途径；而另一方面，纽约离岸金融中心以及“国际银行设施”（IBF）的设立颠覆了传统离岸金融市场的概念，推动了美国境内债券市场的深入发展并由此加速了欧洲美元的回流。日元国际化的历程也同样证明，日元国际债券市场的发展与日元国际货币地位的提升之间具有显著的正相关关系。所不同的是，日元由于资本输出规模和境外市场使用规模不足以及回流渠道不畅，而未能在国际化的道路上走得更远。

二、在岸金融市场与离岸金融市场应保持协同均衡发展

离岸金融市场和在岸金融市场的协同发展对于债券市场发展和货币国际化具有十分重要的意义。虽然美国和日本在历史上都经历了离岸金融市场和在岸金融市场侧重点各有不同的情况，但是美国较好地解决了发展的偏差，而日本却出现了两个市场之间的脱节和无序渗透。离岸金融市场和在岸金融市场不同的发展路径，直接影响了两国货币国际化的效果。从职能上来看，以离岸债券融资为代表的离岸金融市场和以外国债券融资为代表的在岸金融市场都能够在本币环流机制中发挥重要作用，二者之间是竞争与互动并存的关系。但相比较而言，外国债券市场受本国政策性因素的影响更大，波动性更强。例如，美国在 20 世纪 60 年代初推出的利息平衡税极大地抑制了“扬基债券”市场的发展，并由此间接地促进了欧洲美元债券市场的崛起。然而，尽管离岸债券市场发

展受到的约束相对较小，但离岸债券市场的发展往往能够表现出很强的“双刃剑”效应。欧洲债券市场既能够成为维护本币币值稳定、促进本币国际使用和境外流通的重要渠道，也容易形成对本币汇率和资本流动状况的冲击，甚至诱发本国外汇市场和金融市场动荡。布雷顿森林体系后期，针对美元的大规模投机以及美国的资本流动管制便是典型例证。20 世纪 80 年代初，美国通过设立“国际银行设施”（IBF）创造性地实现了离岸金融市场与在岸金融市场的融合发展，从而为进一步巩固美元的国际货币地位创造了良好条件。反观日本，未能有效实现在岸日元金融市场与离岸日元市场的协同发展，成为日元国际化失败的教训之一。

三、币值稳定对于“贸易国家”货币国际化的成败至关重要

“贸易国家”和“金融国家”相比较而言，二者最为显著的区别在于国内金融市场的发育程度、开放程度以及在全球金融体系中的相对重要程度不同。“贸易国家”在保持经常账户平衡或顺差（回笼本币）的背景下，其资本与金融账户需要充当输出本币的媒介，并在本币的循环机制中发挥更为重要的作用。然而，由于“贸易国家”国内金融市场的深度和广度有限，大规模的资本流动往往会对本国金融市场和本币汇率形成冲击，甚至诱发金融体系的动荡。换言之，“贸易国家”的国内金融市场往往难以承担起输出本币流动性和贮存本币流动性的“蓄水池”这一重任，进而导致本币汇率的大幅波动。本币汇率的大幅波动以及由此衍生出来的大量干预外汇市场的措施，往往成为抑制本币国际债券市场发展的重要因素，并对本币的国际化进程产生负面作用。尤其需要指出的是，本币汇率的单边变动（无论是单边的升值还是贬值），都不利于本币国际债券市场的发展和本币国际化进程。例如，20 世纪 80 年代中期至 20 世纪 90 年代初期，日元的快速升值仅仅加速了国内金融资产

的泡沫化，而并未对日元的国际化产生正面作用；而 20 世纪 90 年代后期以来日元汇率的波动特别是由量化宽松货币政策引致的持续走低，极大地限制了非居民持有日元债券资产的意愿，从而使得日元成为主要的套利交易货币而非储备资产计价货币。从日元国际化的教训来看，维持本币币值的稳定是影响“贸易国家”本币国际化成败的重要因素。

四、国内债券市场的改革与开放应与国际债券市场同步

国内债券市场的开放应当是本币环流机制建设的重要一环。从理论上看，国内金融市场的开放是本币充当国际储备资产计价货币的必要条件。一国货币充当全球外汇储备资产计价货币的地位越重要，其国内金融市场的开放程度就应当越高。在极端情况下，如果一国的货币是唯一的国际储备资产计价货币，那么该国的金融市场（包括债券市场）也应当是全球化的，以便于全球投资者配置以该国货币计价的资产。换言之，国内金融市场应当成为吸纳境外本币流动性的最终标的。因此，与本币债券市场的开放相比，外国债券市场和离岸债券市场受规模所限，只适宜在本币环流机制中发挥过渡性或者辅助性的作用，从长远来看，本币真正意义上的国际化必须以本国金融市场的全面开放为依托。美国的经验和日本的教训都表明，国内金融市场尤其是债券市场的开放是本币成为国际储备资产计价货币的必要条件。美元国际货币地位的确立与巩固的过程，既是一个美元离岸债券市场和“扬基债券”市场发展壮大的过程，也是一个美国本土债券市场不断改革和开放的过程。以美国国债市场为例，在 1974—2015 年期间，外国投资者的投资占比由 15% 上升至 48%。在 2008 年全球金融危机爆发前夕，外国投资者持有的美国国债余额占美国国债总额的比重一度高达 61%。发达且开放的美元债券市场成为调节境内外美元流动性的重要渠道。与之形成鲜明对比的，则是规模庞大但改革迟滞且相对封闭的日元债券市场，尤其是日本国债

市场。如前所述，日本国内债券市场政府管制过严和监管不力，是导致日本离岸债券市场和在岸债券市场无序发展的重要原因。一方面，在“主银行制度”以及“企业债券受托制度”等体制性因素的影响下，日本政府始终对包括“武士债券”市场在内的在岸债券市场的发展附加较多的限制条件，日本国内债券市场在发行、交易、结算、监管等方面存在诸多问题，导致非居民和日本本国企业都愿意选择到欧洲债券市场发行日元债券。而蓬勃发展的欧洲日元债券市场不仅没有为日元国际化提供支撑，反而对其国内债券市场产生了明显的竞争替代，进而导致国内债券市场出现边缘化和空心化，影响了日元资金的国际输出及其在国际金融市场的使用。另一方面，日本国内债券市场尤其是国债市场的开放进程相当缓慢，日本国内投资者而非境外投资者始终是日本国债的主要投资群体。国债市场的封闭事实上极大地限制了境外投资者配置日元资产的渠道和方式，与日元成为国际储备资产计价货币这一国际化的初衷显然是背道而驰的。这无疑也是日元国际化失败的主要教训之一。

国际债券作为债券市场的一个重要组成部分，其在各个历史阶段的演进，都与当时的国际金融市场环境以及各国的经济、金融政策环境密切相关。本章首先从三个方面回顾了国际债券市场的发展历程，即外国债券市场的快速发展、欧洲债券市场的出现和赶超以及欧元的产生对国际债券市场的影响，归纳和分析了国际债券市场发展的现状和特点并指出，债券类别结构、发行主体以及发行币种的进一步多元化是目前国际债券市场发展的主要趋势。在此基础上，本章以美国和日本这两个最为典型的国家为例，分析了国际债券市场发展在其本币国际化进程中发挥的重要作用。

美元国际债券市场从 20 世纪中后期开始兴起和迅速发展，并在进入 21 世纪以后保持平稳增长势头。美元国际债券市场的兴起，是美国经济、金融以及国际货币体系等多方面因素共同推动的结果。20 世纪 50 年代以来，欧洲美元债券市场和“扬基债券”市场都经历了起步阶段和快速发展阶段。2008 年的全球金融危机对美元国际债券的影响相对短暂且轻微，金融危机爆发后美元国际债券的恢复相对更快。美国采取的一系列政策推动了美元国际债券市场的发展。首先，“马歇尔计划”促进了欧洲美元市场的诞生。其次，美国金融政策的调整推动了美元国际债券市场的发展。最后，美国的货币政策为美元国际债券市场的发展提供了良好的外部环境。国际债券市场在美元循环机制中具有十分突出的地位。国际债券市场在布雷顿森林体系时期促进了美元的输出，并在布雷顿森林体系解体后继续提高了美元的使用规模和“体外循环”比例。20 世纪 80 年代以来，美国确立了通过经常项目逆差方式向国外输送美元，又通过资本与金融账户顺差推动美元回流的循环机制。在此背景下，美国债券市场的发展和开放为美元回流提供了顺畅的通道，美元国际循环机制逐步形成。2008 年全球金融危机爆发后，美国政府通过量化宽松政策向市场源源不断注入流动性资金，并以美元债券的形式将货币输送至国际市场，再通过美国政府和金融机构举债使美元回流至国内。美元环流方式的改变缓解了美国国内的经济压力，也令美元在国际金融市场的实力得到进一步强化。美元国际债券市场发展对美元国际化的推动作用具体表现在：首先，美元国际债券市场为非居民提供了良好的融资环境，提高了美元的国际流动性。其次，美元国际债券市场具有便利性与规模优势，巩固了美元国际货币的属性。最后，国际债券市场维持了美元币值稳定和经济持续发展，保证了美元储备货币的地位。

日本国际债券市场的发展，既依托于战后日本金融制度的变迁，也与日元国际化进程相互影响、相互促进，呈现出明显的周期性特征和鲜明的日本特色。20 世纪 70 年代以来，“武士债券”和欧洲日元债券市场都经历了萌芽起步阶段、快速发展阶段以及平稳回落阶段。目前，日元国际债券的发行规模停滞不前，甚至出现了倒退的趋势。20世纪80年代以来，日本政府先后放宽并废除外汇管制措施、启动利率自由化并调整资本市场监管政策，以推动日元国际债券市场的发展。日元国际债券市场的发展曾经在日元国际化进程中发挥了积极的作用。然而与美国不同的是，在短暂的正向影响后，日元国际债券市场又成为阻碍日元国际化的负向因素，并最终导致日元国际化的倒退。首先，直接融资体系的不健全阻碍了日元国际化。直接金融体系的不健全抑制了日本产业结构的升级，降低了日本金融市场的吸引力，不利于日元在国际市场上的流通，且在一定程度上导致日元汇率波动，不利于日元发挥国际货币职能。其次，债券市场的不发达是日元循环机制的重要缺陷。主要表现为资本输出规模不足；境外市场使用规模不足；回流渠道不畅；债券市场结构不合理，风险大，影响非居民参与。最后，离岸市场与在岸市场的脱节和无序渗透使日元沦为“再贷款游戏”货币。国内债券市场改革滞后、政府管制过严和监管不力，是导致日本离岸市场和在岸市场无序发展的重要原因。离岸债券市场和在岸债券市场发展的脱节，严重影响了日元资金的国际输出和日元国际化。

从美元和日元国际化的历史进程中不难发现，首先，国际债券市场在本币环流机制中能够发挥重要作用；其次，在岸金融市场与离岸金融市场应保持协同均衡发展；再次，币值稳定对于“贸易国家”货币国际化的成败至关重要；最后，国内债券市场的改革与开放应与国际债券市场同步。

第四章　人民币国际债券市场发展的现状与问题

人民币国际债券市场的发展，既依赖于我国国内债券市场的发展和完善，又受到国际经济和金融环境的影响。近年来，人民币国际债券市场与人民币国际化的步伐相互促进并取得了一定进展，但仍然存在一些问题。本章将在系统分析人民币国际债券市场发展现状的基础上，探讨 SDR 债券市场与人民币国际债券市场之间的关系，并对人民币国际债券市场发展中存在的问题进行分析。

第一节　人民币国际债券市场发展的现状

一、中国债券市场发展的主要特征

中国债券市场始于 1981 年国债发行的恢复。此后经历了从起步到规范、再到迅速发展等阶段，逐渐形成了以银行间债券市场为主、交易所市场为辅以及商业银行柜台市场作为补充的多层次的市场格局。经过 30 多年的发展，中国债券市场在优化社会融资结构、降低企业融资成本、提高资源配置效率以及保障宏观经济有效运行等方面发挥着越来越重要的作用。截至2016年年底，中国债券市场余额达到64.27万亿元[①]，位居全球第三。

当前中国债券市场的发展呈现出以下五个主要特征：

第一，债券融资在社会融资规模[②]中的比重稳步上升。社会融资规模构成可以直观反映实体经济的资金来源构成。在过去10年里，中国债券市场发展势头迅猛，带动了整个社会融资结构的显著改善，企业融资成本大幅下降。从市场规模看，2016年发行的各类债券达到36.57万亿元，为2005年市场总发行规模的8倍（2005年全年总发行规模为4.39万亿元）；债券托管总量达到58.3万亿元，为2005年债券托管总量的8倍（2005年年底债券托管总量为7.22万亿元）。与此同时，二级市场现券交易和回购交易规模持续扩大。2016年银行间现券（124.31万亿元）和回购（601.07万亿元）总成交量达到725.38万亿元。[③]2005年年底至2016年11月，贷款占社会融资规模的比重从89.7%下降至83.31%，其中2010年年底下降幅度最大，降为69.20%；同期债券占社会融资规模的比重从6.7%上升至19.35%，债券市场成为除银行贷款外实体经济获得资金的第二大渠道（参见图4–1）。同时，非金融企业股票和债券融资的增加拉动了直接融资占比的上升，2016年直接融资占社会融资规模的比重为26.56%，较2005年上升了18.76个百分点。[④]由于企业通过发债融资的成本要比通过贷款融资的成本低，因此发行债券成为企业降低融资成本的有效手段（参见图4–2）。

第二，银行间市场占主导，交易所市场发展提速。银行间市场是

① 数据来源：WIND数据库。

② 社会融资规模是指实体经济（境内非金融企业和住户）从金融体系获得的资金。其中增量指标是指一定时期内（每月、每季或每年）获得的资金额；存量指标是指一定时期末（月末、季末或年末）获得的资金余额。

③ 数据来源：WIND数据库。

④ 数据来源：中国人民银行《货币政策执行报告》2017年第1期。

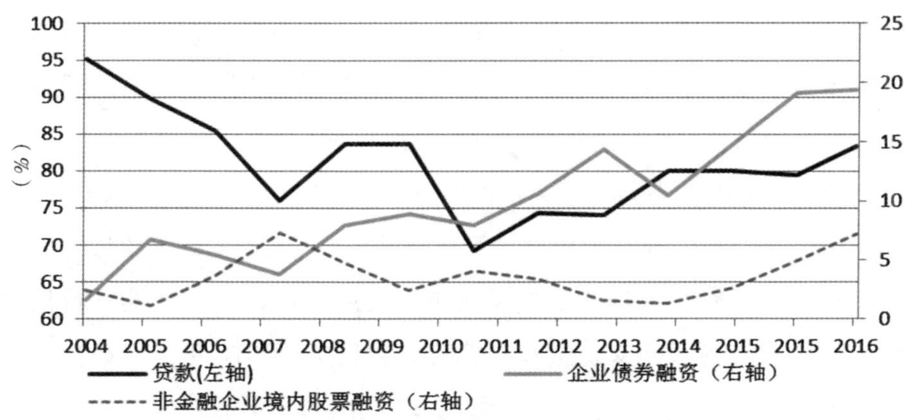

图 4–1　中国社会融资存量中贷款、企业债券与股票的占比

数据来源：WIND 数据库。

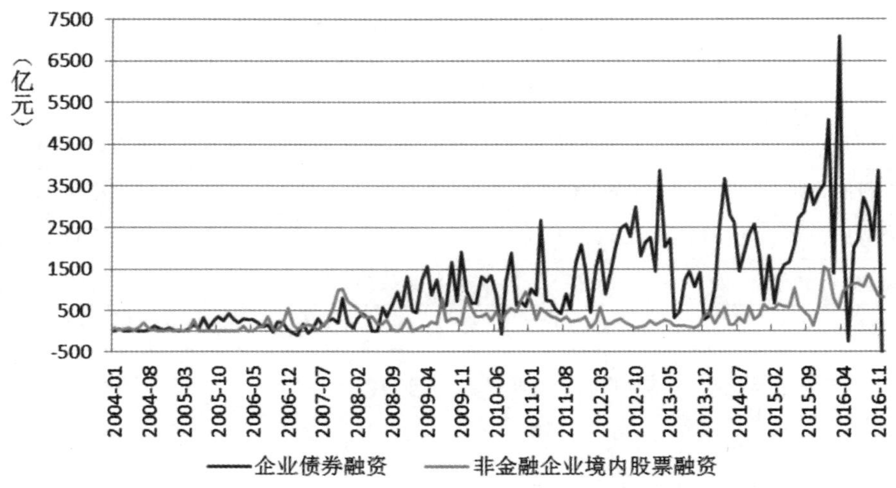

图 4–2　中国非金融企业的债券融资和股票融资增量

数据来源：WIND 数据库。

中国债券市场发行、交易和托管的主体，集中了众多活跃的机构投资者，市场规模庞大。截至 2016 年年底，银行间市场的债券发行额占各市场总发行额的比重达到 87.56%，债券托管余额占市场总托管余额的比重达到 95.5%，债券交易规模在整个市场的占比达到 77.94%，均占据主导地位。在债券存量和流量方面，银行间市场的规模大约分别为交易所市场的 32.5 倍和 3.53 倍。① 银行间市场在产品发行效率、产品创新、投资者培育以及监管体制等方面也都具有一定的领先优势。在交易所市场发展方面，中国证监会积极推进公司债的市场化改革，2015 年 1 月发布的《公司债券发行与交易管理办法》，简化了发行审核流程，实施投资者分类管理，推动了交易所市场发展提速，公司债券发行量攀升，交易所市场回购交易量和托管量大幅增加。2016 年，公司债券发行 2.78 万亿元，为 2015 年发行量的 2.67 倍（2015 年公司债券发行量为 1.04 万亿元）；交易所市场债券交易量为 232.51 万亿元，比 2015 年增长 83.46%，在整个债券市场的占比为 22.06%（参见表 4–1）。

表 4–1　2016 年中国债券市场整体交易情况

交易场所	2015 年		2016 年	
	金额（亿元）	占比（%）	金额（亿元）	占比（%）
银行间市场	5892261.27	82.297	8213645.09	77.937
交易所市场	1267318.61	17.701	2325066.75	22.062
商业银行柜台市场	109.28	0.002	87.57	0.001
合计	7159689.17	100	10538799.40	100

注：包括现券交易、质押式回购、买断式回购、同业拆借。
数据来源：WIND 数据库。

第三，债券市场产品种类日渐丰富。随着国内经济结构调整的推进以及新兴产业和新业态的迅速成长，各类融资主体的融资需求旺盛，从而带动债券市场的产品种类不断丰富和完善。2016 年，各类债券发行量达到 36.57 万亿元，比 2015 年增加 13.7 万亿元（2015 年为 22.87 万亿元）。从具体的发行结构看，政府债券发行量大幅增长，金融债券

① 数据来源：WIND 数据库。

发行量增长迅速，公司信用类债券发行量显著提高。截至2016年年底，国内债券市场存量达到64.27万亿元，比2015年增长32.43%，其中政府债券、金融债券、公司信用类债券存量占比分别为35.19%、25.43%和39.38%。债券市场品种多样化趋势明显，一般性金融债券、商业银行次级债以及混合资本债等产品的开发丰富了债券市场的信用层次；信贷资产证券化的推行缓解了商业银行资产负债期限不匹配的矛盾，提高了银行资产的流动性；债券远期、利率互换等衍生类金融工具的创新，使投资者套期保值的需求得到满足，大大提高了中国债券市场的容量和流动性。

第四，债券市场参与主体日益多元化。在境内参与主体方面，截至2016年年底，商业银行占银行间债券市场投资者总数的6.7%，债券持有比重占62.8%，这表明作为直接融资体系重要组成部分的债券市场，在中国仍然具有一定的间接融资的印记。同时，近年来债券投资者分散化趋势开始显现，基金、保险机构、特别结算会员、交易所、信用社、个人投资者、境外机构、证券公司、非银行金融机构持有的债券比重明显提高，表明目前中国银行间债券市场已发展成为以机构投资者为主导的债券市场。在境外参与主体方面，除了最初的QFII和RQFII获准进入银行间债券市场外，批准入市的境外机构范围已拓展到境外央行及货币当局、国际金融机构、主权财富基金、人民币业务清算行、跨境贸易人民币结算行以及境外保险机构等，这标志着中国债券市场的开放步伐日益加快，市场交易自主性不断增强，市场参与主体也更加多元化。

第五，债券市场的国际地位不断提高，但是与发达市场相比仍存在明显的差距。随着中国国际地位和金融市场开放程度的提高，人民币国际债券市场取得了令人瞩目的成果，极大地提高了中国债券市场的国际地位和影响力。中国债券市场是仅次于美国、日本的全球第三大债券市场。目前“熊猫债券”发行主体已拓展至境外主权国家、金融机构以及境外非金融企业等，发行规模自2014年起急剧扩大。离岸人民币债券市场自2011年起迅速崛起，已发展成为人民币离岸市场的一大亮点。同时，中国企业也加快了“走出去”的步伐，在境外发行债券的笔数和金额都大幅增加（参见图4–3）。但是，中国债券市场与发达国家相比，仍处于相对落后阶段，债券市场发展与中国实体经济发展的需求之间仍存在明显差距。2015年，中国债券余额与GDP之比为71.32%，而美国约为206.02%，日本为270.86%。中国债券市场总规模大致相当于美国债券市场总规模的20%和日本债券市场总规模的70%。① 中国的公司信用债券的规模大约为美国的1/5和日本的2倍（日本的债券市场主要以国债为主）。② 中国债券市场未来的发展空间十分巨大。

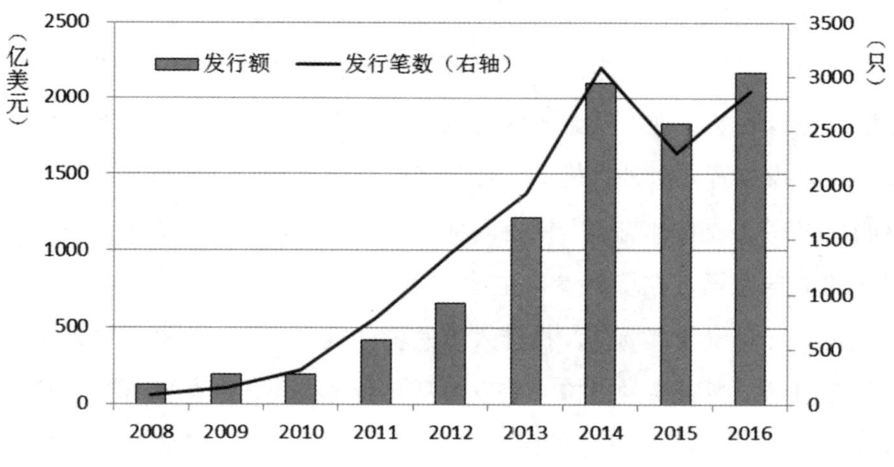

图4–3 中国企业境外债券发行情况

数据来源：Bloomberg数据库。

---

① 数据来源：国际清算银行债券统计数据库。

② 参见潘功胜：《中国债券市场的改革与发展》，和讯网2015年12月21日。另有些数据为作者计算所得：美国统计口径包括所有企业债券，数据来源于美国财政部，约为12.37万亿美元；中国包括公司债、企业债、中期票据、可转债等，数据来源于WIND，约为15.37万亿人民币；日本包括普通公司债、可转债和资产担保型公司债，数据来源于日本证券交易商协会，约为160.18万亿日元。

二、“熊猫债券”市场发展的原因

“熊猫债券”作为最早的人民币国际债券，是指境外发行人在中国境内发行的以人民币为计价货币的债券。“熊猫债券”与美国的“扬基债券”、日本的“武士债券”和英国的“猛犬债券”等都属于外国债券。

中国最早的“熊猫债券”是由国际金融公司（IFC）和亚洲开发银行（ADB）于2005年10月在中国银行间债券市场分别发行的11.3亿元和10亿元的10年期债券。此后，由于中国债券市场的环境不够完善，市场开放性有限，境外机构筹集资金的用途受到严格管制，“熊猫债券”的发展极其缓慢，发行方只限于国际开发机构和外资银行。2014年3月，德国戴姆勒公司在中国银行间债券市场发行首期5亿元“熊猫债券”，是首家在中国发行“熊猫债券”的境外非金融企业。

自2015年起，“熊猫债券”的发行量呈井喷式增长，发行主体由国际开发机构拓展到国际商业银行（如汇丰银行、渣打银行以及中国银行在香港的子公司即“中银香港”等）、外国中央政府及外国地方政府（如韩国、加拿大、波兰等）和境外非金融企业（如宝龙地产、碧桂园等），发行地点也由银行间市场拓展至交易所市场。根据WIND资讯数据，从2005年第一笔“熊猫债券”发行至2016年年底，境外发行人在中国境内累计发行“熊猫债券”82笔，合计规模1480.4亿元，其中2015年9月至2016年年底累计发行75笔，合计规模1390.4亿元，分别占总发行笔数和总发行规模的91.46%和93.92%（参见图4–4）。2016年，“熊猫债券”的发行量首次超过了“点心债”的发行量。①

“熊猫债券”发行在最近两年大幅增长的原因，主要有以下三个方面：

① 参见《华尔街日报》2016年10月16日。

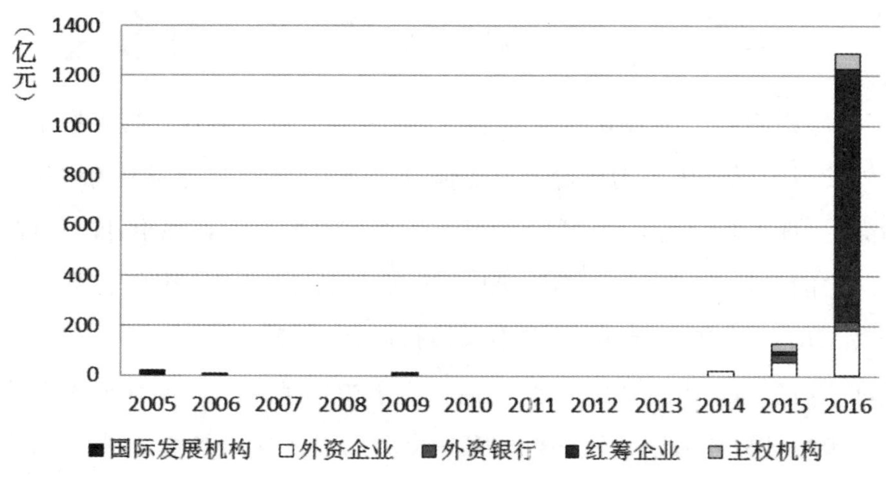

图 4-4 “熊猫债券”发行情况

注：红筹企业是指在香港上市并由中资企业直接控制或持有三成半股权以上的上市公司。
数据来源：WIND 数据库。

第一，相关政策的推动。2005 年 2 月，中国人民银行和财政部、发改委、证监会联合发布了《国际开发机构人民币债券发行管理暂行办法》，对“熊猫债券”的资金使用作出规定。2010 年 9 月，中国人民银行等相关机构对该办法进行了修订：进一步明确了各监管部门的监管职责；允许发行人经外管局批准，将发行人民币债券所筹集的资金购汇汇出境外使用；允许发行人从境外调入人民币资金用于人民币债券还本付息。2013 年以后，中国人民银行又陆续出台多项政策，逐步开放吸引更多境外主体参与国内市场人民币债券发行；允许境外机构一次足额发行或限额内分期发行；允许采用私募方式发行；明确允许发行“熊猫债券”所募集的资金可以在跨境人民币结算项下汇出境外使用等。这些政策不断优化了“熊猫债券”市场的制度环境，对于简便“熊猫债券”发行程序、推动境外发行人合理配置资金和提高资金使用效率，都起到了积极作用。

第二，境内外利率和汇率等市场因素的推动。在利率方面，从全球金融市场看，2015 年以来，日本、英国、欧元区等经济体的中央银行继续实施货币宽松政策，导致这些国家的政府债券收益率持续走低，部分发达经济体的国债收益率甚至降为负值（即“负利率”）（参见图 4–5）。比较而言，新兴经济体国家的国债收益率相对较高，结果导致许多投资者为追求较高的资本收益转向新兴市场国家，使得多个新兴市场国家的主权债券发行规模大幅增加（参见图 4–6）。

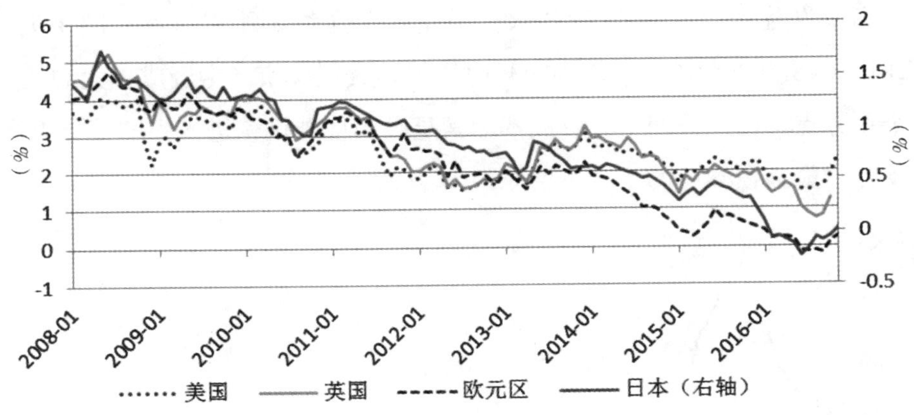

图 4–5　主要发达国家 10 年期国债收益率

数据来源：WIND 数据库。

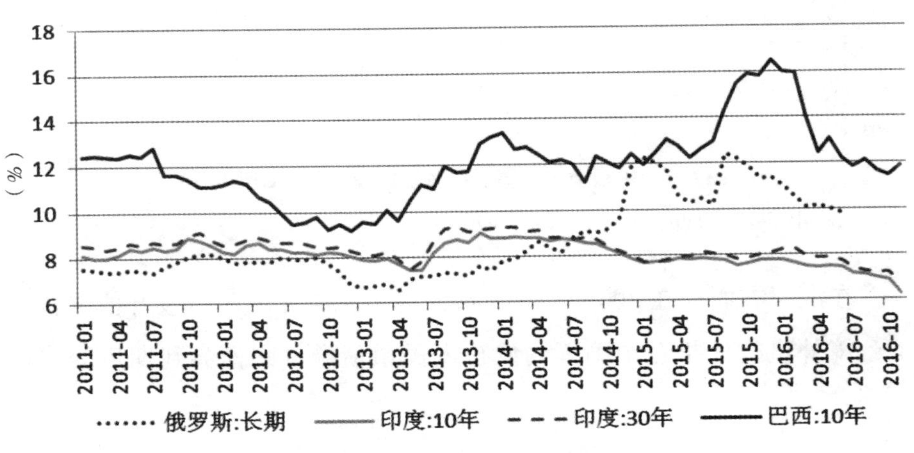

图 4–6　部分新兴市场国家长期国债利率走势

数据来源：WIND 数据库。

从中国市场看，随着2014年以来中国国内市场条件向降低融资成本方向转变，特别是中国境内整体利率持续下行，在中国境内发行人民币“熊猫债券”的融资成本优势更加明显。根据中国银行发布的中银境内外债券投融资比较指数（CIFED）[①]（指数为正表示在岸信用债收益率高于离岸信用债收益率，数值越大，利差越大；反之，指数为负则表示在岸收益率低于离岸收益率）。自2014年10月起，在岸收益率持续低于离岸收益率，即在岸 / 离岸人民币债券收益率“倒挂”（参见图4–7）。2015年8月以后，中国境内市场融资成本较境外市场融资成本大约低1个百分点，由此证明了融资成本因素是吸引境外机构进入中国债券市场发行“熊猫债券”的一个重要原因。

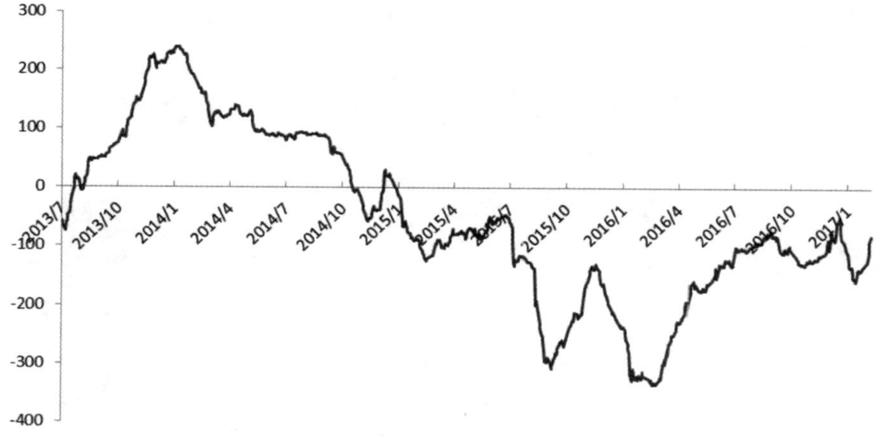

图4–7 中银境内外债券投融资比较指数（CIFED）

数据来源：中国银行（http：//www.boc.cn/aboutboc/bi1/）。

在汇率方面，在2005—2013年人民币兑美元汇率持续升值的背景下，境外机构如果在中国境内发行人民币债券，则债券到期后需要使

① 中银境内外债券投融资比较指数（BOC CIFED）由中国银行研发，于2015年3月19日正式对外发布，是全球市场首个反映在岸、离岸信用债收益率差的指数。

用更多的美元偿还，因此发行人民币债券的吸引力并不大。相反，从2014年开始，人民币兑美元汇率进入贬值通道，特别是2015年“8·11汇改”后人民币的贬值预期有所加强。在这种情况下，境外机构如果选择在中国境内发行人民币债券，则债券到期后可以用更少的美元来偿还，相当于变相地降低了融资成本。由此可见，汇率因素也是导致2015年下半年以来“熊猫债券”发行量增加的一个重要原因。

第三，政治因素和外交因素的推动。2016年，人民币正式加入国际货币基金组织特别提款权（SDR）货币篮子，人民币国际化稳步推进，中国金融市场的影响力稳步提升。在此背景下，一些主权国家（如加拿大、波兰等）希望通过在中国境内发行“熊猫债券”的机会，进入中国这个庞大的债券市场，从而一方面分享中国经济成长和人民币国际化带来的市场机会，另一方面也具有一定的政治和外交意义，可以为今后进一步加强与中国政府和有关机构的合作奠定基础。

展望未来，随着中国债券市场开放性的不断提高，预计“熊猫债券”市场发展前景良好。特别是“一带一路”战略的推进、亚洲基础设施投资银行及金砖银行计划的实施、上海国际金融中心的建设等，都将使“熊猫债券”的发行主体和市场规模进一步扩大。“熊猫债券”市场的发展，有助于为国际金融市场提供更加广阔的人民币融资渠道，也将为国内投资者提供更加多样化的债券产品。同时，“熊猫债券”市场作为人民币在国际金融市场上得到重要应用的体现，将在继续推进人民币国际化进程中发挥重要作用。

三、离岸人民币债券市场的发展

（一）香港离岸人民币债券市场

香港离岸人民币债券市场始于2007年7月国家开发银行在香港发行的首笔人民币债券。2009年，人民币跨境贸易结算在香港启动，香港逐渐发展成为全球最重要的人民币离岸金融中心，香港离岸人民币债券市场也取得了长足发展。

香港离岸金融市场的快速发展，既与2008年全球金融危机后国际货币体系改革呼声高涨、人民币国际化稳步推进以及香港市场对人民币业务需求增加等因素有关，也与中国内地和香港监管部门出台的一系列促进香港离岸金融（债券）市场发展的政策措施有关（参见表4–2）。

表4–2 香港离岸人民币债券市场政策演变汇总

日 期	公 告	内 容
2007年1月14日	中国人民银行发布《扩大为香港银行办理人民币业务提供平盘及清算安排的范围》（中国人民银行公告［2007］第3号）	首次规定境内金融机构经批准可在香港发行离岸人民币债券。
2007年6月8日	中国人民银行、国家发展和改革委员会发布《境内金融机构赴香港特别行政区发行人民币债券管理暂行办法》（［2007］第12号）	从发行主体、发行条件、监管部门以及募集资金调回等方面，对境内金融机构在香港发行人民币债券作出具体规定，香港人民币债券正式推出。
2008年12月8日	国务院办公厅发布《关于当前金融促进经济发展的若干意见》（国办发［2008］126号）	明确允许在内地有较多业务的香港企业或金融机构在香港发行人民币债券。
2010年2月11日	香港金融管理局发布《香港人民币业务的监管原则及操作安排的诠释》	明确在香港发行人民币债券，应首先遵守境内有关法律法规，在香港市场上市交易，则可按照香港的法规和市场因素来决定。
2010年7月19日	中国人民银行和香港金融管理局签署《清算协议补充合作备忘录》	香港金融管理局向各类人民币计价产品全面开放市场。港资银行中央结算系统同时建立。
2010年8月16日	中国人民银行《关于境外人民币清算行等三类机构运用人民币投资银行间债券市场试点有关事宜的通知》（银发［2010］217号）	允许香港人民币业务清算行等香港境外机构进入内地银行间债券市场试点投资，扩宽境外人民币的投资渠道。

日　期	公　告	内　容
2010 年 11 月 23 日	财政部、香港金融管理局签署《关于使用债务工具中央结算系统发行人民币国债的合作备忘录》	人民币国债通过金管局提供的债务工具中央结算系统（CMU）债券投标平台招标发行，拓宽人民币国债的发行渠道，优化人民币国债发行方式和环境。
2011 年 1 月 6 日	中国人民银行《境外直接投资人民币结算试点管理办法》（中国人民银行公告［2011］第 1 号）	规定凡获准开展境外直接投资的境内企业，都可以用人民币进行境外直接投资。内地银行的香港分行或代理银行，可以从内地取得人民币资金，向进行投资的企业发放人民币贷款。
2011 年 3 月	国务院《国民经济和社会发展第十二个五年规划纲要》港澳专章	强调支持香港发展成为离岸人民币业务中心和国际资产管理中心。
2011 年 4 月 7 日	国家外汇管理局综合司发布《关于规范跨境人民币资本项目业务操作有关问题的通知》（汇综发［2011］38 号）	要求跨境资本项目人民币结算由外汇管理局进行审批。
2011 年 6 月 25 日	中国人民银行《关于明确跨境人民币业务相关问题的通知》（银发［2011］145 号）	外商直接投资人民币业务（FDI）试点指引正式出台，境外人民币回流政策开始透明化。
2011 年 10 月 14 日	商务部《关于跨境人民币直接投资有关问题的通知》（商资函［2011］第 889 号） 中国人民银行《外商直接投资人民币结算业务管理办法》（中国人民银行公告［2011］第 23 号）	明确境外投资者（含港澳台投资者）可以合法获得境外人民币依法开展直接投资活动，跨境人民币开展直接投资活动破冰。 废止原有境外人民币境内直接投资需要中国人民银行事先核准的程序，改为要求外商投资企业在领取营业执照之后，到注册地中国人民银行分支机构申请办理企业信息登记。
2011 年 12 月 16 日	中国证券监督管理委员会《基金管理公司、证券公司人民币合格境外机构投资者境内证券投资试点办法》（证监会令第 76 号）	允许符合一定资格条件的基金管理公司和证券公司的香港子公司作为试点机构，运用其在香港募集人民币资金，在经批准的人民币投资额度内开展境内证券投资业务（RQFII）。
2012 年 5 月 9 日	国家发展与改革委员会《关于境内非金融机构赴香港特别行政区发行人民币债券有关事项的通知》（发改外资［2012］1162 号）	正式规范了境内非金融机构赴香港发行人民币债券的规则和流程，对境内非金融机构赴香港发行人民币债券提供了法律依据。

日 期	公 告	内 容
2013 年 7 月 10 日	中国人民银行《关于简化跨境人民币业务流程和完善有关政策的通知》	中国内地银行可开展跨境人民币贸易融资资产跨境转让业务、境内非金融机构人民币境外放款业务、境内非金融机构境外发行人民币债券。规定非金融机构境外发行人民币债券，可直接在银行申请开立人民币专用存款账户，用于从境外汇入发债募集的人民币资金及偿还汇出。
2014 年 11 月 6 日	中国人民银行《关于人民币合格境内机构投资者境外证券投资有关事项的通知》	规定人民币合格投资者可以自有人民币资金募集境内机构和个人人民币资金，投资于境外金融市场的人民币计价产品。
2015 年 2 月 27 日	中国人民银行上海总部发布《中国（上海）自由贸易试验区分账核算业务境外融资与跨境资金流动宏观审慎管理实施细则（试行）》	全面放开本、外币境外融资，取消境外融资的前置审批，在资本账户开放与管理方面进行了有益的探索。

资料来源：中国人民银行、香港金融管理局。

表 4–3 香港离岸人民币债券发展里程碑事件

日 期	事 件
2007 年 7 月	国家开发银行在香港发行第一笔人民币债券，并成功募集 50 亿元人民币
2007 年 9 月	中国银行成为首家境内商业银行发行人
2009 年 2 月	香港财政司公布“政府债权计划”
2009 年 6 月	东亚银行、香港上海汇丰银行有限公司发行离岸人民币债券
2009 年 9 月	财政部首次在香港发行 60 亿元人民币国债，是首笔在内地以外发行人民币计价的主权债券
2010 年 8 月	麦当劳作为第一个跨国企业发行人发行债券
2010 年 10 月	中国人民银行允许外国银行与一切在华法人银行进行人民币清算
2010 年 10 月	亚洲开发银行成为第一个国际组织发行人
2010 年 12 月	俄罗斯外贸银行作为第一个非亚洲新兴市场国家发行人发行债券
2010 年 12 月	银河娱乐集团有限公司成为第一个高收益债券发行人

日　期	事　件
2011 年 10 月	香港交易及结算所正式推出“认证港币交易通”
2011 年 10 月	宝钢集团有限公司成为首个境内非金融企业赴香港发债
2013 年 6 月	首笔离岸人民币债券 ETF 在香港推出

资料来源：根据中国人民银行、香港金融管理局等公开资料汇总。

自 2011 年起，香港离岸人民币债券市场步入快速发展阶段，发行主体日渐增多，发行量和存量规模不断扩大，香港由此成为全球最大的离岸人民币债券市场。2014 年，香港离岸人民币债券市场发展进入高峰，全年债券发行总额达到 2018 亿元人民币，为之前 3 年平均发行量的两倍。截至 2014 年年底，香港离岸人民币债券未偿余额达到 3800 亿元，市场产品种类日益增加，利率期限结构不断完善，流动性显著增强，市场的深度和广度不断拓展（参见图 4–8）。

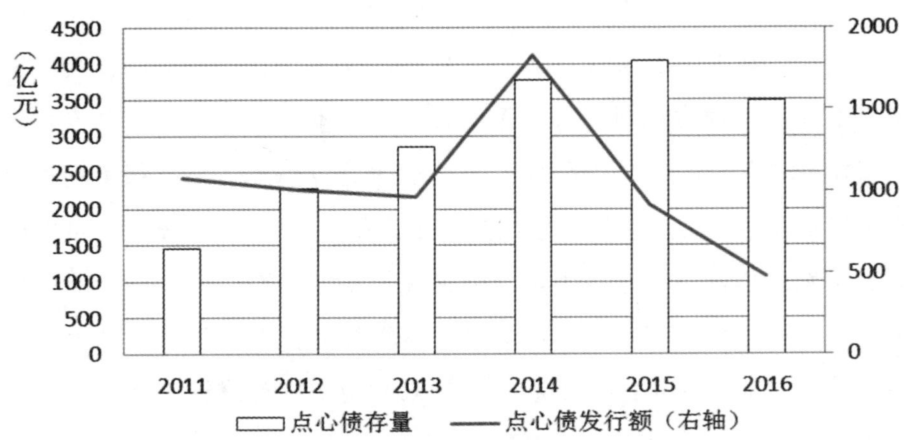

图 4–8　香港离岸人民币债券余额及发行量

数据来源：WIND 数据库。

（二）英国、法国、美国和日本的离岸人民币债券市场

在香港离岸人民币市场迅速发展的同时，越来越多的国家和地区

建立了人民币清算系统，离岸人民币业务迅速发展。2012 年 4 月，汇丰银行在伦敦发行人民币债券，成为在中国主权领土之外发行的第一笔人民币计价债券。此后，离岸人民币债券市场呈现出多地开花的景象，中国台湾、新加坡先后发行“宝岛债”、“狮城债”，德国、法国发行“歌德债”、“凯旋债”。离岸人民币债券市场的不断扩容，标志着人民币在国际市场上的接受度和影响力越来越大，不仅满足了境外投资者投资人民币资产的需求，扩大了人民币在国际上流通和使用的范围，而且也标志着人民币国际化在世界多地取得了重要发展。

英国早在 2011 年就已经开展人民币国际化业务。伦敦作为全球重要的外汇交易中心，近年来其人民币外汇交易量迅速增长，并始终位于全球前列。2014 年，伦敦日均人民币外汇交易量达到 615 亿美元（2013 年为 253 亿美元，2012 年为 168 亿美元），其中即期交易占全球 2/3 的市场份额，远期、掉期和期权交易分别占 56%、42% 和 20% 的市场份额。① 伦敦在离岸人民币债券市场的市场份额相对较小，如 2013 年占全部离岸市场人民币债券的比重仅为 2%。究其原因，一方面，欧洲投资者对人民币债券相对不够熟悉，投资信心不足，导致发债主体大多选择在香港市场发行人民币债券；另一方面，人民币债券二级市场和回购市场不发达，缺乏流动性，加之伦敦市场人民币资金存量少，难以形成价格发现机制，缺乏可供参考的人民币基准利率曲线，这些都影响了伦敦离岸市场人民币债券的发展。尽管如此，英国政府高度重视人民币国际化业务在英国的发展，近年来的历次中英财经对话中都涉及两国在这方面的合作。截至 2016 年 9 月 30 日，英国人民币存款余额（含存款证）为 85.57 亿英镑，较年初大幅增长 66.9%（以人民币计价则增长 49.8%）；人民币公司贷款余额 40.69 亿英镑，较年初增长 237%；

---

① 引自伦敦金融城 2015 年 6 月报告（http：//www.cityoflondon.gov.uk/business/pages./default.aspx）。

2016年第三季度，人民币日均外汇交易额为512.4亿英镑，同比略下滑0.8%。2016年英国的人民币业务逆势上升，与中英关系良好发展的护航作用、伦敦大力吸引人民币业务的积极举措等密不可分。有理由相信，伦敦作为全球重要的债券市场，未来其离岸人民币债券市场的发展将具有非常大的潜力。

法国巴黎作为欧洲传统的金融中心，对于建设离岸人民币中心同样抱有非常积极的态度，巴黎因此成为欧元区人民币国际化业务发展最快的城市。根据环球银行间金融电信协会（SWIFT）的统计，目前超过40%的中法间的支付是以人民币结算，该比重远远高于英国、德国、卢森堡等国。法国在人民币债券发行方面也走在前列，法国企业和金融机构一直是离岸人民币债券积极的发行主体之一，很多企业位于单笔发债规模排名的前列。即使在2015年离岸人民币债券市场发展有所减速的情况下，法国的很多企业和银行在离岸人民币债券市场上仍然非常活跃。

美国的离岸人民币市场起步较晚（2015年开始发展）。根据彭博人民币工作组的问卷调查，2015年美国的人民币存款仅约为13.08亿元。根据SWIFT 2016年8月的统计数据，人民币在美国和中国内地、中国香港支付交易中的占比仅为2.8%。目前纽约证券交易所虽然上市了包括人民币债券、A股和中国RQFII项下的产品，但品种不够丰富，交易也不够活跃。尽管如此，2016年美国离岸市场的人民币业务还是取得了较好发展，包括首次授予美国RQFII额度2500亿元，为开拓美国离岸人民币海外使用和回流创造了条件；中国外汇交易中心（CFETS）在纽约建立人民币对其他货币的电子竞标系统，为银行间借贷和债券交易等提供基础性服务；指定中国银行纽约分行为美国地区人民币清算行等。未来，随着中美两国之间贸易和投资往来的进一步发展，美国的离岸人民币债券市场有望得到进一步发展。

日本的人民币业务与其他国家和地区相比都处于发展缓慢的阶段。2015年12月，人民币在中国与日本双边支付份额中仅占7%，远远低于中日双边贸易的规模。日本尚未与我国建立人民币清算安排，没有指定人民币清算行。在日本离岸人民币业务中，存贷款与汇款业务基本开通，但金融交易产品种类少，仅有外汇衍生品兑换预约业务等。日本的人民币债券（即“富士山债券”）于2015年6月起步，当月三菱东京UFJ银行发行了首笔3.5亿元以人民币计价的公司债券，随后瑞穗实业银行发行了2.5亿元人民币上市债。2016年10月，中国工商银行东京分行发行了5亿元人民币债券，成为在日本发行上市人民币债券的第一家中资银行。目前，日本人民币债券市场发展总体进展缓慢，业务规模较小，未来的发展空间很大。

四、人民币债券市场的对外开放

“熊猫债券”和离岸人民币债券主要是从发行者的视角考察人民币国际债券市场一级市场的发展，而人民币债券市场的对外开放，则主要是从境外投资者的视角来考察人民币国际债券市场二级市场的发展。

人民币债券市场的对外开放具有明显的政策推动效应。具有标志性意义的政策主要包括：2002年11月5日，中国人民银行和中国证监会发布《合格境外投资者境内证券投资管理暂行办法》，开始实施QFII制度，打开了境外机构投资者投资中国国债、企业债券以及可转换公司债券等部分交易所债券品种的大门。2006年8月24日，中国证监会、中国人民银行以及国家外汇管理局发布《合格境外机构投资者境内证券投资管理办法》，允许合格境外投资者在经批准的投资额度内，可以投资于中国证监会批准的人民币金融工具。2011年12月16日，中国证监会、中国人民银行以及国家外汇管理局发布《基金管理公司、证券公司人民币合格境外机构投资者境内证券投资试点办法》，允许符合条件的境内基金管理公司和证券公司香港子公司可以运用其在香港募集的人民币资金开展境内证券投资业务，开始实施 RQFII 制度。2013 年 3 月 15 日，中国人民银行发布了《关于合格境外机构投资者投资银行间债券市场有关事项的通知》，QFII 正式进入中国银行间债券市场。至此，涉及 QFII 和 RQFII 的制度框架逐步完善，国内债券市场和股票市场一起，成为境外投资者在中国境内进行债券投资的重要标的。

自 2015 年起，中国债券市场对外开放进入全面加速阶段。2015 年 5 月，包括汇丰银行、摩根士丹利和法国巴黎银行在内的超过 30 家境外金融机构获准进入境内银行间债券市场。2015 年 6 月，中国人民银行允许境外人民币清算行和境外参加行开展债券回购交易，且回购资金可调出境外使用，为海外投资者在在岸市场融资提供了有利条件。2015 年 7 月，中国人民银行取消了对境外央行、国际金融组织和主权财富基金等机构在国内银行间债券市场的额度限制，扩大其投资范围，并将审核制改为备案制。2016 年 2 月，中国人民银行向境外机构投资者开放银行间债券市场，大幅简化管理流程，并取消了境外机构投资者投资银行间债券市场的额度限制，推动中国债券市场对外开放又迈出具有重要意义的一步。2017 年 2 月，国家外汇管理局发布《国家外汇管理局关于银行间债券市场境外机构投资者外汇风险管理有关问题的通知》，规定银行间债券市场境外机构投资者可以在具备资格的境内金融机构办理人民币对外汇衍生品业务，但必须遵守实需交易原则（参见表 4–4）。

表 4–4 中国债券市场对外开放政策梳理

时间	政策名称	政策内容
2002 年 11 月 5 日	中国人民银行、中国证监会联合发布《合格境外机构投资者境内证券投资管理暂行办法》	境外机构投资者经过证监会和外汇管理局批准可投资交易所市场，包括国债、企业债、可转债等部分交易所债券品种，QFII 制度实施。

时间	政策名称	政策内容
2006 年 8 月 24 日	中国证监会、中国人民银行、国家外汇管理局联合发布《合格境外机构投资者境内证券投资管理办法》	合格境外投资者在经批准的投资额度内，可投资于中国证监会批准的人民币金融工具。
2007 年 6 月 8 日	中国人民银行、国家发展改革委联合发布《境内金融机构赴香港特别行政区发行人民币债券管理暂行办法》	境内政策性银行和商业银行经批准可在香港发行人民币债券。
2008 年 12 月 8 日	《国务院办公厅关于当前金融促进经济发展的若干意见》	允许在内地有较多业务的香港企业或金融机构在香港发行人民币债券。
2010 年 8 月 16 日	中国人民银行发布《关于境外人民币清算行等三类机构运用人民币投资银行间债券市场试点有关事宜的通知》	允许境外中央银行或货币当局、港澳人民币业务清算行和跨境贸易人民币结算境外参加银行使用依法获得的人民币资金投资中国银行间债券市场。
2011 年 12 月 16 日	中国证监会、中国人民银行、国家外汇管理局联合发布《基金管理公司、证券公司人民币合格境外机构投资者境内证券投资试点办法》	符合一定条件的境内基金管理公司和证券公司香港子公司可运用其在香港募集的人民币资金在经批准的投资额度内开展境内证券投资业务，RQFII 制度开始实行。
2012 年 5 月 2 日	《国家发展改革委关于境内非金融机构赴香港特别行政区发行人民币债券有关事项的通知》	对内地非金融机构赴香港发行人民币债券作出具体规定。
2013 年 3 月 6 日	中国证监会、中国人民银行、国家外汇管理局联合发布《人民币合格境外机构投资者境内证券投资试点办法》	人民币合格境外机构投资者 RQFII 可申请进入银行间债券市场投资人民币金融工具，包括银行间债券市场交易的固定收益产品等。
2013 年 3 月 6 日	中国证监会发布《关于实施〈人民币合格境外机构投资者境内证券投资试点办法〉的规定》	修订 RQFII 试点办法，扩大试点机构范围，放宽投资范围限制。
2013 年 3 月 15 日	中国人民银行发布《关于合格境外机构投资者投资银行间债券市场有关事项的通知》	QFII 正式进入中国银行间债券市场。
2014 年 11 月 5 日	中国人民银行发布《关于人民币合格境内机构投资者境外证券投资有关事项的通知》	合格境内机构投资者可以运用自有人民币资金或募集境内机构和个人的人民币资金投资境外金融市场的人民币计价产品。

时间	政策名称	政策内容
2015 年 5 月 28 日	中国人民银行发布《关于境外人民币业务清算行、境外参加银行开展银行间债券市场债券回购交易的通知》	已获准进入银行间债券市场的境外人民币清算行和境外参加行可开展债券回购交易。
2015 年 7 月 14 日	中国人民银行发布《关于境外央行、国际金融组织、主权财富基金运用人民币投资银行间市场有关事宜的通知》	境外央行、国际金融组织、主权财富基金申请程序简化为备案制，备案完成后即可在银行间市场开展债券现券、债券回购、债券借贷、债券远期以及利率互换、远期利率协议等其他经中国人民银行许可的交易，不再受额度限制。
2016 年 4 月 27 日	中国人民银行发布《关于进一步做好合格机构投资者进入银行间债券市场有关事项的公告》	符合条件的境外机构投资者通过银行间市场结算代理人完成备案、开户等手续后，即可成为银行间债券市场的参与者，取消境外机构投资者投资中国银行间债券市场的额度限制，进一步简化管理流程。
2017 年 2 月 27 日	国家外汇管理局发布《国家外汇管理局关于银行间债券市场境外机构投资者外汇风险管理有关问题的通知》	银行间债券市场境外机构投资者可以在具备资格的境内金融机构办理人民币对外汇衍生品业务，需遵守实需交易原则。

资料来源：根据中国人民银行等公开资料汇总。

从政策效果看，中国债券市场对外开放所取得的积极进展主要表现为以下三个方面：

第一，获准投资银行间债券市场的境外机构数量大幅增加。截至2016 年年末，共有 403 家境外机构获准进入银行间债券市场，其中包括 46 家境外央行或货币当局、7 家国际金融机构、3 家主权财富基金、12 家境外人民币业务清算行、100 家境外参加银行、23 家境外保险机构、177 家合格境外机构投资者（RQFII）、31 家合格境外机构投资者（QFII）和 4 家其他类型机构（参见图 4–9）。[①] 自 2015 年以来，境外机构审批

① 数据来源：中国国家外汇管理局。

入市的速度显著加快，机构数量和 RQFII/ QFII 批准额度均保持快速增长（参见图 4–10）。

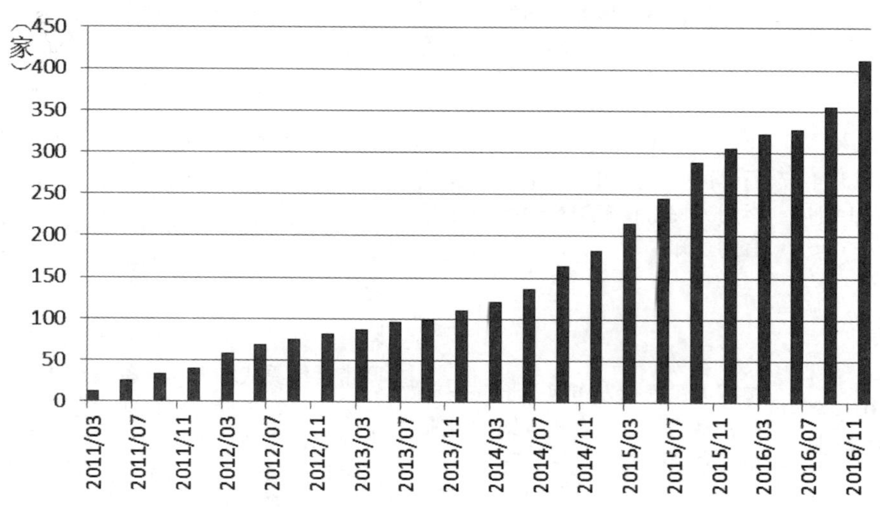

图 4–9　境外机构在银行间债券市场开户数量

数据来源：中国债券信息网（http：//www.chinabond.com.cn/dzs/cbData.html）。

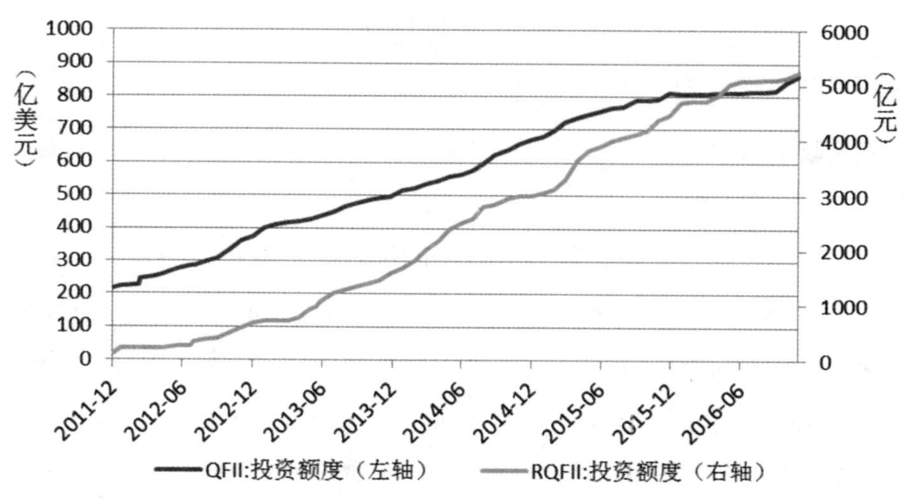

图 4–10　QFII 和 RQFII 投资额度

数据来源：WIND 数据库。

第二，人民币债券在境外机构对境内人民币资产配置中的占比提高。截至 2016 年 9 月，境外非居民持有境内人民币金融资产总额为 33011 亿元，较 2015 年年底的 37400 亿元下降约 12%（部分是由于资本外流的原因），但同期非居民持有境内人民币债券资产由 2015 年年底的 7517.1 亿元增加到 2016 年年底的 8059.6 亿元，增长约 7.2%，债券资产占非居民持有境内人民币金融资产的比重由 20% 提高到 24.4%。进一步从大类资产配置看，目前存款仍占据境外机构持有人民币资产的主要地位，但从变动趋势看，存款类资产占比呈下降趋势（自 2013 年年底以来下降了 21.5 个百分点），而债券资产比重呈逐渐上升的趋势（自 2013 年年底以来上升了 10.6 个百分点）。① 境外机构对境内人民币债券的托管规模持续增加（参见图 4–11）。从境外投资者持有的债券品种看，国债和政策性金融债券是最主要的投资品种，分别占其总托管量的 53.94% 和 37.81%，而其他债券合计占比不足 10%（2016 年 11 月末数据，参见图 4–12）。

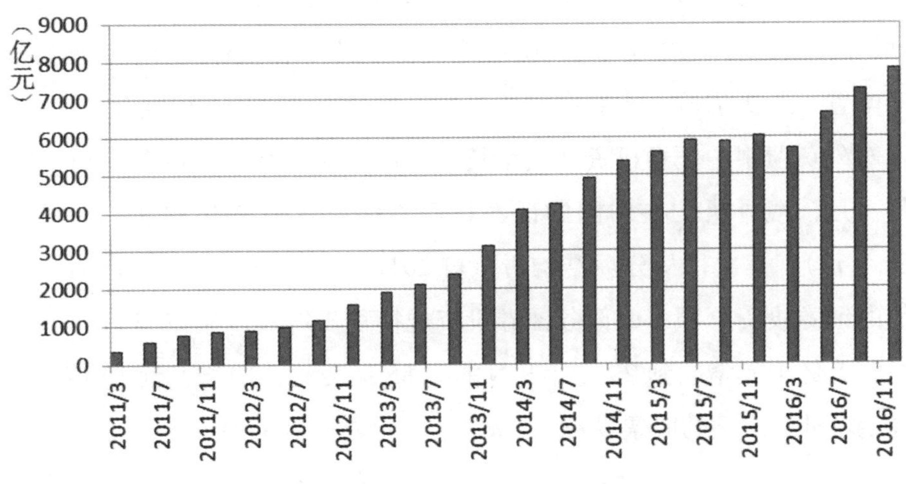

图 4–11　境外机构债券托管规模

数据来源：中国债券信息网。

① 数据来源：中国人民银行。

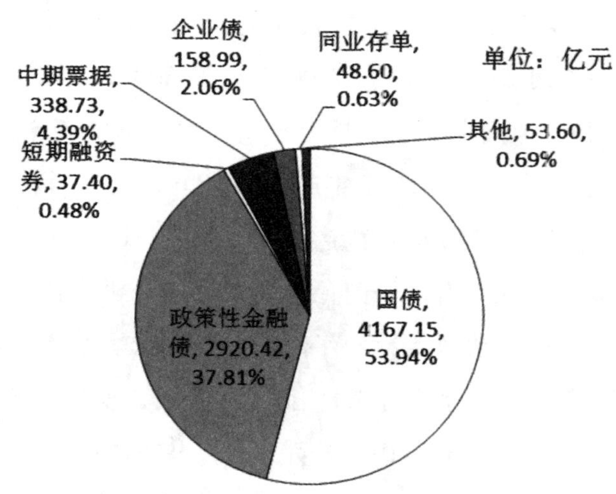

图 4–12 境外投资者持有债券品种（2016 年 11 月末）

数据来源：中国债券信息网、上海清算所。

第三，由国际投资头寸表反映的境外机构对中国债券投资的数量大幅增加。进一步分析中国国际投资头寸表负债项目中的证券投资数据，可以看出，在中国金融市场对外开放进程中，境外投资者在增量资产配置中，更加偏好于对中国债券的投资。首先，自 2010 年以来，中国对外负债中的证券投资持续增长，2014 年更开始大幅跃升，到 2016 年 9 月，境外机构在中国的证券投资总额已达到 7946 亿美元（参见图 4–13）。其次，从分项结构看，自 2011 年 3 月以来，在中国对外负债的证券投资总额中，债务证券投资规模稳步增长，从 2011 年 3 月的 225.75 亿美元增长到 2016 年 9 月的 2085 亿美元，增长了近 10 倍，而同期境外对中国的股票投资从 2063 亿美元增长到 5861 亿美元，仅增长了近 3 倍（参见图 4–14）。

需要指出的是，未来仍有很多有利条件推动中国债券市场保持稳步开放的格局。一是人民币国际化的稳步推进。目前人民币是全球第五大支付货币，人民币在全球支付结算货币体系中的地位稳步提升，人民

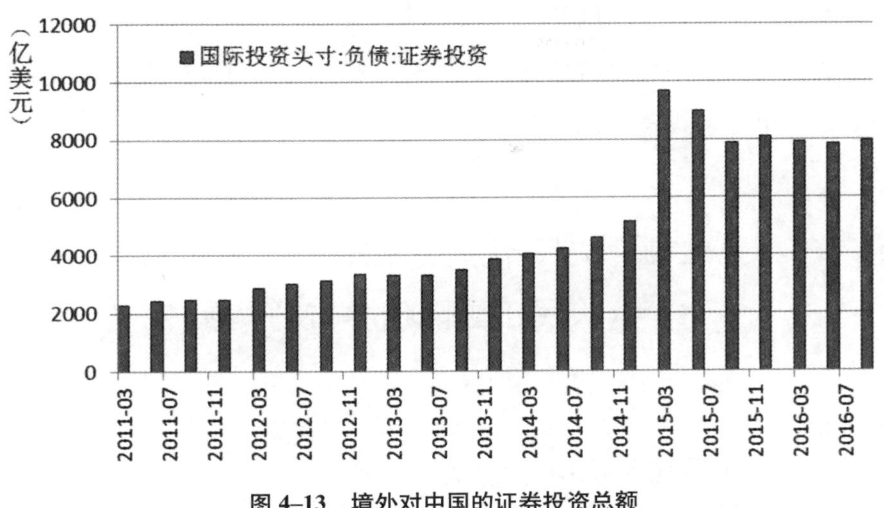

图 4–13　境外对中国的证券投资总额

数据来源：WIND 数据库。

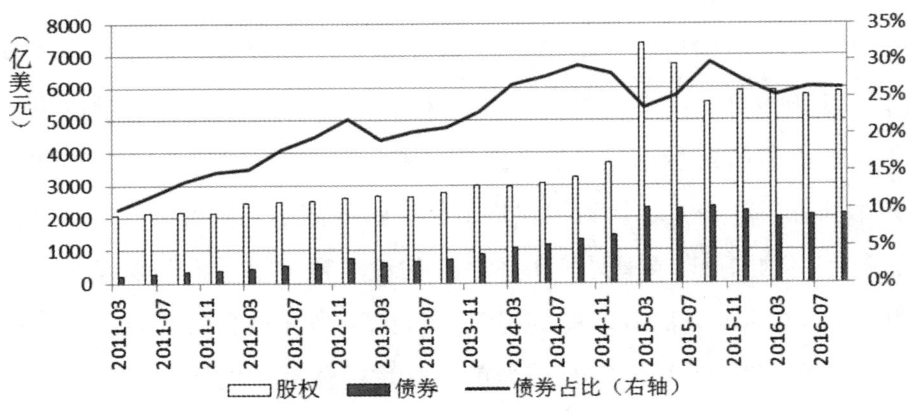

图 4–14　境外对中国的证券投资结构

数据来源：WIND 数据库。

币已正式纳入 SDR 货币篮子，这些都有助于境外投资者更多地投资人民币。二是人民币跨境支付系统（CIPS）上线运行，有利于人民币的跨境结算和使用。三是随着“一带一路”战略的实施和相关基础设施建设项目的推进，沿线国家和国际多边金融机构对人民币债券的发行需求会有所上升。四是全球低利率环境下的“资产荒”将持续一段时间，人民币资产在安全性和收益性方面的优势，将有利于境外投资者在增量资产配置中更多地投资人民币债券。

第二节 人民币加入SDR货币篮子与人民币国际债券市场发展

一、人民币加入SDR货币篮子的背景

特别提款权（Special Drawing Right，SDR）是国际货币基金组织（IMF）在1969年创设的一种补充性储备资产，是国际流动性的来源之一，成员国可将分配得到的SDR用于国际贸易支付或国际清算业务。2009年3月，中国人民银行行长周小川针对全球金融危机暴露出的现行国际货币体系的系统性缺陷，发表了《关于国际货币体系改革的思考》一文，认为主权货币作为国际储备无法解决“特里芬难题”，并提出了改革国际货币体系、创设“超主权货币”以及进一步强化SDR的国际储备职能的建议，得到了国际社会的广泛关注。中国一直积极探索SDR在改善当前国际货币体系中的作用，并启动了人民币加入SDR货币篮子的计划。2010年，IMF在SDR篮子货币的评估中认为人民币并未达到“自由使用”的标准，无法纳入SDR。此后，中国政府采取了资本账户有序开放、人民币汇率机制改革以及利率市场化改革等一系列措施。2015年11月30日，人民币通过IMF执董会审议纳入SDR。2016年10月1日，人民币正式加入SDR，成为除美元（权重为41.7%）、欧元（权重为30.9%）、日元（权重为8.3%）和英镑（权重为8.1%）之外的第五种篮子货币，人民币所占

权重为 10.9%。

人民币成功加入 SDR，是国际货币基金组织对人民币安全性和自由使用性的高度认可，不仅彰显了人民币作为正在崛起的国际货币所起的作用，也是中国经济融入全球金融体系的一个标志。加入 SDR 后，SDR 成员国或使用者将增加持有或使用人民币，将人民币纳入相关借贷协议或交易安排，开立人民币账户，建立银行间联系和程序，更多地参与人民币市场，从而将有利于进一步推动人民币在国际贸易和结算中的应用，推动境外机构更多地持有和配置人民币资产，并将有利于人民币储备货币地位的提高。

二、发展 SDR 计价债券市场的意义

SDR 债券是指以 SDR 篮子货币作为计价货币的债券。第一笔 SDR 债券发行于 1975 年，发行额仅为 0.5 亿 SDR。在 20 世纪 70 年代末至 80 年代初，由于美元贬值，SDR 计价债券的发展达到高峰，但发行规模始终比较小。截至 1981 年年末，SDR 债券累计发行总额仅为 5.63 亿 SDR，发行主体主要是小型经济体的政府或商业机构。此后，SDR 计价债券的发行一直处于停滞状态。

时隔 35 年，SDR 计价债券重启。2016 年 8 月 31 日，世界银行（国际复兴开发银行）在中国银行间债券市场发行第一期 SDR 债券“木兰债”，发行总额为 5 亿 SDR（约合 45 亿元人民币），债券期限为三年，发行缴款与未来本息均以人民币支付，债券获银行、证券公司、境外货币当局和国际开发机构等约 50 家机构参与，认购倍数达到 2.47 倍，在国际金融市场上引起了强烈反响。2016 年 10 月，渣打银行获批在中国银行间债券市场发行 1 亿 SDR 债券，债券以人民币认购，期限为一年，获得企业投资者超额认购，也成为第一家商业机构在国内发行的 SDR 债券。

发展SDR债券市场的积极意义主要体现在以下三个方面：

第一，发展SDR债券市场，对于扩大SDR使用，促进全球经济金融稳定具有重要意义。SDR债券市场的发展，可以将SDR计价范围由官方扩展至私人部门和金融市场，有利于逐步完善收益率曲线，为SDR资产估值提供便利，同时也将为私人部门持有和交易SDR提供渠道，为各国货币当局直接运用SDR进行市场干预和流动性管理创造条件，这些都有利于发挥SDR超主权货币的潜力，调节国际流动性失衡。

第二，发展SDR债券市场，可以为投资者提供一种优质安全的金融资产。SDR是一种变相的篮子货币，可以有效地平抑由单一货币汇率波动以及主要国家货币政策突然转向带来的负面冲击，因此，相较于一般主权货币债券，SDR债券在利率、汇率和安全性等方面具有明显的优势。特别是在全球低利率甚至负利率的环境下，SDR债券综合不同币种利率提供一种中间价格，有利于市场投资者分散风险，实现多元化和更安全的资产配置。

第三，发展SDR债券市场，将给中国带来积极影响。世界银行等国际机构选择中国银行间债券市场发行SDR债券，具有明显的示范效应，标志着中国债券市场的发展和人民币国际地位的提高。在中国债券市场尚未完全开放的背景下，SDR债券不仅可以为境内投资者提供一个配置国际储备货币资产的新途径，同时也可以为国际投资者提供更多的人民币资产敞口，有利于吸引更多资金流入，从而缓解中国面临的资本外流压力。在SDR债券的带动下，与之相关的金融产品将陆续推出，从而将进一步丰富中国债券市场的交易品种，改善银行间债券市场的流动性，提高中国债券市场在国际上的竞争力。

三、SDR债券市场与人民币国际债券市场之间的关系

SDR 债券在本质上是一种国际债券。SDR 债券市场和人民币国际债券市场之间既有交叉、又有补充，都是中国债券市场对外开放和人民币国际化进程的重要组成部分。

从发行者的角度看，目前 SDR 债券期限多为中短期，利率水平与同期限人民币债券比较接近，与中短期人民币债券市场之间存在一定的竞争关系。SDR 长期债券由于预期收益难以计算和判断，结售汇市场格局不确定性较大，对人民币长期债券市场的影响尚不明显。对于境外机构或企业而言，SDR 债券以 SDR 篮子货币为计价单位，相比以单一货币人民币计价的人民币债券，在一定程度上可以更好地规避市场利率和汇率风险。因此，在同等条件下，发行人可能更倾向于发行 SDR 债券而不是人民币债券。但另一方面，由于 SDR 债券的定价、估值等问题尚未得到完全解决，因此，短期内境外机构或企业对 SDR 债券更可能处于观望状态，不会对人民币债券市场产生很大影响。只有当 SDR 债券市场的发行和交易规模达到足够大时，才有可能对中短期人民币债券市场产生一定的挤出效应。

从投资者角度看，SDR 债券市场的发展对人民币国际债券市场来说利弊共存。相比现存的人民币债券，SDR 债券能够为投资人提供五种储备货币资产敞口，不同货币所属国家的汇率风险、利率风险、国家风险比较分散，可实现多元化投资，减少系统性风险。因此，从这个角度来看，SDR 债券的出现可能会降低银行间债券市场中人民币债券对国际投资者的吸引力。但另一方面，SDR 债券将吸引更多国际发行者进入银行间债券市场，丰富市场产品种类和结构，有利于提高银行间债券市场的容量和流动性，从而促进人民币债券的发行和投资。同时，SDR 债券的发展必然会推动市场定价机制、交易规则以及基础设施建

设的不断完善，市场环境的改善将吸引更多的国际投资者投资人民币债券。因此，整体而言，SDR 债券市场的发展对人民币国际债券市场将起到积极的促进作用。

第三节　人民币国际债券市场发展存在的问题

一、"熊猫债券"市场存在的问题

从 2015 年 9 月至 2016 年年底这一时期"熊猫债券"市场的发行情况来看，目前该市场的发展存在以下几个主要问题。

第一，发行主体多元化，但真正的外国发行主体仍很有限。从发行动机看，"熊猫债券"的发行主体包括两类。一类是国际机构、主权政府和外国跨国企业，发行动机是将人民币债券市场作为其负债配置的一个场所，通过在中国境内发行人民币债券，不仅可以丰富其负债的币种结构，也可以密切与中国金融市场的联系，提高在中国市场的认同度。一般而言，这类发行人的实际资金需求是在中国境外，因此需要将发债所募集的资金换成外国货币汇出境外。由于换汇和资金汇出需要审批等原因，目前这类发行主体及其发债规模都还比较有限。另一类发行主体是控股主体在中国境外的红筹企业，这些企业的实际资金用途在中国境内，发行人民币债券的动机主要是利用境内较低的融资成本优势，为其境内业务发展服务。目前这类企业发行的"熊猫债券"笔数和规模都占据大多数。此外，从发行主体的地域分布看，香港地区的发债主体占 60% 以上，与上述发行主体国别结构所表现出来的特征是一致的（参见表 4–5）。

表 4–5 "熊猫债券"发行主体注册地分析

国家和地区	发行笔数	占比（%）	发行规模（亿元）	占比（%）
中国香港	18	24.00	296	21.29
德国	5	6.67	120	8.63
韩国	1	1.33	30	2.16
法国	1	1.33	10	0.72
波兰	1	1.33	30	2.16
加拿大	2	2.67	65	4.67
国际机构	1	1.33	5	0.36
开曼群岛	36	48.00	706.4	50.81
百慕大	10	13.34	128	9.20
总计	75	100.00	1390.4	100.00

数据来源：WIND 数据库。

第二，"熊猫债券"的类型呈现多元化，但期限结构偏于中短期。目前"熊猫债券"可选择在银行间债券市场和交易所债券市场发行。从 2015 年 9 月到 2016 年年底的发行统计看，在银行间债券市场发行的笔数和规模分别为 37.34% 和 38.63%。两个市场发行的"熊猫债券"的类型包括了短期融资券、中期票据、定向工具、商业银行债券、国际机构债券、公司债券以及私募债券等，其中私募债券的笔数和规模占较高比重（44.00% 和 48.29%）①，这应该与私募债券对发行企业的要求较为宽松有关，如对于发行私募债券的企业采用的会计准则和文本语言的要求都比公募债券更为灵活（参见表 4–6）。从期限结构看，3 年内（含 3 年）的"熊猫债券"的发行笔数占 52%，发行规模占 49.48%（参见表 4–7）。

① 数据来源：彭博。

表 4–6 “熊猫债券”类型分析

<table>
<tr><th colspan="2">债券类型</th><th>发行笔数</th><th>占比（%）</th><th>发行规模（亿元）</th><th>占比（%）</th></tr>
<tr><td rowspan="5">银行间债券市场</td><td>短期融资券</td><td>5</td><td>6.67</td><td>51</td><td>3.67</td></tr>
<tr><td>中期票据</td><td>7</td><td>9.33</td><td>180</td><td>12.95</td></tr>
<tr><td>定向工具</td><td>6</td><td>8.00</td><td>130</td><td>9.35</td></tr>
<tr><td>商业银行债</td><td>5</td><td>6.67</td><td>46</td><td>3.31</td></tr>
<tr><td>国际机构债</td><td>5</td><td>6.67</td><td>130</td><td>9.35</td></tr>
<tr><td rowspan="2">交易所债券市场</td><td>公司债</td><td>14</td><td>18.66</td><td>182</td><td>13.09</td></tr>
<tr><td>私募债</td><td>33</td><td>44.00</td><td>671.4</td><td>48.28</td></tr>
<tr><td colspan="2">总计</td><td>75</td><td>100.00</td><td>1390.4</td><td>100.00</td></tr>
</table>

数据来源：WIND 数据库。

表 4–7 “熊猫债券”期限结构分析

期限	发行笔数	占比（%）	发行规模（亿元）	占比（%）
小于 1 年	9	12.00	137	9.85
2 年	2	2.67	15	1.08
3 年	28	37.33	536	38.55
4 年	4	5.34	113.7	8.18
5 年	19	25.33	319.4	22.97
6 年	2	2.67	25	1.80
7 年	10	13.33	237.3	17.07
8 年	1	1.33	7	0.50
总计	75	100.00	1390.4	100.00

数据来源：WIND 数据库。

第三，当前“熊猫债券”市场的发展仍面临一些亟待破解的结构性、制度性难题。其一，虽然“熊猫债券”发行规模显著增加，但在中国债券市场的总发行规模中占比极小，发行主体有限。过低的发行规模难以形成“熊猫债券”市场收益率曲线，二级市场的流动性也受到很大的限制。其二，目前中国仅针对国际开发机构发行“熊猫债券”出台了管理办法，对其他“熊猫债券”发行主体尚未出台相关法律政策，操作流程不明确，大多数为“一事一议”，导致监管沟通和市场解释工作复杂，因政策误读而导致的潜在风险增加。其三，在会计和审计准则方面，目前中国仅认可香港、欧盟的会计准则和香港的审计准则，对于采用其他会计和审计准则的境外机构，在中国境内发行“熊猫债券”会受到很大制约。其四，在宏观审慎监管框架下，外汇管理政策趋严，对主权类发行人相对灵活性较高，对其他类型发行人多数不鼓励募集资金出境，结果导致境外发行人在中国境内发债的积极性有所降低。其五，市场建设仍待完善，包括发行主体和期限结构不够丰富、内外部评级差异、中文文本要求和市场监管统一等问题。

二、香港离岸人民币债券市场存在的问题

从 2015 年开始，香港离岸人民币债券市场出人意料地发生逆转，全年新发行债券仅为 841 亿元人民币，比 2014 年下降近六成。2015 年 8 月后的发行量更是严重萎缩，新发行债券几乎为零。至 2015 年年底，香港离岸人民币债券余额仅为 4037.99 亿元，较 2014 年 5 月未偿还余额峰值 4432 亿元明显下降。到 2016 年年底，香港离岸人民币债券余额进一步下降至 3487.07 亿元①。香港离岸人民币债券市场的发展之所以出现反复，主要是受以下三个因素的影响。

第一，人民币汇率波动性增加和贬值预期上升，导致在香港离岸市场跨境套利和以人民币发债的成本都有所上升。2014 年 2 月以来，人民币兑美元汇率由此前的渐进升值转为贬值。2014 年 3 月 15 日，中国人民银行宣布人民币兑美元即期交易价浮动幅度由 1% 扩大至 2%。此后，人民币即期汇率波动率大幅增加，相应提高了跨境套利的成本，

① 数据来源：WIND 数据库。

打击了部分基于套利交易的人民币跨境贸易。2015 年“8 · 11 汇改”后人民币贬值预期增强，离岸 CNH 汇率较在岸汇率持续贴水，导致由人民币远期汇率和掉期成本因素决定的离岸融资利率攀升；加之离岸市场资金池收缩，离岸融资成本上升，从而使企业在香港市场以人民币发债融资的意愿大幅下降，在香港以美元或欧元发债变得更为有利。2016 年，中资企业在香港交易所发行美元债券和欧元债券 45 笔，总额为 254.9 亿美元；同期发行人民币债券仅 13 笔，发行规模仅为 48.5 亿美元（主要在 OTC 市场发行）①。

第二，“熊猫债券”对离岸人民币债券带来一定的替代效应。2014 年以来，内地货币政策宽松背景下流动性充裕，市场利率处于下行期，同时降低企业融资成本也推动了实际利率的下降。受此影响，内地融资成本优势凸显，使在岸市场和离岸市场的债券利差逐渐扩大，在内地发债的优势增加，“熊猫债券”的发行量超过离岸人民币债券。在发行主体方面，2015 年 9 月至 2016 年年底，“熊猫债券”的发行主体为 34 家，其中在境外注册的中国大陆企业 19 家，占比近六成；同期香港企业发行“熊猫债券”18 笔，发行规模为 296 亿元人民币，占比分别为 24% 和 21.29%（参见表 4–5）。“熊猫债券”和离岸人民币债券在发债主体上具有一定的重叠性，不可避免地导致了在岸债券对离岸债券的市场替代效应。

第三，内地自贸区政策对香港离岸人民币债券市场造成新的竞争。近年来，中国人民银行持续推动跨国公司跨境资金管理改革。如 2014 年 2 月在上海自贸区率先推出跨境双向人民币资金池业务，并于同年 11 月在全国推广。根据该政策，在香港的跨国公司可以比较便捷地从境内获得人民币资金（即从境内成员公司调出资金），从而导致通过离

① 数据来源：彭博。

岸市场发行人民币债券融资的需求出现下降。

香港离岸人民币市场存在的问题主要表现为：首先，尽管香港是全球最大的离岸人民币资金池和离岸人民币债券发行中心，但由于缺乏做市商，导致人民币债券的交易量不活跃，几乎没有二级市场，流动性缺乏。其次，从 2014 年人民币债券发行高峰时的数据看，90% 是金融债券和企业债券，75% 以上是 1—3 年的短期债券，债券发行期限短，债券投资者的投资目的主要是赚取票面收益和人民币升值的额外收益，一般倾向于持有债券到期，从而导致市场缺乏可供参考的人民币基准利率曲线，无法提供流动性高、久期结构合理的人民币计价的债券。最后，香港离岸人民币债券市场的发行主体单一，离岸人民币资金池萎缩，债券市场产品种类不够丰富，直接影响了各类投资者在香港市场的投资热情。

以上问题表明，虽然香港离岸人民币债券市场在政策因素和市场需求因素的共同推动下，在起步初期发展迅速，但其中的跨境套汇和套利驱动因素非常大，目前香港离岸人民币债券市场的发展仍不成熟。随着人民币升值预期改变和境内外利差条件改变，市场自身不完善的问题便开始暴露出来。这些因素的共同作用，导致人民币国际化和离岸人民币债券市场在香港发展走向低迷。从长远看，需要标本兼治，从市场引导和政策引导等多方面入手，推动香港离岸人民币债券市场实现长期、稳定、健康的发展。

三、SDR 债券市场存在的问题

2016 年以人民币结算的 SDR 计价债券发行，只是迈出了很小的一步，SDR 债券市场的深入发展仍然面临很多问题和挑战。

第一，SDR 现有分配机制和交易安排对 SDR 债券市场发展形成制约。SDR 创设的主要目的是用于补充国际储备的不足，对于本身金融市场发达的发达经济体而言需求并不大，但其现有分配机制更多倾向于发达经济体。在SDR前十大参与国中，发达经济体获得的SDR分配比例为43.9%，投票权比例为41.7%；而新兴市场和发展中国家获得的SDR分配比例仅为12.0%，投票权比例仅为11.4%，该分配机制供需不对等，远远不能满足新兴市场和发展中国家在国际收支调节、资本市场融资以及主权债务等方面对SDR的需求。在交易安排方面，自2009年以来，SDR的双向自愿交易安排已扩容至32个国家，但主要集中在西欧和北美的发达国家和地区，仅个别发展中国家被涵盖在内（即中国和墨西哥），SDR的主要交易市场也是集中分布在欧洲、亚太等发达国家和地区。其中欧洲市场的交易量比重为61%，而中东、中亚地区的比重仅为0.1%。分配和交易的不均衡对扩大SDR使用和SDR债券市场的发展形成了一定制约。

第二，SDR债券市场的流动性严重不足。目前SDR主要用于三个方面：一是成员国发生国际收支逆差时利用SDR换取外汇给予弥补；二是成员国之间根据协议用SDR换回对方持有的本国货币；三是成员国用SDR偿还IMF提供的贷款和相关利息费用。SDR主要用于官方使用，难以直接用于私人部门的交易和结算，也不能用于一国货币当局对金融市场的干预和交易，即使用范围较为狭窄，交易便利性有限。受此影响，SDR债券市场的规模较小，发行量有限，交易机制缺乏，难以形成市场化的定价机制。由于其债券收益率曲线不完整，支付清算机制不完善，主权国家或国际金融组织发行SDR债券一般将产生约80至100个基点的流动性溢价，从而使债券投资者面临的流动性成本较高（目前SDR债券市场的参与者大多是机构投资者和主权投资者，基本选择持有到期，导致市场流动性更加有限）。此外，对投资者来说，SDR债券还比较陌生，接受它需要一段时间，在一定程度上会影响各国对它的认可度和应用度，因此会对SDR债券投资采取谨慎的态度。

第三，SDR 债券市场发展仍面临一些技术性问题。在汇率方面，SDR 定值于一篮子货币，篮子内的任何一种货币汇率出现较大波动，都会对 SDR 的价值产生较大影响；由于 SDR 每五年进行一次审核，篮子货币组成的变更将影响 SDR 债券估值的一致性和连续性，从而导致 SDR 债券发行期限大多在 5 年以内，市场投资者也因此更偏向于中短期投资。在利率方面，SDR 利率以每周为单位进行发布，利率形成周期较长，难以实时反映金融市场的变动和相关的金融风险。此外，SDR 债券一般是以 SDR 计价，以人民币或美元等货币进行交易结算，存在一定的汇率风险，而且缺乏有效的汇率风险对冲手段。篮子货币的计价方式使得 SDR 债券在估值和收益率计算等方面都过于复杂，形成利率期限结构和完善的清算结算机制仍面临一定的技术性障碍。

中国债券市场始于 1981 年国债发行的恢复。此后经历了从起步到规范、再到迅速发展等阶段，逐渐形成了以银行间债券市场为主、交易所市场为辅以及商业银行柜台市场作为补充的多层次的市场格局。2015 年以来，“熊猫债券”市场呈现井喷式增长。“熊猫债券”市场的发展，有助于为国际金融市场提供更加广阔的人民币融资渠道，也将为国内投资者提供更加多样化的债券产品。“熊猫债券”市场目前存在的问题主要包括外国发行主体有限、期限结构偏中短期、市场流动性不足、操作规程不明确等。香港离岸人民币债券市场始于 2007 年。近年来，香港逐渐发展成为全球最重要的人民币离岸金融中心，香港离岸人民币债券市场取得了长足发展。但目前香港离岸人民币债券市场的发展仍不成熟，流动性缺乏、债券期限短、发行主体单一、产品种类不丰富等问题，都迫切需要得到解决。从长远看，需要从市场引导和政策引导等多方面入手，推动香港离岸人民币债券市场实现长期、稳定、健康的发展。自 2015 年起，中国债券市场对外开放进入全面加速阶段，获准投资银行间债券市场的境外机构数量大幅增加，人民币债券在境外机构对境内人民币资产配置中的占比提高，境外机构对中国债券投资的数量大幅增加。2016 年，人民币成功加入 SDR 货币篮子，彰显了人民币作为正在崛起的国际货币所起的作用。现阶段大力发展 SDR 债券市场对于扩大 SDR 使用，促进全球经济金融稳定具有重要意义，可以为投资者提供一种优质安全的金融资产，同时将给中国带来积极影响。

目前，人民币债券市场的发展仍然面临着较多问题。从“熊猫债券”市场来看，目前该市场真正的外国发行主体仍很有限且债券的期限结构偏中短期，而且该市场的发展仍面临一些亟待破解的结构性、制度性难题。受人民币汇率波动、“熊猫债券”市场引发的替代效应以及内地自贸区政策等因素的影响，香港离岸人民币债券市场目前也面临着一系列的问题。如缺乏做市商，人民币债券的交易量不活跃，二级市场欠发达；债券发行期限短，债券投资者的投资目的主要是赚取票面收益和人民币升值的额外收益，市场缺乏可供参考的人民币基准利率曲线；人民币债券市场的发行主体单一，债券市场产品种类不够丰富等。目前 SDR 债券市场的发展也面临很多问题和挑战。SDR 现有分配机制和交易安排对 SDR 债券市场发展形成制约；SDR 债券市场的流动性严重不足；SDR 债券市场发展仍面临一些技术性问题。SDR 债券在本质上是一种国际债券。SDR 债券市场和人民币国际债券市场之间既有交叉、又有补充，都是中国债券市场对外开放和人民币国际化进程的重要组成部分。从投资者角度看，SDR 债券市场的发展对人民币国际债券市场来说利弊共存。但整体而言，SDR 债券市场的发展对人民币国际债券市场将起到积极的促进作用。

第五章　国际债券币种结构影响因素的实证分析

2016 年 10 月 1 日，人民币被正式纳入 SDR 货币篮子，这将有助于增强 SDR 的代表性和吸引力，提高国际货币体系的稳定性和韧性，进一步促进国际货币体系的多元化，为全球经济的长远健康发展营造良好的货币金融环境。为此，人民币被纳入 SDR 货币篮子不仅具有深远影响，更是 2009 年正式启动的人民币国际化重要的里程碑。然而，与其他主要国际货币相比，当前人民币国际化仍主要体现在贸易结算方面，在金融资产交易和储备货币的地位和作用仍处于发展的起步阶段。如前所述，国际债券是国际货币的价值储藏职能的重要体现。在 SDR 篮子货币评估中的“可自由使用”标准中，国际债券余额是在国际经济交易中广泛使用的三个主要评价指标之一，国际债券新发行数量则是三个辅助评价指标之一（IMF，2015）。以人民币计价的国际债券市场的发展不仅能够提升人民币作为国际货币在金融投资等方面的作用，而且还能够在资本与金融账户项下提供更加顺畅的人民币流出和回流通道，促进中国金融体制的转型和改革，为人民币国际化奠定更加坚实的基础。为此，本章将从国际债券市场的币种结构这一视角，以宏观总量数据为样本，借鉴外汇储备币种结构的研究方法，对国际债券币种结构的影响因素进行实证分析，以期为以人民币计价的国际债券市场发展和人民币国际化提供有益的启示和可靠的政策建议。

第一节 国际债券统计与币种结构

一、国际债券统计

拉美国家债务危机的爆发，使国际社会认识到国际债券计价货币的重要性。为此，国际清算银行（BIS）从20世纪80年代中期就开始着手国际债券的统计工作（ESCB，1986）。BIS最初主要是针对以国际投资者为发行对象的债券，无论债券是在国内发行还是国外发行，计价货币是否为本地货币，而且只要债券以外币发行或由至少一家外国金融机构作为承销商，都被作为国际债券的统计范围（Petre，2009）。根据BIS对国际债券的定义，国际债券作为重要的金融投资工具具有价值储藏的职能，因而国际债券的币种结构在很大程度上体现了一国货币的国际化程度。

随着全球经济格局的变化和各国金融市场的迅猛发展，BIS原有的国际债券的定义和精确统计都面临着很大的挑战（FSF，2000；CGFS，2007），特别是国际债券在概念上与一国的外债之间存在很多交叉之处（BIS，2002）。而且BIS还同时与各国中央银行或统计部门合作开展国内债券的统计，但各国对债务的统计分类标准也并不完全一致。为此，根据与IMF、ECB共同发起并由G20财长和中央银行行长会议支持的《债券统计手册》的标准（FSB and IMF，2009），BIS于2012年对国际债券的定义和统计范围进行了全面修订，将过去以国际投资者为发行目标的统计标准修订为由市场非居民发行的债券，在发行主体上涵盖了包括中央银行在内的金融机构、非金融企业和政府部门。2015年，BIS

还补充了债券利率合约（浮动利率或固定利率）信息及其币种构成情况，并针对特定目的工具（SPV）重新对债券发行居民和国民进行了分类（Gruic and Wooldridge，2012；BIS，2015）。

在数据来源上，BIS 对国际债券的统计主要源于路透、Dealogic、Euroclear、Xtrakter 等市场机构提供的每一笔债券交易的信息并进行总量数据统计，这在一定程度上也可以解释当前有关国际债券币种结构的实证分析主要以微观数据为样本。在2012年和2015年统计标准修订时，BIS 都对历史数据进行了更新。由于国内债券数据主要依赖各国中央银行，但各国历史数据分类标准并不完全一致，因而虽然理论上债券总量应等于国际债券与国内债券之和，但很多国家国际债券与国内债券都可能存在重复统计，BIS 也仅公布了部分国家债券总量数据。截至 2015 年 5 月，BIS 公布了 17 个国家居民发行的国际债券、国内债券和债券总量数据，16 个国家居民发行的国际债券和国内债券数据，22 个国家居民发行的国际债券和债券总量数据，以及 75 个国家居民发行的国际债券数据。国际债券和国内债券数据最早可追溯至 1966 年和 1994 年的季度数据（国内债券年度数据可追溯至 1989 年，Gruic and Wooldridge，2012；BIS，2015）。

二、国际债券币种结构

BIS 对国际债券计价货币进行了非常详细的统计。本书除人民币（CNY）外，根据 IMF 外汇储备构成数据库（COFER）中披露的主要国际储备货币，选取美元（USD）、欧元（EUR）、英镑（GBP）、日元（JPY）、澳大利亚元（AUD）、加拿大元（CAD）、瑞士法郎（CHF），对国际债券的币种结构状况进行分析。

第一，国际债券存量币种结构。

根据 BIS 公布的国际债券余额存量的币种数据，本书将 1999 年以来欧元区各国货币计价的国际债券存量都计入欧元统计。从图 5–1 可见，美元与欧元是国际债券中最主要的计价货币，而且二者呈现此消彼长的态势，这反映了欧元自诞生起就成为美元最主要的国际货币竞争者的地位（Hartmann and Issing，2002）。在欧元启动的 1999 年，以美元计价的国际债券余额占比高达 44.7%，而以欧元计价的国际债券余额占比仅为 24.7%。此后，虽然随着欧元的平稳运行，以欧元计价的国际债券余额占比逐步提高，如 2009 年以欧元计价的国际债券余额一度接近一半（49.7%）；而受美国次贷危机和全球金融危机的影响，以美元计价的国际债券余额占比在 2009 年降至最低的 29.8%。随着欧洲主权债务危机的爆发和美国经济的强劲复苏，以美元计价的国际债券余额占比出现了明显回升，如 2015 年年末美元计价国际债券余额占比上升至 43.7%，而欧元则降至 38.6%。由于日本经济的持续低迷，日元计价的国际债券余额占比持续下降，由 1999 年的 11.4% 降至 2015 年的 1.9%，这也反映了日元国际化失败的现实。与日元类似，受欧洲主权债务危机的冲击和负利率政策影响，以瑞士法郎计价的国际债券余额占比由

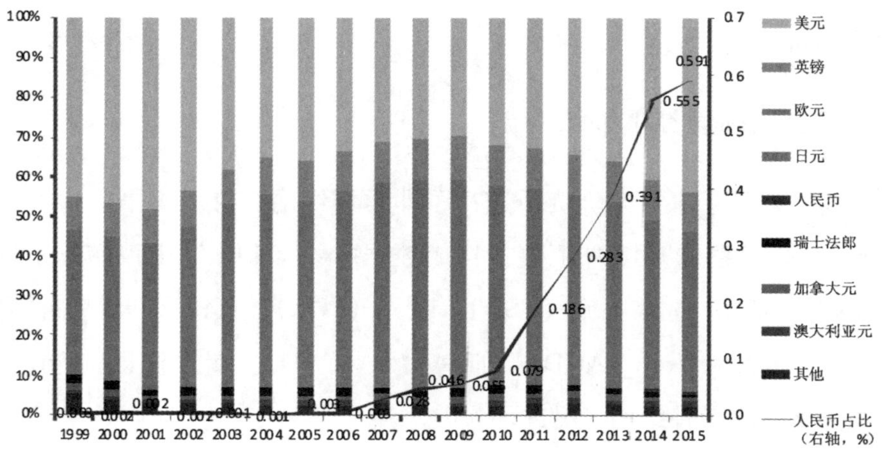

图 5–1 国际债券余额币种结构

数据来源：BIS 及作者的计算。

1999 年的 2.97% 逐步降至 2015 年的 1.2%。以英镑、澳大利亚元和加拿大元计价的国际债券余额占比变化不大（参见图 5–1）。

与人民币国际化进程相伴，以人民币计价的国际债券余额占比迅速增长，由最初几乎可以忽略不计（2009 年正式启动人民币国际化战略时仅为 0.055%），但随着 2010 年和 2011 年中国逐步开展境外相关机构银行间债券市场投资、跨境直接和间接投融资、RQFII 等资本项目跨境人民币业务，以人民币计价的国际债券余额占比明显上升，到 2015 年已升至 0.591%。尽管绝对占比水平仍非常低，但占比增速非常快，这也与近年来迅猛发展的人民币国际化进程密切相关。由于人民币计价国际债券余额占比非常低，而其他货币计价的国际债券余额占比由 1999 年的 5.4% 逐步降至 2015 年的 2.5%，从而表明美元、欧元、英镑等传统国际货币仍是最主要的国际货币，其国际货币地位还在上升，只是各主要货币之间地位的交替变化。随着人民币国际化程度的不断提高，以人民币计价的国际债券余额占比将明显上升，这将极大地丰富国际投资者的选择，增强国际货币体系的多元性、稳定性和韧性，进一步促进国际货币体系改革和全球金融治理结构的完善。

此外，同样是以价值储藏职能为主，各主要国际货币的国际债券余额占比结构与外汇储备存在明显的不同。根据 IMF 已披露的数据（参见图 5–2），美元在已报告外汇储备中的占比始终占据绝对优势，即使是受全球金融危机冲击的影响，美元占外汇储备的比重最低也高达 61%（2013 年），而欧元外汇储备占比在全球金融危机后的 2009 年最高也未超过三分之一（27.7%）。随着欧洲主权债务危机的爆发，欧元占外汇储备的比重已降至 2015 年的 19.9%，几乎回落至 1999 年欧元启动时的水平（17.7%）。同时，人民币在全部外汇储备中的比重明显高于以人民币计价的国际债券余额占比。国际债券和外汇储备币种结构上的差异，可能主要与投资主体有关。外汇储备是官方储备资产，而虽然政府部门也参与国际债券的发行和投资，但金融机构和非金融企业则是国际债券的主体。BIS 数据显示，2015 年各国政府发行的国际债券余额占全部国际债券的比重仅为 7.2%，而金融机构是国际债券发行的主体，其所占比重高达 71.3%，非金融企业和国际机构占比分别为 14.4% 和 7.0%。因此，这也使本书更加关注外汇储备币种结构实证研究中的惯性效应、网络效应和币值稳定性等因素，在以金融机构和非金融企业为主体的国际债券中是否成立。

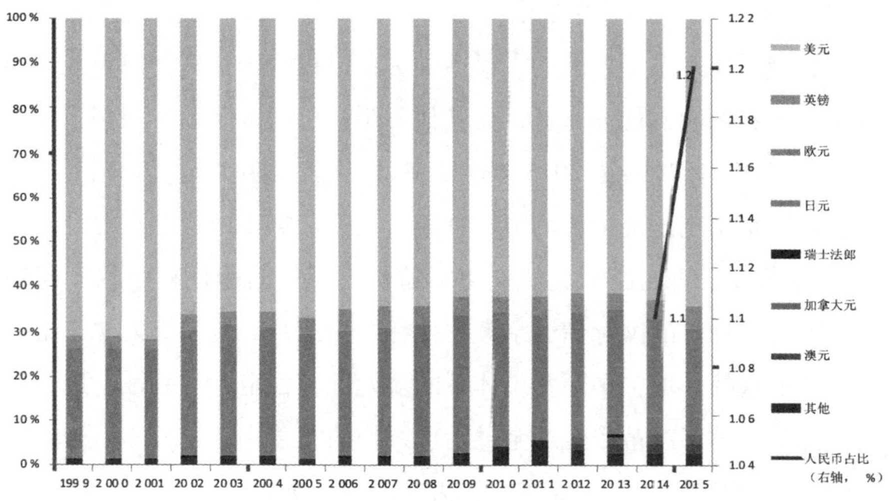

图 5–2 外汇储备币种结构

数据来源：IMF 及作者的计算。其中人民币外汇储备占比数据为人民币全部外汇储备的比重；2014 年数据来自 IMF (2015)；2015 年数据根据中国人民银行《人民币国际化报告(2016 年)》和 IMF 数据计算而得；其余货币为 IMF 公布的已报告储备占比。

第二，国际债券流量币种结构。

BIS 还公布了各币种的国际债券当期发行总量数据，这样可以对国际债券流量币种情况进行分析。与存量币种结构类似，国际债券发行主要以美元和欧元作为计价货币，而且债券发行流量数据与经济金融形势变化之间的关系更为密切。在欧元正式启动的 1999 年，以欧元计价的国际债券的发行份额与美元非常接近，二者的份额分别为 36.0% 和

41.9%。全球金融危机后的2009年，以欧元计价的国际债券的发行份额达到最高的48.8%，以美元计价的国际债券的发行份额则在2008年降至最低的25.7%。不过，由于欧洲主权债务危机的影响和欧元区经济持续低迷，2010年以来以欧元计价发行的国际债券的份额逐步下降，甚至目前还低于欧元正式启动时的水平（如在2015年降至34.99%）。同样，日元国际债券的发行份额也由2000年最高的9.1%降至2015年最低的1.8%。与欧元区经济联系紧密且受欧元汇率影响比较大的瑞士法郎份额在2013年开始出现了明显的下降，由之前的平均2%左右降至不足1%。在2014年年底瑞士实行负利率政策后，以瑞士法郎计价发行的国际债券的份额在2015年降至最低的0.66%，而以英镑、澳大利亚元和加拿大元计价的国际债券发行份额则相对稳定（参见图5–3）。

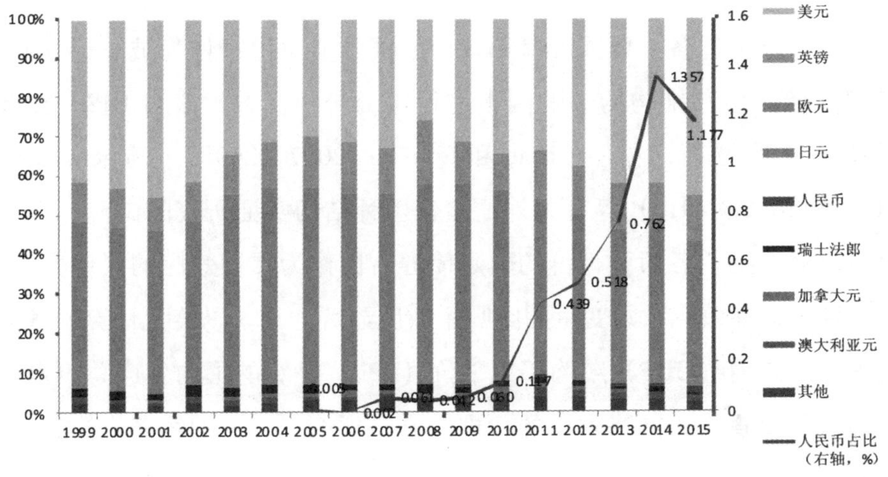

图5–3　国际债券发行币种结构

数据来源：BIS及作者的计算。

2009年正式启动人民币国际化战略之前，以人民币计价的国际债券的发行份额几乎可以忽略不计，甚至BIS没有发布2005年之前的以人民币计价的国际债券发行总量数据。2010年资本项目人民币跨境各项业务开展以来，人民币国际债券发行占比迅速上升，在 2014 年达到最高的 1.357%。在人民币国际化出现波折的 2015 年，以人民币计价的国际债券发行占比较上年略有下降（为 1.177%）。而且，自 2009 年以来，以人民币计价的国际债券的年度发行流量份额持续明显高于存量份额，两者之差持续扩大到 2014 年的最高点即 0.8 个百分点；在 2015 年，二者之差仍高达0.6个百分点，这反映出人民币国际化迅速发展的态势。

第二节　指标数据与计量结果

一、指标选取与数据说明

本节以上述各主要国际货币计价的国际债券份额作为被解释变量，对国际债券币种结构的影响因素进行实证分析，数据来自 BIS。在解释变量选取方面，借鉴 Chinn 和 Frankel（2007，2008）、Eichengreen，Chitu 和 Mehl（2016）等有关外汇储备币种结构实证研究的做法，在这里以滞后一期的各币种计价的国际债券占比作为惯性效应的代理变量，如果存在惯性效应，则变量的回归系数应显著为正。以美元计算的各国国内生产总值（GDP）或购买力平价（PPP）计算的国内生产总值占全球经济的比重作为网络效应的代理变量。理论上，一国经济规模越大，其国际经济交往越密切，网络效应也应越强，数据来自世界银行 WDI 数据库。在币值稳定性或可靠政策变量方面，以每单位 SDR 兑换该国货币年均汇率的变化率作为衡量对外币值稳定性的代理变量。由于采用直接标价法，每单位 SDR 兑换货币汇率上升表明货币贬值，因此这一指标与被解释变量在理论上应具有显著的负相关关系，数据来自 IMF 的 IFS 数据库。同时，以各国的 CPI 作为各国对内币值稳定性的代理变量，与被解释变量在理论上具有负相关关系，数据来自世界银行 WDI 数据库。另外，本书还进一步考虑了金融结构因素的影响，作为影响国际债券币种结构的控制变量。这里以国内间接融资占比（即信贷与信贷存量、债券余额和股票市值之和的比重，FinaStru）作为金融结构和金融市场发展的代理变量。理论上，直接融资越发达，金融市场越具有广度和深度，货币国际化程度也越高。其中中国的间接融资比重根据中国人民银行公布的社会融资规模存量数据计算而得出，其他国家的间接融资比重数据根据世界银行 GFD 数据库相关数据计算而得出。计量分析的变量指标的含义和说明具体参见表 5–1。

表 5–1　变量选取与数据说明

变量	指标含义	指标说明	单位	与被解释变量的理论关系	数据来源
CurrStru	被解释变量	主要国家货币计价的国际债券余额占全球的比重	%		BIS
GrossStru		主要国家货币计价的国际债券当年发行总额占全球的比重	%		BIS
CurrStru（−1）/ GrossStru（−1）	惯性效应	滞后一期变量	%	+	BIS
GDP	网络效应	美元计算的国内生产总值占全球的比重	%	+	WDI
PPP		购买力平价计算的国内生产总值占全球的比重	%	+	WDI
SDR	对外币值稳定性 / 政策可靠性	每单位 SDR 货币汇率的变化率	%	−	IFS
CPI	对内币值稳定性 / 政策可靠性	消费者价格增速	%	−	WDI
FinaStru	间接融资比重	银行信贷占（信贷+债券余额+股票市值）的比重	%	−	GFD，中国人民银行

二、计量结果及其含义

这里以1999—2015年美元、欧元、英镑、日元、澳大利亚元、加拿大元、瑞士法郎和人民币计价的国际债券余额和当年发行额占全球国际债券的比重作为被解释变量，利用面板数据模型进行计量分析。通过似然比LR检验和豪斯曼（Hausman）检验可以判断，应采取固定效应模型，而且截面具有固定效应，但时期并不存在显著的固定效应（限于篇幅，不报告上述具体检验结果）。为了避免数据的异方差、自相关问题，采用截面似不相关回归法（Cross Section SUR，PCSE）进行显著性检验。由于间接融资比重数据部分国家部分年份存在缺失，1999—2001年的欧元SDR汇率缺失，因而在以SDR或金融结构作为解释变量时，模型是以非平衡面板数据为样本进行计量分析。

首先，观察国际债券余额币种结构数据的检验结果（参见表5–2）。与交易支付职能密切相关的惯性效应与国际债券币种结构之间存在非常显著的正相关关系，这与理论相符。网络效应的显著性相对较弱，而且在未控制金融结构变量时，以PPP衡量的网络效应并不显著。Eichengreen（2005）曾经指出，由于网络外部性和规模经济，理论上全球应仅存在一种国际储备货币。不过，由于国际经济往来和多样化需求的存在，一种货币并不一定能够完全承担全部国际货币的职能，国际债券发行和国际储备也不会仅由一种货币组成。而且，Eichengreen、Chitu和Mehl（2016）发现，由于外汇市场和交易技术的发展，储备货币的网络外部性效应有所下降，惯性效应和可靠的政策对于储备货币份额作用进一步加强。可见，表5–2有关网络效应的回归结果与Eichengreen、Chitu和Mehl（2016）的研究是一致的。事实上，经济规模本身和开放程度意味着货币的外部接受程度，而可靠的国际货币必须具有充足的国际流动性和价值稳定性。而且，从SDR和CPI的回归结果来看，外部币值稳定性具有非常显著的影响，但一国货币的内部币值稳定性对国际债券币种结构没有显著的影响，这也与国际债券在价值储藏方面的国际货币职能密切相关。同时，可以发现，间接融资占比与国际债券计价货币占比之间存在显著的负相关关系，说明金融市场的广度和深度对国际债券计价货币具有显著的影响，这也与理论相符。

表 5–2　国际债券计价币种结构影响因素（CurrStru 为被解释变量）

	方程 1	方程 2	方程 3	方程 4	方程 5	方程 6	方程 7	方程 8
截距项	2.454** (1.127)	2.638 (1.182)	1.806* (1.100)	2.135* (1.125)	2.822*** (0.885)	2.688** (1.035)	2.283** (0.899)	2.343** (0.988)
CurrStru (−1)	0.730*** (0.094)	0.752*** (0.094)	0.794*** (0.081)	0.819*** (0.083)	0.720*** (0.076)	0.751*** (0.077)	0.804*** (0.745)	0.831*** (0.077)
GDP	0.079† (0.049)		0.081*** (0.026)		0.131** (0.058)		0.112*** (0.031)	
PPP		0.035 (0.065)		0.009 (0.033)		0.122† (0.077)		0.072* (0.036)
SDR	−0.076*** (0.029)	−0.085*** (0.029)			−0.045* (0.025)	−0.057** (0.025)		
CPI			−0.007 (0.068)	−0.050 (0.069)			−0.021 (0.103)	−0.002 (0.096)
FinaStru					−0.017* (0.007)	−0.015** (0.007)	−0.018*** (0.007)	−0.016** (0.007)
R^2	0.995	0.995	0.994	0.994	0.996	0.996	0.996	0.995
S.E.	1.264	1.272	1.134	1.134	1.053	1.068	1.132	1.148
F	2128.1***	2099.2***	1999.5***	1969.2***	2120.5***	2064.3***	1876.6***	1826.1***
Obs.	126	126	128	128	102	102	104	104

注：***，**，*，† 分别代表显著性水平为 1%，5%，10% 和 15%，下同。

在国际债券发行流量的币种结构方面，从表 5–3 可见，与存量币种结构回归结果类似，惯性效应始终具有非常显著的正相关关系，但仅部分以 GDP 衡量的网络效应是显著的，以 PPP 衡量的网络效应始终并不显著。同时，衡量外部币值稳定的 SDR 始终与国际债券发行占比呈现显著的负相关关系，衡量国内币值稳定的 CPI 则并不显著。另外，与存量数据回归结果不同的是，金融结构变量始终不显著，而且变量符号出现了相反的变化，这说明间接融资占比与模型中的某些变量可能存在共线性现象。作为流量的国际债券的当年发行币种结构主要受短期因素的影响，而反映长期因素的国际债券余额币种结构更能体现长期变量的影响，因此，即使表 5–3 中反映金融结构的间接融资比重的变量并不显著，也是可以理解的。

表 5–3 国际债券发行币种结构影响因素（GrossStru 为被解释变量）

	方程 1	方程 2	方程 3	方程 4	方程 5	方程 6	方程 7	方程 8
截距项	2.564* (1.539)	2.985* (1.561)	1.688 (1.718)	2.353† (1.661)	2.677* (1.564)	2.944† (1.784)	1.4908 (1.921)	2.106 (1.954)
GrossStru (−1)	0.724*** (0.135)	0.744*** (0.131)	0.780*** (0.139)	0.815*** (0.137)	0.561*** (0.129)	0.619*** (0.129)	0.661*** (0.146)	0.738*** (0.150)
GDP	0.071 (0.091)		0.117† (0.076)		0.226** (0.108)		0.265*** (0.083)	
PPP		0.006 (0.098)		0.033 (0.056)		0.131 (0.122)		0.052 (0.060)
SDR	−0.135*** (0.044)	−0.145*** (0.044)			−0.106** (0.050)	−0.132*** (0.050)		
CPI			−0.046 (0.156)	−0.075 (0.163)			−0.043 (0.241)	0.082 (0.242)
FinaStru					0.0005 (0.011)	0.004 (0.013)	0.0003 (0.010)	0.006 (0.010)
R^2	0.989	0.989	0.988	0.987	0.991	0.990	0.988	0.987
S.E.	1.778	1.783	1.887	1.902	1.622	1.666	1.817	1.883
F	1027.3***	1020.4***	934.6***	920.3***	857.5***	812.5***	707.4***	658.1***
Obs.	126	126	128	128	102	102	104	104

第三节　全球金融危机的影响和稳健性检验

由美国次贷危机引发的全球金融危机对全球经济和金融格局产生了非常深远的影响。也正是在全球金融危机爆发后不久，中国正式启动了人民币国际化战略。为此，本章对全球金融危机前后国际债券币种结构的影响因素进行实证分析，以观察全球金融危机的具体影响，并对实证分析结果进行稳健性检验，以期为人民币国际化的顺利开展和提高人民币在国际债券中的地位，提供更为可靠的政策支持。由于表 5–2 和表 5–3 都表明，在国际债券币种的币值稳定性变量方面，只有外部币值稳定性具有显著影响，因此在以下的分析中仅考察外部币值稳定变量。

一、全球金融危机的影响

这里分别对全球金融危机之前和之后的样本进行实证分析，以考察全球金融危机对国际债券币种结构影响因素的影响。同时通过引入虚拟变量并对全部样本期进行检验（Crisis，金融危机爆发之前设为 0，之后设为 1），以考察全球金融危机之后影响国际债券币种结构的因素是否发生了显著的变化。

从表 5–4 可见，全球金融危机之前样本的计量结果与表 5–2 的结论类似，作为交易支付职能的惯性效应和网络效应对国际债券币种结构都具有显著影响，但币值稳定性仅在 PPP 作为网络效应的方程中具有微弱的显著性（显著性水平为 15%）。这说明，在全球金融危机之前，国际债券计价货币的选择主要与国际经济往来相关。在 2008 年全球金融危机爆发之前长达 20 多年的产出和通胀稳定的“大缓和”时期（Bernanke，2004），国际债券主要是为了满足以贸易支付或金融投资为主的交易性需求，而币值稳定性对国际债券计价货币的选择的重要性相对较低。全球金融危机爆发后，惯性效应并不显著，以 GDP 衡量的网络效应也仅呈现较弱的显著影响，但币值稳定性表现出非常明显的显著影响，这说明国际债券作为国际金融投资的重要手段，货币的价值储藏职能的作用大大提高。一方面，全球金融危机的爆发极大地刺激了全球投资者的避险需求。从图 5–1 和图 5–3 可见，作为全球最主要货币的美元，以其计价的国际债券份额在危机爆发后明显下降，这在一定程度上导致惯性效应并不显著。同时，由“大缓和”进入“大衰退”对全球经济往来造成了严重的负面冲击，全球贸易呈现萎缩态势，网络效应的作用也大大下降。另一方面，为应对危机影响，包括美国在内的主要发达经济体都实行了超低（零）利率（甚至是负利率），并实施了大规模量化宽松的非常规货币政策，各国投资者对收益率的变化更为敏感，对国际债券投资的高收益需求更加强烈，因而全球金融危机后，币值稳定性成为影响国际债券币种结构最主要的因素。

需要关注的是，与 Eichengreen、Chitu 和 Mehl（2016）对布雷顿森林体系解体对外汇储备币种结构的实证研究中有关“危机冲击进一步加强了惯性效应且网络效应作用有所下降”这一结论不同，表 5–4 的结果表明，历史的惯性效应在全球金融危机的巨大冲击下并不显著，网络效应的作用也明显下降，这在很大程度上可能与国际债券是以金融机构和非金融企业而非政府部门作为投资主体有关。不过，虽然国际债券主要体现了国际货币的价值储藏职能，币值稳定性在全球金融危机后非常重要（甚至几乎是唯一的影响因素），但现有实证研究的样本期仅到 2015 年。除了美国经济明显复苏外，欧元区国家和日本仍在衰退边缘徘徊，英国经济的不确定性也由于退欧公投等意外事件的影响而大大增加。换言之，全球金融危机的负面影响仍然存在，控制金融危机后虚拟变量的回归结果充分说明了这一点。如果各国通过结构性改革或在技术进步的作用下完全走出“大衰退”，那么全部样本期的惯性效应和网络效应在国际债券计价中的作用将会具有显著的影响，这也与交易支付作为货币最主要职能的理论含义相符。另外，控制金融危机虚拟变量的回归结果也表明，全球金融危机确实对国际债券币种结构具有显著的影响，说明上述分析是合理可靠的。

表 5–4 全球金融危机对国际债券计价币种结构的影响（CurrStru 为被解释变量）

	金融危机之前		金融危机之后		全部时期	
	方程 1	方程 2	方程 3	方程 4	方程 5	方程 6
截距项	0.134 (1.589)	−1.584 (2.897)	8.829** (4.101)	8.885** (4.100)	3.267*** (0.878)	3.221*** (0.997)
CurrStru(−1)	0.642*** (0.128)	0.791*** (0.112)	0.170 (0.432)	0.177 (0.436)	0.721*** (0.076)	0.747*** (0.076)
GDP	0.639** (0.257)		0.070† (0.043)		0.119** (0.054)	
PPP		0.774* (0.407)		0.069 (0.054)		0.111† (0.071)
SDR	−0.026 (0.044)	−0.065† (0.045)	−0.063** (0.030)	−0.070** (0.033)	−0.051** (0.026)	−0.063** (0.026)
FinaStru	−0.032** (0.014)	−0.023** (0.011)	−0.021** (0.010)	−0.022** (0.010)	−0.021*** (0.008)	−0.020** (0.008)
Crisis					−0.245** (0.109)	−0.298** (0.121)
R^2	0.996	0.995	0.998	0.998	0.996	0.996
S.E.	1.203	1.236	0.645	0.649	1.053	1.063
F	1005.9***	952.9***	2637.6***	2599.0***	1947.4***	1907.9***
Obs.	60	60	50	50	102	102

同样，在反映流量的国际债券当年发行币种结构方面，从表 5–5 可见，全球金融危机之前显著的惯性效应在危机之后完全消失，而且网络效应的显著性也明显下降，但是币值稳定性因素始终对国际债券币种结

构具有显著的影响。同时，间接融资的比重变量始终并不显著，金融危机虚拟变量也比较显著，这也与之前的结论一致。

表 5–5 全球金融危机对国际债券发行币种结构的影响（GrossStru 为被解释变量）

	金融危机之前		金融危机之后		全部时期	
	方程 1	方程 2	方程 3	方程 4	方程 5	方程 6
截距项	0.766 (2.576)	0.620 (3.830)	6.829 (4.803)	7.731* (4.619)	3.217** (1.601)	3.694** (1.732)
GrossStru（−1）	0.464*** (0.136)	0.627*** (0.138)	0.088 (0.495)	0.086 (0.451)	0.561*** (0.129)	0.614*** (0.129)
GDP	0.740** (0.305)		0.191** (0.043)		0.210* (0.107)	
PPP		0.653† (0.451)		0.148 (0.165)		0.115 (0.116)
SDR	−0.151*** (0.054)	−0.205*** (0.054)	−0.124* (0.062)	−0.099* (0.060)	−0.114** (0.052)	−0.142*** (0.051)
FinaStru	−0.023* (0.012)	−0.014* (0.014)	0.002 (0.026)	0.003 (0.029)	−0.004 (0.011)	−0.003 (0.012)
Crisis					−0.298† (0.201)	−0.419* (0.224)
R^2	0.994	0.993	0.990	0.991	0.991	0.990
S.E.	1.386	1.486	1.767	1.648	1.624	1.662
F	727.2***	632.4***	272.2***	383.1***	783.7***	748.2***
Obs.	60	60	50	50	102	102

二、稳健性检验

第一，币值稳定性：实际有效汇率和名义有效汇率作为代理变量。

由之前的分析可以发现，币值稳定性对国际债券的币种结构具有非常显著的影响。特别是在全球金融危机之后，国际债券的金融投资属性进一步加强，其币种选择中国际货币价值储藏职能的作用大大上升，币值稳定性对国际债券币种结构的影响更加显著。为此，这里以BIS公布的各主要货币的实际有效汇率（Realex）和名义有效汇率（Nomiex）的年度变化率作为衡量币值稳定的代理变量，对回归结果进行稳健性检验。汇率指数正的增速越高，意味着币值越稳定。因此，理论上Realex和Nomiex应与被解释变量呈现显著的正相关关系。从表5–6和表5–7中的方程1至方程4可见，实际有效汇率和名义有效汇率的变化与各主要货币国际债券占比均呈现显著的正相关关系，而且惯性效应、网络效应及金融结构控制变量的结果也与之前相同，这说明有关币值稳定性的结论是稳健可靠的。

第二，网络效应：进出口贸易额占比作为代理变量。

除了经济总量规模外，国际经济往来（特别是贸易往来）是衡量一国与全球经济关系重要的指标，因此，在这里分别以出口总额（Export）、进口总额（Import）和进出口贸易总额（Trade）占全球的比重，作为衡量网络效应的代理变量，数据源自世界银行WDI数据库，对回归结果进行稳健性检验。从表5–6和表5–7中的方程5至方程10可见，以出口、进口和贸易总额占比衡量的网络效应对国际债券币种结构同样具有非常好的显著影响，而且惯性效应同样非常显著，国内币值稳定的作用仍不明显，SDR衡量的外部币值稳定始终具有显著影响，这说明本章的回归结果是稳健可靠的。

第三，其他稳健性检验结果。

从表5–6和表5–7的方程11至方程16可见，以Realex、Nomiex作为币值稳定性变量，以进出口贸易额占比作为网络效应变量的回归结果表明，大部分变量与各主要货币国际债券占比都具有非常显著的关系。只是在国际债券计价货币的存量回归中，部分实际有效汇率和名义有效汇率不显著。但是在国际债券发行货币的流量回归中，所有变量都是显著的。这说明，有关国际债券币种结构影响因素的实证分析结果是

表 5–6 国际债券计价币种结构稳健性检验结果（CurrStru 为被解释变量）

	方程 1	方程 2	方程 3	方程 4	方程 5	方程 6	方程 7	方程 8	方程 9	方程 10	方程 11	方程 12	方程 13	方程 14	方程 15	方程 16
截距项	2.542*** (0.807)	2.428*** (0.778)	2.799*** (0.983)	2.617*** (0.925)	1.072 (0.956)	1.406 (1.160)	1.202 (1.075)	0.499 (0.982)	1.014 (1.080)	0.488 (1.011)	0.618 (0.954)	0.560 (0.935)	1.315 (1.089)	1.205 (1.046)	0.714 (1.019)	0.623 (0.983)
CurrStru (−1)	0.802*** (0.072)	0.803*** (0.073)	0.814*** (0.073)	0.817*** (0.074)	0.748*** (0.069)	0.724*** (0.068)	0.735*** (0.071)	0.823*** (0.067)	0.811*** (0.070)	0.802*** (0.070)	0.817*** (0.068)	0.818*** (0.067)	0.803*** (0.069)	0.805*** (0.069)	0.799*** (0.067)	0.780*** (0.067)
GDP	0.061† (0.041)	0.069* (0.038)														
PPP			0.012 (0.059)	0.025 (0.053)												
Export					0.347*** (0.092)			0.350*** (0.067)			0.306*** (0.083)	0.308*** (0.082)				
Import						0.318*** (0.107)			0.278*** (0.072)				0.218*** (0.076)	0.225*** (0.072)		
Trade							0.338*** (0.101)			0.387*** (0.103)					0.309*** (0.094)	0.315*** (0.091)
SDR					−0.029† (0.019)	0.039* (0.023)	−0.034† (0.021)									
CPI								−0.092 (0.126)	−0.064 (0.109)	−0.136 (0.134)						
Realex	0.062* (0.033)		0.075** (0.033)								0.029 (0.023)		0.050* (0.029)		0.039† (0.025)	

	方程 1	方程 2	方程 3	方程 4	方程 5	方程 6	方程 7	方程 8	方程 9	方程 10	方程 11	方程 12	方程 13	方程 14	方程 15	方程 16
Nomiex		0.056^{*}		0.068^{**}								0.029		0.047^{*}		0.038^{*}
		(0.029)		(0.030)								(0.021)		(0.026)		(0.023)
FinaStru	-0.015^{**}	-0.085^{***}	-0.014^{**}	-0.014^{**}	-0.015^{**}	-0.014^{**}	-0.013^{**}	-0.017^{**}	-0.014^{**}	-0.015^{**}	-0.015^{**}	−0.015	-0.014^{**}	-0.014^{**}	-0.013^{**}	-0.013^{**}
	(0.007)	(0.029)	(0.007)	(0.007)	(0.006)	(0.006)	(0.006)	(0.007)	(0.007)	(0.007)	(0.007)	(0.007)	(0.006)	(0.006)	(0.006)	(0.006)
R^2	0.996	0.996	0.996	0.996	0.997	0.996	0.996	0.996	0.996	0.996	0.996	0.996	0.996	0.996	0.996	0.996
S.E.	1.115	1.116	1.120	1.122	0.994	1.016	1.024	1.066	1.104	1.083	1.063	1.063	1.093	1.093	1.079	1.078
F	1936.6^{***}	1931.4^{***}	1919.6^{***}	1910.7^{***}	2382.1^{***}	2278.4^{***}	2245.8^{***}	2119.4^{***}	1972.8^{***}	2052.3^{***}	2129.4^{***}	2130.7^{***}	2015.6^{***}	2103.7^{***}	2067.3^{***}	2070.1^{***}
Obs.	104	104	104	104	102	102	102	104	104	104	104	104	104	104	104	104

表 5–7 国际债券发行币种结构稳健性检验结果（GrossStru 为被解释变量）

	方程 1	方程 2	方程 3	方程 4	方程 5	方程 6	方程 7	方程 8	方程 9	方程 10	方程 11	方程 12	方程 13	方程 14	方程 15	方程 16
截距项	2.121 (1.622)	1.832 (1.606)	3.395* (1.754)	2.915* (1.706)	0.827 (1.696)	1.504 (1.935)	1.088 (1.833)	−0.611 (1.977)	0.251 (2.119)	−0.853 (2.025)	0.509 (1.778)	0.152 (1.768)	1.528 (1.927)	1.126 (1.896)	0.381 (1.896)	−0.052 (1.873)
GrossStru (−1)	0.659*** (0.135)	0.661*** (0.136)	0.694*** (0.133)	0.703*** (0.136)	0.604*** (0.119)	0.587*** (0.122)	0.596*** (0.123)	0.715*** (0.135)	0.702*** (0.142)	0.685*** (0.136)	0689*** (0.129)	0.695*** (0.130)	0.679*** (0.131)	0.685*** (0.132)	0.670*** (0.128)	0.673*** (0.129)
GDP	0.140† (0.098)	0.162* (0.097)														
PPP			−0.084 (0.099)	−0.047 (0.094)												
Export					0.440*** (0.129)			0.488*** (0.152)			0.321*** (0.128)	0.348*** (0.128)				
Import						0.353*** (0.158)			0.361*** (0.123)				0.186† (0.133)	0.216* (0.132)		
Trade							0.405*** (0.147)			0.578*** (0.170)					0.357** (0.149)	0.395*** (0.147)
SDR					−0.096** (0.042)	−0.112** (0.049)	−0.105** (0.047)									
CPI								−0.075 (0.272)	−0.026 (0.245)	−0.156 (0.282)						
Realex	0.149*** (0.055)		0.192*** (0.033)								0.135*** (0.042)		0.160*** (0.050)		0.139*** (0.045)	

	方程 1	方程 2	方程 3	方程 4	方程 5	方程 6	方程 7	方程 8	方程 9	方程 10	方程 11	方程 12	方程 13	方程 14	方程 15	方程 16
Nomiex		0.139**		0.168***								0.119***		0.141***		0.123***
		(0.053)		(0.053)								(0.041)		(0.049)		(0.044)
FinaStru	0.008	0.006	0.010*	0.010	0.005	0.005	0.007	0.005	0.006	0.007	0.009	0.009	0.010	0.010	0.012	0.011
	(0.010)	(0.010)	(0.012)	(0.011)	(0.011)	(0.012)	(0.012)	(0.010)	(0.010)	(0.011)	(0.010)	(0.010)	(0.011)	(0.011)	(0.010)	(0.011)
R^2	0.989	0.989	0.990	0.989	0.991	0.991	0.991	0.989	0.988	0.989	0.989	0.989	0.989	0.989	0.989	0.989
S.E.	1.754	1.763	1.770	1.785	1.589	1.624	1.623	1.785	1.837	1.791	1.731	1.739	1.758	1.769	1.737	1.742
F	760.2***	752.4***	748.8***	293.0***	894.4***	854.6***	855.8***	733.4***	692.1***	728.4***	780.2***	773.5***	756.5***	747.1***	775.6***	770.3***
Obs.	104	104	104	104	102	102	102	104	104	104	104	104	104	104	104	104

非常稳健可靠的。

第四，惯性效应的内生性：广义矩估计（GMM）结果。

本章的回归主要是根据支付交易和价值储藏两大国际货币职能对惯性效应、网络效应和币值稳定性进行检验。在惯性效应变量方面，主要是根据 Chinn and Frankel（2007，2008）、Eichengreen，Chitu and Mehl（2016）等的做法，采用滞后一期的各币种计价的国际债券占比作为替代变量（这相当于动态面板模型），惯性效应变量可能存在内生性问题。这里通过广义矩估计（GMM）方法，以滞后两期的因变量及其他自变量的水平变量作为工具变量，对模型进行检验，发现回归结果与表 5–2 的结果基本类似。通过计算发现，所有模型 J 统计量的 P 值都无法显著拒绝萨甘（Sargan）检验模型过度约束正确的原假设，说明模型设定形式是合理的。而且，模型残差的 AR（1）显著且 AR（2）并不显著，GMM 方法是适用的。因此，即使考虑到惯性效应可能存在的内生性问题，模型的结论仍是非常稳健的（参见表 5–8）。

表 5–8　惯性效应的内生性（CurrStru 为被解释变量，GMM）

	方程 1	方程 2	方程 3	方程 4
截距项	3.820*** (1.374)	4.935*** (1.182)	3.272*** (0.986)	3.454*** (1.142)
CurrStru（−1）	0.580*** (0.109)	0.612*** (0.111)	0.639*** (0.079)	0.671*** (0.081)
GDP	0.132** (0.057)		0.147** (0.060)	
PPP		0.028 (0.065)		0.094†† (0.067)
SDR	−0.078** (0.031)	−0.096*** (0.034)	−0.039† (0.026)	−0.056** (0.029)
FinaStru			−0.012** (0.006)	−0.001* (0.006)

	方程 1	方程 2	方程 3	方程 4
R^2	0.994	0.994	0.997	0.997
S.E.	1.306	1.307	0.990	1.005
P-value of AR（1）	0.0018	0.0034	0.0618	0.0448
P-value of AR（2）	0.5110	0.4408	0.7818	0.8963
J-Statistic	6.96E-26	1.86E-23	7.74E-22	1.56E-22
Instrument rank	11	11	12	12
Obs.	119	119	96	96

注：工具变量为 CurrStru（－2）、截距项及其他自变量的水平变量。

类似地，在流量数据回归中，考虑到惯性效应的两阶段最小二乘回归结果也未发生明显变化，说明结果是非常稳健的（参见表 5–9）。

表 5–9　惯性效应的内生性（GrossStru 为被解释变量，GMM）

	方程 1	方程 2	方程 3	方程 4
截距项	4.336** (2.114)	4.959** (2.170)	4.140** (1.767)	4.627** (1.977)
GrossStru（－1）	0.555*** (0.186)	0.591*** (0.178)	0.417** (0.167)	0.494*** (0.164)
GDP	0.099 (0.089)		0.232** (0.101)	
PPP		－0.027 (0.095)		0.090 (0.104)
SDR	－0.146*** (0.051)	－0.160*** (0.054)	－0.104* (0.052)	－0.133** (0.055)
FinaStru			0.001 (0.012)	0.002 (0.013)
R^2	0.988	0.988	0.991	0.991
S.E.	1.8456	1.833	1.609	1.624
P-value of AR（1）	0.0776	0.1264	0.9849	0.6544
P-value of AR（2）	0.8338	0.9230	0.1832	0.1038

	方程 1	方程 2	方程 3	方程 4
J-Statistic	4.61E-25	6.33E-25	4.72E-23	3.71E-23
Instrument rank	11	11	12	12
Obs.	119	119	96	96

注：工具变量为 GressStru（－2）、截距项及其他自变量的水平变量。

本章利用 BIS 公布的国际债券相关数据，对影响国际债券币种结构因素进行了实证分析。结果表明，与国际货币交易支付职能密切相关的惯性效应和网络效应对国际债券计价货币币种结构具有显著的影响，与国际货币价值储藏职能密切相关的、以汇率表示的货币外部币值稳定性而非通胀表示的货币内部币值稳定性，对国际债券计价货币的币种构成密切相关。全球金融危机对国际债券的币种结构产生了重要的影响。而且在全球金融危机之后，币值稳定性对国际债券计价货币的影响更加重要，惯性效应则在危机的冲击之下消失，网络效应的作用也明显下降，这与国际债券的计价货币主要反映私人部门金融交易投资的国际货币职能密切相关。国际债券币种结构的惯性效应、网络效应和外部币值稳定性的影响在控制了金融结构变量因素后，结果仍是非常显著且稳健的。

自 2009 年人民币国际化战略正式启动以来，在贸易结算主要模式迅速发展的同时，人民币在价值储藏的国际货币职能方面发展相对滞后，人民币计价的国际债券占比在存量方面甚至还要低于以政府为主导的外汇储备占比，这表明人民币在以市场为主的国际金融投资中的作用仍有很大的提升空间。全球金融危机爆发后，随着中国经济在全球经济中的比重逐步上升，由于惯性效应消失且网络效应的作用也有所下降，未来以人民币计价的国际债券的占比仍将明显提高。但是，外部币值稳定性在国际债券的币种结构中的作用更加重要，这对稳定人民币汇率水平提出了更高的要求。由于汇率水平和汇率预期的大幅逆转，尽管以人民币计价的国际债券的存量占比依然小幅上升，但以流量的人民币计价的国际债券发行占比明显下降。人民币国际化进程出现的波折也与人民币在国际金融投资中的作用发挥相对不足有关。为此，今后中国应进一步加强在岸外汇市场建设，进一步放开外汇市场准入和产品交易（特别是外汇衍生品市场）限制，提高中国外汇市场的广度和深度，加快人民币汇率形成机制改革，真正让市场在汇率水平调节和外汇资源配置中起决定性作用，以市场供求的力量为人民币汇率提供坚实可靠的支撑，以此促进人民币在国际金融交易投资中发挥更大作用。

第六章　本币计价国际债券占比影响因素的实证研究

所谓货币国际化，指一国货币在发行国以外行使全部或部分货币职能的现象。国际化的货币不仅限于货币发行国居民的交易，更重要的是被非居民用于贸易、服务或金融资产的交易（Kenen，2011）。为此，一国货币的国际化必然涉及本币的流出机制与回流机制问题。前者是该国货币成为国际货币的前提条件和微观基础，即确保他国经济主体能够获得本币，而后者则是维持他国经济主体持有该国货币之意愿的保证。因此，人民币的国际化首先需要解决这两个机制的建设问题。当前，在贸易结算和离岸市场为主的人民币国际化模式下，人民币回流机制不畅，进一步抑制了人民币国际金融投资需求的提升。“贸易结算＋离岸市场”这一货币国际化模式不可避免地受到金融投资职能的制约，这也是日元国际化失败的重要原因（殷剑峰，2011）。在当前的背景下，逐步扩展本国居民以人民币进行贷款或债券融资，对进一步完善人民币回流机制，在风险可控的条件下促进中国金融体系改革，增强人民币在国际金融投资中的地位，有效提升人民币国际化水平，具有非常重要的意义。本章将借鉴外汇储备币种结构影响因素的实证分析，从惯性效应、网络效应和币值稳定性的角度，对一国居民以本币计价的国际债券的影响因素进行实证分析，以期为人民币国际债券市场发展和人民币回流机制的完善提供有益借鉴。

第一节　实证研究的背景

一、对本币计价国际债券融资的一般性讨论

一般而言，一国居民很难向国外投资者发行以本国货币计价的债券，至于经济状况不佳的发展中国家以本币进行国际债券融资，则更为困难。特别是自20世纪80年代以来，拉美、东亚等许多发展中国家饱受货币危机的困扰，许多有关国际货币危机的文献中都集中于货币错配的研究（Cooper，1971；Calvo，1998；Mishkin，1996，1999；Krugman，1999）。对于一国难以在国际金融市场以本国货币借贷、甚至许多国家在本国金融市场（由于缺乏足够的市场深度）都无法以本币获得长期融资这一现象，Eichengreen和Hausmann（1999）将其称为“原罪”问题（Original Sin）。Hausmann和Panizza（2003）指出，全球97%的债券都是以美元、欧元、英镑、日元和瑞士法郎这5种主要国际货币进行计价，但仅有83%的借款者是来自这5个国家的居民。理论上，由于存在汇率贬值风险和不确定性，外国投资者通常对一国居民发行的本币计价债券要求更高的风险溢价，因此，来自高风险国家的借款人更倾向于以美元等主要国际化货币进行融资。然而，以外币进行债务融资，不仅使借款者更容易受到汇率冲击的影响，增加一国的货币错配风险，而且货币政策当局不得不在刺激经济的货币贬值政策与由于货币错配可能引发的金融危机之间进行艰难的权衡，这将严重削弱一国货币政策的自主性（Eichengreen，Hausmann and Panizza，2007）。货币错配和“原罪”问题的存在，意味着发展中国家无法通过发行以本币计价

的国际债券实现货币的有序回流，这无疑将制约其货币国际职能的有效发挥和货币国际化的发展进程。

尽管货币错配和“原罪”问题得到了大量研究的支持，但是Flandreau和Sussman（2004）对19世纪以来主权债务的历史分析表明，一国在国外（主要是国际金融中心）用当地货币发行债券一直是有史以来的习惯做法，这主要与国际金融中心的市场流动性有关。仅有一小部分国家在二级市场上用本币进行融资，但这也主要取决于市场的流动性状况。只有一国经济逐步强大才能够逐步摆脱这一状况（如19世纪的美国和20世纪的日本）。如果按照Eichengreen和Hausmann（1999）的观点，货币错配和“原罪”是发展中国家不可避免的难题，那么任何政策措施都无法改善货币危机状况，这也意味着任何改善货币条件和金融体系发展的努力都是无效的。基于金融发展理论，特别是以LLSV（La Porta，Lopez-de-Silanes，Shleifer and Vishny，1997）为代表的法金融的思想，Burger和Warnock（2003，2006，2007）对货币错配和“原罪”假说提出了强烈的质疑。通过对外国投资者参与本国金融市场的理论模型及对49个国家债券市场的实证分析，Burger和Warnock（2003，2006，2007）指出，良好的宏观经济政策（通胀稳定）和对债权人保护程度（法治水平）对一国债券市场的发展至关重要，它能够使一国减少对外币计价债券的依赖；发展中国家并非必然依赖于外币债券，改善宏观政策和制度可以有效发展国内债券市场，缓解货币错配和货币危机发生的概率，因而“原罪”很可能并不是一个恰当的概念。Hale、Jones和Spiegel（2014，2016）基于微观数据对本币计价国际债券的实证研究进一步表明，随着弹性通胀目标制的广泛采用，通胀稳定及由此形成更加稳定的汇率和资本流动，使得以本币计价的国际债券占比逐步上升，有效地缓解了“原罪”问题。技术的进步有效地减少了金融交易信息成本，这也促进了各国以本币发行国际债券。特别是在全球金融危机后，由于美元流动性的暂时短缺导致以美元计价发行债券的成本提高，以本币发行债券与美元计价债券的溢价下降，这也促进了本币国际债券市场的发展。另外，金融发展深度和主权债务评级（这些因素在很大程度上取决于一国的制度状况）对以本币计价的国际债券的发行也具有非常显著的影响。Burger、F. Warnock 和 V.Warnock（2012），Burger、Sengupta、F. Warnock 和 V.Warnock（2015）对美国海外债券的微观数据实证研究也表明，美国投资者更倾向于在宏观经济和通胀稳定、经常账户保持顺差、经济增长强劲以及具有良好投资环境的发展中国家金融市场以当地货币进行债券投资。可见，本币计价国际债券占比的逐步提高这一事实表明，对货币错配和“原罪”假说确实需要进一步深入的讨论。事实上，Hausmann 和 Panizza（2011）在之前工作基础上对数据进行更新后发现，货币错配和“原罪”确实有所下降，仅限于少数国家仍存在这个问题，而这很可能主要是由于国际资本市场存在的结构性问题所致。

就债券供给角度而言，一国居民通过国际金融市场进行融资，主要是为了进行贸易往来或金融投资。就债券需求角度而言，国际投资者需要获得稳定的债券投资收益。无论债券是以何种货币计价，都需要同时满足债券供求双方的需求，所以国际债券的计价货币实际上正是货币交易支付和价值储藏两大职能的具体体现。一国货币作为国际债券的计价货币与外汇储备一样，都是货币国际化的具体体现。大量实证研究表明，作为国际交易媒介的惯性效应（Inerita Effect）及与之密切相关的网络效应或外部效应（Network Externality）和币值的稳定性或政策可靠性，作为影响外汇储备币种结构的重要因素（Chinn and Frankel，2007，2008；Ito，McCauley and Chan，2015；Eichengreen，Chitu and Mehl，2016），分别体现了外汇储备作为国际货币交易支付和价值储藏的职能。因此，一国能否以本币在国际金融市场进行债务融资（也即本币计价国际债券的占比）与货币的国际化程度密切相关。显然，如果一国经济具备一定规模，同时也是全球贸易的主要参与国和全球资金的主要来源国，其他国家持有该国的货币将更加便利经济往来，那么该国的货币在国际交易支付中将发挥越来越重要的作用，将不可避免地面临国际化（Polak，1992），该国也更容易在国际金融市场上以本币进行债务融资，这也就是 Flandreau 和 Sussman（2004）所强调的金融市场流动性和一国经济规模的作用，也即惯性效应和规模效应的影响。同时，币值的稳定性对支撑支付媒介职能具有非常重要的作用，英镑世界货币地位的逐步丧失就是非常直接的例证（Eichengreen，2005）。

二、本币计价国际债券发展的分类统计情况

从 20 世纪 80 年代中期开始，BIS 就对国际债券发行主体、计价货币等情况进行了非常详细的统计，并在 2012 年对国际债券的定义和统计范围进行了全面修订。在发行主体方面，BIS 根据债券发行人的国籍（Nationality）和居住地（Residence）分别对国际债券进行分类统计。按照国籍进行统计主要是根据最终债务人进行划分，这样能够更好地反映作为母公司的经济主体资产负债的全面情况；而以居住地进行的国际债券统计中，有很大一部分是通过离岸金融中心开展的中间借贷。因此，英国等离岸中心国家按居民标准统计的国际债券数量要大于按国籍标准的统计，而中国等国按国籍标准统计的国际债券数量要大于按居民标准的统计。2015 年，BIS 对特定目的工具（SPV）债券发行居民和国民进行了重新分类。此外，BIS 还将国际债券发行主体分为政府部门、金融机构（包括中央银行、银行和非银行金融机构）、非金融企业和国际组织 4 大类。在币种构成方面，按国籍标准的国际债券统计仅区分了美元、欧元和其他货币，按居民标准的国际债券还统计了本国计价的国际债券。Gruic 和 Wooldridge（2012）、BIS（2015）对 BIS 国际债券统

计的历史演进和修订标准进行了详细的介绍。

BIS 对国际债券余额、净发行额和总发行额进行了统计。这里主要考察反映存量的国际债券年末余额和反映总流量的国际债券年度发行总额情况。Ligthart 和 Werner（2012）、Hale 和 Spiegel（2012）等的研究都表明，1999 年欧元的启动极大地促进了欧元区国家采用欧元开展国际债券融资。因此，为了避免欧元对本币计价国际债券占比的影响，本书仅考察 1999 年以来的情况。从图 6–1 可见，2001 年以来全球以本币计价的国际债券占比始终在 40% 以上。虽然这主要是由于发达国家本币计价国际债券占比较高，特别是美元、英镑等主要国际货币国家居民以本币计价的国际债券占比分别高达 60% 和 35% 左右，但自 2005 年以来，发展中国家以本币计价的国际债券占比明显上升，在 2012 年达到最高的 5.9%，这也符合许多不支持“原罪”现象或货币错配程度下降的经验研究结果。同时，在全球金融危机爆发后的 2009 年，全球和发达国家以本币计价的国际债券占比均达到最高的 50.6% 和 59.9%，这也与 Hale、Jones 和 Spiegel（2014，2016）有关全球金融危机爆发后美元流动性暂时短缺使本币发行债券与美元计价债券的溢价下降，从而促进了本币国际债券市场的发展这一发现一致。日元在本国居民国际债券中的占比在 2008 年一度达到最高的 66.9%，但在此之后逐步回落，到 2015 年年末已降至 22.6% 的历史低位。这实际上是日本经济长期低迷和日元国际化失败的反映。在 2007 年之前，中国没有以人民币计价的国际债券。自 2009 年人民币国际化战略启动以来，特别是随着 2010 年以来人民币资本账户开放试点的逐步扩大，在中国的国际债券基数较低因素的作用下，中国居民发行的以人民币计价的国际债券占比迅速上升，在 2012 年达到最高的 52.7%。此后，尽管随着中国居民发行国际债券数量的迅速上升，这一指标有所回落，但即使在人民币国际化出现波折的 2015 年，以人民币计价的国际债券占比仍高达 31%。

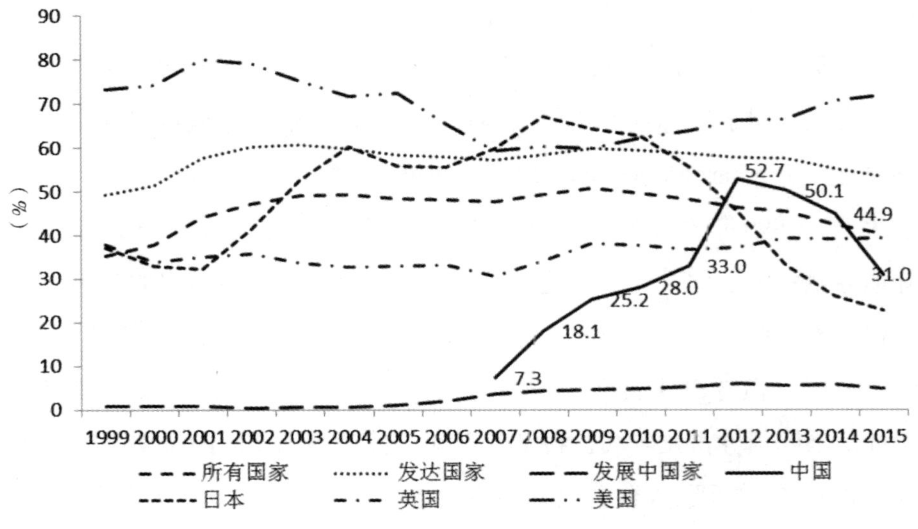

图 6–1 本币计价的国际债券占比

数据来源：国际清算银行债券统计数据库。

在本币发行的国际债券占比方面，全球以本币发行的国际债券占比在 2008 年达到最高的 46.8%，当年发达国家和发展中国家也都达到历史最高点的 50.5% 和 9.7%，这也反映了全球金融危机的爆发对不同货币债券发行溢价的影响。然而，与发达国家以本币发行的国际债券占比较高水平不同，发展中国家以本币发行的国际债券占比在 2005 年之前仅为 1% 左右，但在此之后明显上升，从而有效缓解了其货币错配和“原罪”问题。不过，与其他发达国家在全球金融危机后以本币发行的国际债券占比大幅下降不同（如英国由 2008 年最高的 40.1% 降至 2015 年的 24.8%，日本也由 2008 年最高的 82.7% 降至 2015 年最低的 17.0%），美元在本国发行国际债券中的比重在危机后还出现了明显的上升，如 2012 年达到最高的 76.5%，这也反映了美元作为国际货币的强劲地位。2009 年人民币国际化正式启动后，受基数效应较小的影响，当年人民币在国际债券发行中的比重高达 84.4%，之后直至 2012 年基本稳定在 70% 左右。随着中国发行的国际债券数量的增加，以及受美元加息和国际资本流动方向逆转等因素的影响，2013 年和 2014 年人民币发行的国际债券占比降至 40% 左右（分别为 42.1% 和 39%）。由于受人民币汇率贬值等因素影响，2015 年这一指标迅速下降至 10.4%，这也反映了人民币国际化进程的波折，需要引起高度重视（参见图 6–2）。

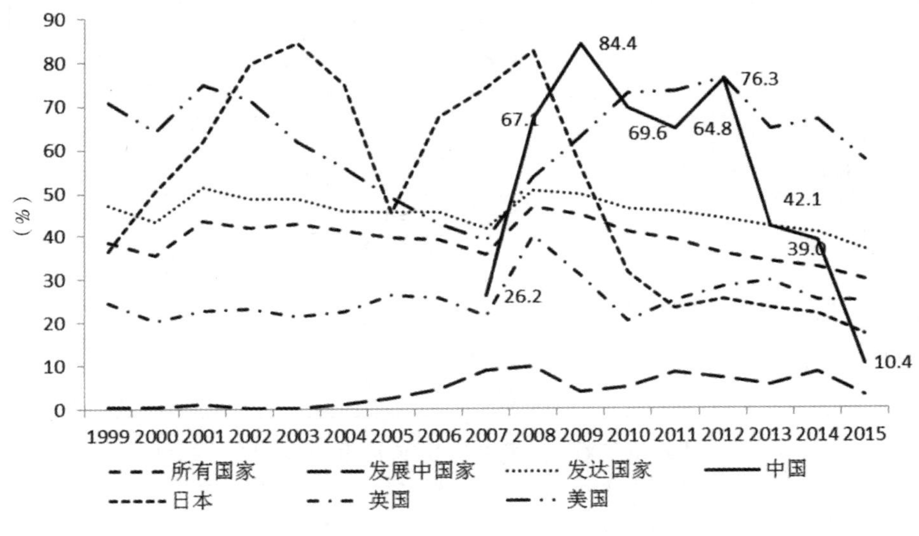

图 6–2　本币发行的国际债券占比

数据来源：国际清算银行债券统计数据库。

第二节　指标数据与计量结果

一、指标选取与数据说明

本章从货币职能的视角出发，借鉴 Chinn 和 Frankel（2007，2008）、Eichengreen、Chitu 和 Mehl（2016）等有关外汇储备币种结构实证研究的做法，对惯性效应、网络效应和币值稳定性对本币国际债券占比的具体影响进行实证分析。

表 6–1 变量选取与数据说明

变量	指标含义	指标说明	单位	与被解释变量的理论关系	数据来源
HomeCurr	被解释变量	本币计价国际债券余额占比（居民统计标准）	%		BIS
HomeGross		本币发行国际债券占比（居民统计标准）	%		BIS
HomeCurr（−1）/ HomeGross（−1）	惯性效应	滞后一期变量	%	+	BIS
GDP	网络效应	美元计算的国内生产总值占全球的比重	%	+	WDI
PPP		购买力平价计算的国内生产总值占全球的比重	%	+	WDI
SDR	对外币值稳定性 / 政策可靠性	每单位 SDR 货币汇率的变化率	%	−	IFS
CPI	对内币值稳定性 / 政策可靠性	消费者价格增速	%	−	WDI
FinaStru	间接融资比重	银行信贷占（信贷＋债券余额＋股票市值）的比重	%	−	GFD，中国人民银行

在被解释变量方面，主要选取一国居民以本币计价的国际债券存量和以本币发行的国际债券的流量。在解释变量选取方面，以滞后一期的各币种计价的国际债券占比作为惯性效应的代理变量。如果存在惯性效应，则变量的回归系数应显著为正。以各国美元计算的国内生产总值（GDP）或购买力平价计算的国内生产总值（PPP）占全球经济的比重作为网络效应的代理变量。理论上，一国经济规模越大，其国际经济交

往越密切，网络效应也应越强，数据来自世界银行 WDI 数据库。在币值稳定性或可靠政策变量方面，以每单位 SDR 兑换该国货币年均汇率的变化率作为衡量对外币值稳定性的代理变量。由于采用直接标价法，每单位 SDR 兑换货币汇率上升表明货币贬值，因此这一指标与被解释变量在理论上应具有显著的负相关关系，数据来自 IMF 的 IFS 数据库。同时，以各国 CPI 作为各国对内币值稳定性的代理变量，与被解释变量理论上具有负相关关系，数据来自世界银行 WDI 数据库。另外，这里还进一步考虑了金融结构因素的影响，作为影响国际债券币种结构的控制变量，这里以国内间接融资占比（即信贷与信贷存量、债券余额和股票市值之和的比重，FinaStru）作为金融结构和金融市场发展的代理变量。理论上，直接融资越发达，金融市场越具有广度和深度，货币国际化程度也越高。其中中国的间接融资比重根据中国人民银行公布的社会融资规模存量数据计算而得出，其他国家的间接融资比重数据根据世界银行 GFD 数据库相关数据计算而得出。计量分析的变量指标的含义和说明具体参见表 6–1。

二、计量结果及其含义

这里分别选取澳大利亚、加拿大、法国、德国、中国香港、意大利、日本、韩国、荷兰、新西兰、葡萄牙、新加坡、西班牙、瑞士、英国、美国 16 个发达国家和地区以及阿根廷、巴西、中国、印度、印度尼西亚、马来西亚、墨西哥、菲律宾、俄罗斯、南非、泰国 11 个发展中国家 1999—2015 年的年度数据进行面板数据回归。由于部分国家的部分年份的本币计价国际债券和金融结构数据缺失，因此模型是以非平衡面板数据为样本进行计量分析。通过似然比 LR 检验和豪斯曼（Hausman）检验可以判断，应采取固定效应模型，而且截面具有固定效应，但时期并不存在显著的固定效应（限于篇幅，不报告上述具体检验结果）。为了避免数据的异方差、自相关问题，采用截面似不相关回归法（Cross Section SUR，PCSE）进行显著性检验。

就货币职能的角度而言，惯性效应和网络效应都是货币交易支付职能的具体体现，但是惯性效应具有非常重要的作用；而经济的规模并不意味着货币地位和以本币发行的国际债券的比重的迅速变化。一方面，历史经验表明，英镑或美元由于其国际货币的地位而具有非常强的在位竞争优势（Incumbent Advantages，Eichengreen，1998），这类似于路径依赖的国际货币惯性效应，即国际货币体系的变革是一个漫长的过程而不可能一蹴而就。正如美元取代英镑成为世界货币经历了漫长的过程，虽然根据 Maddison（2010）的研究，早在 1872 年美国的经济总量就已经超过英国成为全球最大的经济体，美国的人均 GDP 也在 1903 年首次超过英国，但直到布雷顿森林体系正式运行后的 20 世纪 50 年代初，美元才超过英镑成为全球最主要的储备货币（Eichengreen，Chitu and Mehl，2016）。另一方面，币值稳定是货币更好地发挥交易支付职能的前提，而无法稳定储藏购买力的货币不可能被用作可靠的交换中介（Smithin，2003；刘絜敖，2010）。另外，Eichengreen、Chitu 和 Mehl（2016）发现，由于外汇市场和交易技术的发展，储备货币的网络效应有所下降，惯性效应和可靠的政策对于储备货币份额的作用进一步加强，这也与 Hale、Jones 和 Spiegel（2014，2016）对技术影响本币国际债券的发现类似。因此，惯性效应和币值稳定性对本币国际债券占比的影响较网络效应更为明显，通过实证分析结果可以比较清晰地观察到这一点。

从表 6–2 可见，与交易支付职能密切相关的惯性效应和网络效应都与以本币计价的国际债券余额占比具有显著的正相关关系，不过惯性效应始终在 1% 的水平下显著，而网络效应则大多仅在 5% 或 10% 的水平下显著。与此同时，从 SDR 和 CPI 的回归结果来看，外部币值稳定的 SDR 汇率变化率具有非常显著的影响，显著性水平都在 1% 以下，但是以 CPI 表示的一国货币内部币值稳定性对国际债券币种结构没有显著影响，这与国际债券在价值储藏方面的国际货币职能密切相关。另外，Burger 和 Warnock（2003，2006，2007），Hale、Jones 和 Spiegel（2014，2016）指出，通胀稳定与本币计价的国际债券密切相关。他们的实证分析主要是以通胀的波动（方差）或高通胀虚拟变量（超过 10% 的 CPI 年份）进行回归，而本书直接用 CPI 作为反映货币内部币值稳定的变量，因此本书发现的货币对外币值稳定而非对内币值稳定更为显著的结论与其并不矛盾。同时，可以发现，间接融资占比与国际债券计价货币占比之间显著负相关，说明金融市场发育的广度和深度对国际债券计价货币具有显著的影响，这也与理论相符。

表 6–2　本币计价的国际债券占比（HomeCurr 为被解释变量）

	方程 1	方程 2	方程 3	方程 4	方程 5	方程 6	方程 7	方程 8
截距项	3.901*** (1.357)	3.112** (1.479)	3.586** (1.407)	2.838* (1.527)	7.528*** (1.809)	6.059*** (2.129)	7.257*** (2.014)	5.940*** (2.292)
HomeCurr (−1)	0.824*** (0.049)	0.819*** (0.048)	0.828*** (0.050)	0.825*** (0.049)	0.802*** (0.052)	0.794*** (0.051)	0.809*** (0.054)	0.802*** (0.052)
GDP	0.474** (0.207)		0.500** (0.203)		0.550* (0.304)		0.571* (0.302)	
PPP		0.846** (0.329)		0.853*** (0.328)		1.079** (0.522)		1.081** (0.526)
SDR	−0.032*** (0.010)	−0.036*** (0.010)			−0.037*** (0.011)	−0.044*** (0.015)		
CPI			0.014 (0.025)	0.003 (0.026)			−0.023 (0.062)	−0.052 (0.061)
FinaStru					−0.059** (0.024)	−0.053** (0.024)	−0.057** (0.026)	−0.053** (0.026)
R^2	0.991	0.991	0.991	0.991	0.989	0.989	0.989	0.989
S.E.	3.144	3.123	3.155	3.139	3.242	3.215	3.257	3.235
F	1478.7***	1498.9***	1467.6***	1483.5***	1046.5***	1064.3***	1037.2***	1051.5***
Obs.	432	432	432	432	342	342	342	342

注：***，**，* 分别代表显著性水平为 1%，5%，10%，下同。

在流量数据方面，从表 6–3 可见，与存量数据回归结果类似，惯性效应始终在 1% 的水平下与本币发行的国际债券占比具有非常显著的正相关关系，但是在未控制金融结构变量时，网络效应仅在 5% 的水平下显著。同时，币值稳定性变量影响相对较差，在未控制金融结构的方程中，衡量外部币值稳定的 SDR 与国际债券发行占比之间呈现显著的负相关关系，衡量国内币值稳定的 CPI 则并不显著。与存量数据回归结果不同的是，金融结构变量始终不显著，而且货币对外币值稳定变量也不显著，网络效应的显著性也仅为 20%，这说明作为流量的国际债券当年发行币种结构主要受短期因素的影响。间接融资占比的金融结构属于反映一国经济、金融发展水平的长期变量，其与更具有长期性的存量数据之间具有显著关系，因此表 6–3 中反映金融结构的间接融资比重变量并不显著也是可以理解的。

表 6–3　本币发行的国际债券占比（HomeGross 为被解释变量）

	方程 1	方程 2	方程 3	方程 4	方程 5	方程 6	方程 7	方程 8
截距项	10.10*** (2.504)	8.303** (2.769)	10.33*** (2.665)	8.639*** (2.976)	11.88** (5.421)	9.061† (6.139)	12.11** (5.920)	9.537† (6.548)
HomeGross (−1)	0.516*** (0.096)	0.507*** (0.096)	0.518*** (0.096)	0.510*** (0.096)	0.465*** (0.109)	0.455*** (0.109)	0.468*** (0.109)	0.459*** (0.109)
GDP	1.055** (0.519)		1.116** (0.521)		1.056†† (0.807)		1.122†† (0.808)	
PPP		1.883** (0.878)		1.943** (0.881)		2.032†† (1.469)		2.085†† (1.487)
SDR	−0.082† (0.058)	−0.095* (0.059)			−0.077 (0.070)	−0.089 (0.070)		
CPI			−0.176 (0.197)	−0.216 (0.198)			−0.135 (0.325)	−0.185 (0.331)
FinaStru					−0.002 (0.083)	0.008 (0.083)	−0.005 (0.087)	0.003 (0.087)
R^2	0.872	0.872	0.871	0.872	0.853	0.853	0.853	0.853

	方程 1	方程 2	方程 3	方程 4	方程 5	方程 6	方程 7	方程 8
S.E.	11.57	11.55	11.58	11.56	12.40	12.37	12.41	12.39
F	93.85***	94.35***	93.64***	94.10***	62.35***	62.62***	62.19***	62.41***
Obs.	431	431	431	431	342	342	342	342

注：†，†† 代表显著性水平为 15% 和 20%，下同。

第三节　全球金融危机的影响和稳健性检验

全球金融危机对全球经济、金融格局产生了深远的影响，中国也是在全球金融危机爆发后不久正式启动了人民币国际化战略。Hale、Jones 和 Spiegel（2014，2016）指出，全球金融危机爆发后美元流动性的暂时性短缺减少了本币与以美元计价国际债券的溢价，促进了本币国际债券占比的上升，这一趋势即使是在金融市场逐步稳定之后也仍然存在。为此，本节对全球金融危机前后各变量对本币国际债券占比的具体影响进行实证分析，以观察全球金融危机的作用，并对实证分析结果进行稳健性检验。由于表 6–2 和表 6–3 都表明，在国际债券币种的币值稳定性变量方面，只有外部币值稳定具有显著影响，因此在下面的分析中仅考察外部币值稳定变量。

一、全球金融危机的影响

这里分别对 2008 年全球金融危机爆发之前和之后的样本进行实证分析，以考察全球金融危机对本币计价国际债券占比的影响。同时，通过引入虚拟变量并对全部样本期进行检验（Crisis，金融危机爆发之前设为 0，之后设为 1），以考察全球金融危机之后影响本币计价国际债券的因素是否发生了显著的变化。

从表 6–4 可见，全球金融危机之前样本的计量结果与表 6–2 的结论类似。惯性效应和网络效应对国际债券币种结构都具有比较显著的影响，但是以 GDP 衡量的网络效应显著性水平仅为 15%，而且全球金融危机之后惯性效应在 1% 的水平下显著，但网络效应均不显著，这印证了之前的有关网络效应作用的理论分析。同时，可以比较发现，在全球金融危机之后，尽管币值稳定性变量的显著性水平变弱，由 1% 变为 5% 或 15%，但仍然可以认为，币值稳定性变量对以本币计价的国际债券占比具有显著的影响。更重要的是，从变量回归系数可见，全球金融危机之后币值稳定性的作用较全球金融危机之前更大，结合网络效应并不显著，这说明在全球金融危机爆发之前，以本币计价的国际债券主要是为了满足贸易支付或金融投资为主的交易性需求，币值稳定性对国际债券计价货币的选择重要性相对较低；而在全球金融危机的冲击下，币值稳定的重要性明显提升，国际债券作为国际金融投资的重要手段，其货币的价值储藏职能的作用大大提高。全球金融危机使金融市场投资的避险需求明显上升，这对币值稳定性提出了更高的要求；而全球贸易的萎缩和经济全球化的暂时性倒退在一定程度上降低了网络效应的影响。同时，为应对金融危机的冲击，主要发达国家都采取了量化宽松和超低（零）利率政策，国际金融投资者对收益率变化更加敏感，因此币值稳定性对本币国际债券的影响也更大。然而需要指出的是，虽然国际债券主要体现了国际货币的价值储藏职能，币值稳定性在全球金融危机后的重要性进一步提高，但现有实证研究的样本期仅到 2015 年。此时除美国经济明显复苏外，欧元区和日本仍在衰退边缘徘徊。由于退欧公投事件的影响，本已接近复苏的英国经济面临诸多的不确定性，全球金融危机的负面影响仍然存在，控制金融危机后虚拟变量的回归结果充分说明了这一点。如果各国通过结构性改革或正的技术冲击作用下完全走出“大衰退”，那么网络效应仍会对以本币计价的国际债券占比具有显著的影响，这也与交易支付作为货币最主要职能的理论含义相符。另外，金融结构变量均是显著的，控制金融危机虚拟变量的回归结果也表明，金融危机对以本币计价的国际债券占比仍具有比较显著的影响，但是其显著性水平仅为15%，则很有可能与目前美国经济强劲复苏和2013年以来在美元加息政策预期下国际资本流动方向的逆转有关。

表6–4 全球金融危机对以本币计价的国际债券占比的影响（HomeCurr为被解释变量）

	金融危机之前		金融危机之后		全部时期	
	方程1	方程2	方程3	方程4	方程5	方程6
截距项	6.464** (2.538)	1.410 (2.957)	17.52*** (5.521)	22.69*** (7.610)	6.778*** (1.721)	5.179** (2.103)
HomeCurr (−1)	0.830*** (0.088)	0.845*** (0.087)	0.811*** (0.203)	0.850*** (0.195)	0.782*** (0.056)	0.7737*** (0.055)
GDP	0.561† (0.357)		1.162 (1.514)		0.607** (0.013)	
PPP		2.110*** (0.432)		2.944 (2.742)		0.167** (0.526)
SDR	−0.031*** (0.007)	−0.034*** (0.008)	−0.180** (0.093)	−0.130† (0.084)	−0.029** (0.013)	−0.036*** (0.012)
FinaStru	−0.046† (0.030)	−0.040†† (0.029)	−0.162*** (0.061)	−0.176*** (0.057)	−0.045* (0.024)	−0.038† (0.024)
Crisis					0.775† (0.520)	0.804† (0.5321)
R^2	0.993	0.994	0.988	0.988	0.990	0.990
S.E.	2.767	2.720	3.683	3.628	3.230	3.201
F	878.4***	908.8***	253.8***	261.6***	1019.6***	1038.1***
Obs.	201	201	115	115	342	342

在反映流量的本币发行国际债券占比方面，从表6–5可见，与存量数据不同的是，全球金融危机之前显著的惯性效应在危机之后完全消失，但存量数据并不显著的网络效应仍然显著且显著性水平较危机之前

明显提高，作用明显变大，这说明短期流量的国际债券发行在全球金融危机后对贸易等经济往来更加敏感，但历史的惯性效应作用并不明显。同时，可以发现币值稳定性因素始终对国际债券币种结构具有显著的影响，而且全球金融危机后币值稳定性的作用更大，这也与之前的发现一致。另外，还与表 6–3 一致，间接融资比重的变量始终并不显著，控制金融危机虚拟变量后可以发现，虽然金融危机的影响是显著的，但币值稳定性变量并不显著，而金融结构变量并不显著且变量符号发生了相反的变化，这说明在变量间很可能存在共线性现象。

表 6–5 全球金融危机对本币发行的国际债券占比的影响（HomeGross 为被解释变量）

	金融危机之前		金融危机之后		全部时期	
	方程 1	**方程 2**	**方程 3**	**方程 4**	**方程 5**	**方程 6**
截距项	0.155 (5.789)	−7.043 (6.548)	59.34** (23.84)	86.39*** (28.01)	7.190† (4.849)	4.062 (5.914)
HomeGross(−1)	0.613*** (0.118)	0.621*** (0.116)	0.076 (0.211)	0.062 (0.212)	0.434*** (0.111)	0.423*** (0.113)
GDP	2.156** (1.059)		7.399*** (2.099)		1.203† (0.804)	
PPP		4.459** (1.847)		14.91*** (3.836)		2.260† (1.479)
SDR	−0.077** (0.035)	−0.097*** (0.037)	−0.563*** (0.207)	−0.343* (0.177)	−0.037 (0.072)	−0.045 (0.072)
FinaStru	0.080 (0.064)	0.100 (0.064)	−0.227 (0.321)	−0.299 (0.319)	0.061 (0.077)	0.072 (0.077)
Crisis					3.523** (1.748)	3.556** (1.763)
R^2	0.958	0.958	0.841	0.847	0.855	0.856
S.E.	6.833	6.854	13.74	13.48	12.31	12.29
F	134.4***	133.5***	216.25***	17.00**	61.30***	61.59***
Obs.	201	201	115	115	342	342

二、稳健性检验：发达国家与发展中国家的分类回归结果

从图 6–1 和图 6–2 可见，发达国家是国际债券发行的主体，而且发达国家的本币国际债券占比明显较发展中国家更高。因此，为了检验结果的稳健性，这里分别对发达国家和发展中国家进行回归。首先，观察存量数据回归结果。表 6–6 是以发达国家为样本并以本币计价的国际债券占比（AdvCurr）作为被解释变量的回归结果，表 6–7 是以发展中国家为样本并以本币计价国际债券占比（DevCurr）作为被解释变量的回归结果。从表 6–6 可见，发达国家样本的回归与全部样本回归结果类似，惯性效应、网络效应和对外币值稳定性都具有非常显著的影响，金融结构变量也比较显著，而货币对内币值稳定变量并不显著。从表 6–7 可见，与发达国家相比，发展中国家的惯性效应和对外币值稳定性都同样非常显著，但是仅未控制金融结构的购买力平价衡量的网络效应在 15% 的水平下显著，说明发展中国家的经济规模效应在本币计价国际债券中的作用并不明显，这也与发展中国家国际债券份额较低的实际情况密切相关。同时，发展中国家回归的金融结构变量也比较显著。从总体上看，惯性效应、网络效应和币值稳定性对本币计价国际债券占比的作用是比较稳健可靠的。

表 6–6　发达国家本币计价的国际债券占比（AdvCurr 为被解释变量）

	方程 1	方程 2	方程 3	方程 4	方程 5	方程 6	方程 7	方程 8
截距项	7.373*** (2.111)	6.227*** (2.218)	6.271** (2.660)	5.627* (2.705)	12.30*** (2.866)	9.643*** (3.138)	11.91*** (3.590)	9.051** (3.825)
AdvCurr (−1)	0.804*** (0.051)	0.808*** (0.050)	0.824*** (0.057)	0.831*** (0.057)	0.795*** (0.057)	0.798*** (0.055)	0.811*** (0.059)	0.822*** (0.058)
GDP	0.340** (0.184)		0.452** (0.187)		0.594** (0.289)		0.652** (0.289)	

	方程 1	方程 2	方程 3	方程 4	方程 5	方程 6	方程 7	方程 8
PPP		0.908*** (0.280)		0.914*** (0.288)		1.609*** (0.586)		1.614*** (0.583)
SDR	−0.127** (0.059)	−0.145** (0.056)			−0.099† (0.063)	−0.134** (0.062)		
CPI			0.007 (0.229)	−0.021 (0.230)			−0.185 (0.349)	−0.189 (0.349)
FinaStru					−0.101* (0.024)	−0.098* (0.052)	−0.107* (0.057)	−0.100* (0.056)
R^2	0.989	0.989	0.989	0.989	0.987	0.988	0.987	0.988
S.E.	3.456	3.442	3.487	3.483	3.581	3.544	3.596	3.574
F	1178.4***	1188.3***	1157.3***	1159.6***	744.0***	759.8***	738.0***	747.2***
Obs.	256	256	256	256	189	189	189	189

表 6–7 发展中国家本币计价的国际债券占比（DevCurr 为被解释变量）

	方程 1	方程 2	方程 3	方程 4	方程 5	方程 6	方程 7	方程 8
截距项	0.418 (0.820)	−1.266 (1.488)	0.111 (0.899)	−1.453 (1.539)	2.228 (1.283)	0.262 (2.257)	1.719 (1.555)	0.180 (2.324)
DevCurr (−1)	0.835*** (0.107)	0.794*** (0.095)	0.827*** (0.107)	0.798*** (0.096)	0.833*** (0.132)	0.767*** (0.113)	0.832*** (0.134)	0.774*** (0.117)
GDP	0.501 (0.581)		0.581 (0.577)		0.375 (0.792)		0.442 (0.789)	
PPP		0.965† (0.589)		0.972† (0.589)		1.088 (0.863)		1.083 (0.878)
SDR	−0.021** (0.008)	−0.023*** (0.007)			−0.029*** (0.009)	−0.033*** (0.009)		
CPI			0.015 (0.025)	0.003 (0.020)			−0.012 (0.050)	−0.028 (0.045)
FinaStru					−0.023* (0.012)	−0.024** (0.012)	−0.019†† (0.014)	−0.023* (0.013)
R^2	0.923	0.926	0.922	0.925	0.922	0.924	0.921	0.923
S.E.	2.615	2.565	2.628	2.583	2.773	2.753	2.794	2.752
F	149.1***	155.5***	147.6***	153.2***	116.3***	120.7***	114.3***	118.2***
Obs.	176	176	176	176	153	153	153	153

从流量数据来看，表 6–8 是以发达国家为样本并以本币发行的国际债券占比（AdvGross）作为被解释变量的回归结果，表 6–9 是以发展中国家为样本并以本币发行的国际债券占比（DevGross）作为被解释变量的回归结果。发达国家和发展中国家的惯性效应始终是显著的，但网络效应都仅仅是在个别方程具有较弱的显著性，这与全部样本回归中网络效应进一步弱化的结论相一致。而且，发达国家币值对外稳定性并不显著，发展中国家也仅有一个方程在 20% 水平下显著，这也与表 6–3 中的发现类似，说明币值稳定性对短期流量数据的影响较弱。总的来看，对不同国家分类回归的结果仍然是比较理想的，各变量的作用较为稳健，一定程度上仍是可以接受的。

表 6–8 发达国家本币发行的国际债券占比（AdvGross 为被解释变量）

	方程 1	方程 2	方程 3	方程 4	方程 5	方程 6	方程 7	方程 8
截距项	10.26** (4.015)	9.489** (4.269)	12.98*** (4.231)	12.11*** (4.438)	9.997 (8.913)	9.167 (9.344)	13.99†† (10.47)	12.95 (10.59)
AdvGross (−1)	0.674*** (0.089)	0.677*** (0.089)	0.660*** (0.087)	0.664*** (0.087)	0.630*** (0.100)	0.632*** (0.099)	0.627*** (0.100)	0.633*** (0.099)
GDP	0.727†† (0.519)		0.802† (0.531)		0.715 (0.721)		0.775 (0.710)	
PPP		1.277†† (0.329)		1.437† (0.992)		1.105 (1.481)		1.150 (1.499)
SDR	−0.010 (0.145)	−0.138 (0.146)			−0.050 (0.185)	−0.092 (0.184)		
CPI			−1.293* (0.742)	−1.346* (0.755)			−1.050 (1.224)	−1.037 (1.232)
FinaStru					0.067 (0.167)	0.077 (0.166)	0.020 (0.180)	0.035 (0.178)
R^2	0.920	0.920	0.921	0.921	0.908	0.908	0.909	0.909
S.E.	9.196	9.202	9.117	9.124	9.558	9.574	9.525	9.548
F	150.6***	150.4***	153.4***	153.2***	93.72***	93.36***	94.43***	93.94***
Obs.	256	256	256	256	189	189	189	189

表 6–9 发展中国家本币发行的国际债券占比（DevGross 为被解释变量）

	方程 1	方程 2	方程 3	方程 4	方程 5	方程 6	方程 7	方程 8
截距项	1.116 (2.834)	−4.975 (5.028)	0.440 (3.266)	−5.315 (5.339)	6.996 (8.079)	0.452 (9.741)	5.750 (8.904)	0.098 (10.23)
DevGross (−1)	0.325** (0.143)	0.296** (0.142)	0.324** (0.143)	0.299** (0.142)	0.318** (0.151)	0.287* (0.152)	0.319** (0.151)	0.291* (0.151)
GDP	2.485† (1.652)		2.588† (1.662)		1.961 (1.891)		2.070 (1.899)	
PPP		3.713** (1.859)		3.762** (1.865)		3.516† (2.405)		3.579† (2.420)
SDR	−0.068 (0.060)	−0.084†† (0.059)			−0.077 (0.071)	−0.089 (0.071)		
CPI			0.026 (0.178)	−0.041 (0.175)			0.022 (0.302)	−0.073 (0.295)
FinaStru					−0.069 (0.117)	−0.065 (0.115)	−0.059 (0.120)	−0.062 (0.119)
R^2	0.399	0.412	0.397	0.409	0.398	0.409	0.396	0.406
S.E.	14.01	13.86	14.04	13.89	14.99	14.85	15.01	14.89
F	8.225***	8.680***	8.159***	8.574***	6.523***	6.817***	6.463***	6.738***
Obs.	175	175	175	175	153	153	153	153

三、稳健性检验：其他变量的回归结果

第一，币值稳定性：实际有效汇率和名义有效汇率作为代理变量。

从之前的分析可以发现，币值稳定性在存量数据回归中具有非常显著的影响。特别是全球金融危机之后，国际债券的金融投资属性进一步加强，其币种选择中国际货币价值储藏职能的因素大大提升，本币的对外币值稳定性对国际债券的本币计价和发行影响更加显著。为此，这里以 BIS 公布的各主要货币实际有效汇率（Realex）和名义有效汇率（Nomiex）的年度变化率作为衡量币值稳定的代理变量，对回归结果进行稳健性检验。汇率指数正的增速越高，意味着币值越稳定，因

此理论上 Realex 和 Nomiex 应与被解释变量呈现显著的正相关关系。从表 6–10 中方程 1 至方程 4 可见，实际有效汇率和名义有效汇率的变化及网络效应与本币计价国际债券占比呈现显著的正相关关系。但是，表 6–11 中的方程 1 至方程 4 表明，币值变化并不显著且网络效应的显著影响进一步变弱，这与表 6–3 的结论一致。由此可见，实证分析中有关币值稳定性的结论是稳健可靠的。

第二，网络效应：进出口贸易额占比作为代理变量。

除了经济总量规模外，国际经济往来（特别是贸易往来）是衡量一国与全球经济关系的重要指标，因此在这里分别以一国的出口总额（Export）、进口总额（Import）和进出口贸易总额（Trade）占全球的比重作为衡量网络效应的代理变量，数据源自世界银行 WDI 数据库，对回归结果进行稳健性检验。从表 6–10 和表 6–11 中的方程 5 至方程 10 可见，以出口、进口和贸易总额占比衡量的网络效应对存量数据的本币计价国际债券占比同样具有非常好的显著影响，但是在流量的本币发行国际债券占比显著性较差，SDR 衡量的外部币值稳定结果也与之类似，这说明本书的回归结果是稳健可靠的。

第三，其他稳健性检验结果。

从表 6–10 和表 6–11 中的方程 11 至方程 16 可见，以实际有效汇率和名义有效汇率作为币值稳定性变量，以进出口贸易额占比作为网络效应变量的回归结果表明，大部分变量与存量数据的本币计价国际债券占比都具有非常显著的关系，而网络效应和币值稳定性在流量的本币发行国际债券占比的回归中显著性较差，与表 6–2 和表 6–3 一致，这说明有关本币国际债券占比的实证分析结果是非常稳健可靠的。

第四，惯性效应的内生性：广义矩估计（GMM）结果。

本章回归主要是对惯性效应、网络效应和币值稳定性与本币国际债券占比的关系进行检验。在惯性效应变量方面，主要是根据 Chinn 和

表 6–10 本币计价的国际债券占比稳健性检验结果（HomeCurr 为被解释变量）

	方程 1	方程 2	方程 3	方程 4	方程 5	方程 6	方程 7	方程 8	方程 9	方程 10	方程 11	方程 12	方程 13	方程 14	方程 15	方程 16
截距项	7.205*** (1.787)	7.449*** (1.804)	5.733*** (2.118)	5.994*** (2.133)	5.525*** (2.188)	6.830*** (1.972)	6.068*** (2.134)	5.363** (2.345)	6.376*** (2.208)	5.641** (2.362)	5.290** (2.172)	5.512** (2.201)	6.512*** (1.934)	6.805*** (1.957)	5.784*** (2.085)	6.052*** (2.116)
HomeCurr (−1)	0.803*** (0.053)	0.802*** (0.053)	0.794*** (0.051)	0.793*** (0.051)	0.801*** (0.049)	0.811*** (0.051)	0.797*** (0.051)	0.807*** (0.050)	0.817*** (0.051)	0.802*** (0.052)	0.802*** (0.050)	0.801*** (0.050)	0.809*** (0.051)	0.809*** (0.051)	0.796*** (0.051)	0.796*** (0.052)
GDP	0.505† (0.308)	0.510* (0.309)														
PPP			1.019* (0.524)	1.038** (0.528)												
Export					1.263** (0.556)			1.296** (0.557)			1.189** (0.563)	1.202** (0.567)				
Import						0.718* (0.423)			0.754* (0.421)				0.684† (0.421)	0.680† (0.424)		
Trade							1.127* (0.101)			1.178** (0.580)					1.090* (0.583)	1.091* (0.589)
SDR					−0.038*** (0.010)	−0.039*** (0.011)	−0.036*** (0.011)									
CPI								−0.046 (0.061)	−0.006 (0.063)	−0.009 (0.063)						
Realex	0.088** (0.041)		0.101** (0.041)								0.084** (0.040)		0.103** (0.043)		0.097** (0.025)	

	方程 1	方程 2	方程 3	方程 4	方程 5	方程 6	方程 7	方程 8	方程 9	方程 10	方程 11	方程 12	方程 13	方程 14	方程 15	方程 16
Nomiex		0.083** (0.039)		0.099** (0.039)								0.082** (0.039)		0.095** (0.041)		0.090** (0.041)
FinaStru	−0.052** (0.024)	−0.055*** (0.024)	−0.046* (0.024)	−0.050** (0.024)	−0.053** (0.023)	−0.055** (0.024)	−0.053** (0.024)	−0.053** (0.026)	−0.052** (0.026)	−0.051* (0.027)	−0.047** (0.024)	−0.050 (0.024)	−0.048** (0.024)	−0.052** (0.024)	−0.046* (0.024)	−0.050** (0.024)
R^2	0.990	0.990	0.990	0.990	0.990	0.990	0.990	0.990	0.990	0.990	0.990	0.990	0.990	0.990	0.990	0.990
S.E.	3.239	3.239	3.211	3.209	3.208	3.265	3.241	3.222	3.280	3.254	3.206	3.205	3.254	3.256	3.231	3.232
F	1048.9***	1048.8***	1067.3***	1068.5***	1069.6***	1032.2***	1047.7***	1059.8***	1022.4***	1039.1***	1070.5***	1071.4***	1038.8***	1037.8***	1053.9***	1053.2***
Obs.	342	342	342	342	342	342	342	342	342	342	342	342	342	342	342	342

表 6－11　本币发行的国际债券占比稳健性检验结果（HomeGross 为被解释变量）

	方程 1	方程 2	方程 3	方程 4	方程 5	方程 6	方程 7	方程 8	方程 9	方程 10	方程 11	方程 12	方程 13	方程 14	方程 15	方程 16
截距项	11.20^{**} (5.434)	11.47^{**} (5.419)	$8.372^{††}$ (6.196)	$8.691^{††}$ (6.174)	8.099 (6.490)	13.04^{**} (5.767)	$9.739^{†}$ (6.253)	8.472 (6.774)	12.98^{**} (6.386)	$9.594^{††}$ (6.880)	7.423 (6.502)	7.725 (6.521)	12.16^{**} (5.760)	12.63^{**} (5.768)	$8.936^{††}$ (6.203)	$9.314^{††}$ (6.242)
HomeGross（－1）	0.467^{***} (0.109)	0.466^{***} (0.109)	0.457^{***} (0.109)	0.456^{***} (0.110)	0.458^{***} (0.107)	0.486^{***} (0.106)	0.253^{***} (0.108)	0.462^{***} (0.107)	0.490^{***} (0.106)	0.469^{***} (0.108)	0.460^{***} (0.107)	0.460^{***} (0.107)	0.486^{***} (0.107)	0.486^{***} (0.107)	0.467^{***} (0.108)	0.467^{***} (0.108)
GDP	$1.064^{††}$ (0.816)	$1.039^{††}$ (0.814)														
PPP			$1.986^{††}$ (0.059)	$1.981^{††}$ (1.469)												
Export					$2.459^{†}$ (1.584)			$2.568^{†}$ (1.600)			$2.458^{†}$ (1.605)	$2.422^{†}$ (1.600)				
Import						0.439 (1.300)			0.548 (1.303)				0.454 (1.295)	0.415 (1.303)		
Trade							1.818 (1.768)			1.960 (1.765)					1.865 (1.761)	1.824 (1.775)
SDR					－0.080 (0.070)	－0.089 (0.072)	－0.076 (0.071)									
CPI								－0.178 (0.329)	－0.126 (0.329)	－0.109 (0.328)						
Realex	0.067 (0.202)		0.096 (0.199)								0.063 (0.203)		0.125 (0.204)		0.093 (0.203)	

	方程 1	方程 2	方程 3	方程 4	方程 5	方程 6	方程 7	方程 8	方程 9	方程 10	方程 11	方程 12	方程 13	方程 14	方程 15	方程 16
Nomiex		0.094 (0.196)		0.126 (0.193)								0.095 (0.195)		0.145 (0.199)		0.114 (0.199)
FinaStru	0.007 (0.085)	0.005 (0.083)	0.018 (0.084)	0.015 (0.083)	0.008 (0.083)	0.006 (0.083)	0.009 (0.083)	0.003 (0.087)	0.005 (0.087)	0.008 (0.067)	0.017 (0.085)	0.014 (0.084)	0.018 (0.085)	0.014 (0.083)	0.018 (0.085)	0.015 (0.083)
R^2	0.853	0.853	0.853	0.853	0.854	0.852	0.853	0.853	0.851	0.852	0.853	0.853	0.851	0.851	0.852	0.852
S.E.	12.41	12.41	12.39	12.38	12.36	12.45	12.41	12.38	12.47	12.42	12.38	12.37	12.46	12.45	12.42	12.42
F	62.19^{***}	62.23^{***}	62.42^{***}	62.49^{***}	62.75^{***}	61.76^{***}	62.20^{***}	62.59	61.53^{***}	62.03^{***}	62.57^{***}	62.62^{***}	61.62^{***}	61.68^{***}	62.07^{***}	62.12^{***}
Obs.	342	342	342	342	342	342	342	342	342	342	342	342	342	342	342	342

Frankel（2007，2008），Eichengreen、Chitu 和 Mehl（2016）等的做法，采用滞后一期的因变量作为替代变量，这相当于动态面板模型，惯性效应可能存在内生性问题。这里，本章通过广义矩估计（GMM）方法，以滞后两期的因变量及其他自变量的水平变量作为工具变量，对模型进行检验，发现回归结果与表 6–2 的结果基本类似。通过计算发现所有模型 J 统计量的 P 值都无法显著拒绝萨甘（Sargan）检验模型过度约束正确的原假设，说明模型设定形式是合理的。而且，模型残差的 AR（1）显著且 AR（2）并不显著，GMM 方法是适用的。因此，即使考虑到惯性效应可能存在的内生性问题，模型的结论仍是非常稳健的。

表 6–12　惯性效应的内生性（HomeCurr 为被解释变量，GMM）

	方程 1	方程 2	方程 3	方程 4
截距项	7.057*** (1.645)	5.864*** (1.728)	11.88*** (2.083)	9.643*** (2.287)
HomeCurr（－1）	0.665*** (0.061)	0.664*** (0.061)	0.630*** (0.066)	0.621*** (0.067)
GDP	0.963*** (0.200)		0.167** (0.354)	
PPP		1.488*** (0.332)		1.983*** (0.572)
SDR	－0.054*** (0.016)	－0.066*** (0.016)	－0.055*** (0.016)	－0.071*** (0.018)
FinaStru			－0.086*** (0.026)	－0.079*** (0.025)
R^2	0.990	0.990	0.990	0.990
S.E.	3.251	3.235	3.296	3.629
P-value of AR（1）	0.0000	0.0000	0.0000	0.0000
P-value of AR（2）	0.5002	0.4579	0.2693	0.1957
J-Statistic	3.89-25	5.48E-25	1.43E-22	1.55E-22

	方程 1	方程 2	方程 3	方程 4
Instrument rank	30	30	30	30
Obs.	405	405	318	318

注：工具变量为 HomeCurr（−2）、截距项及其他自变量的水平变量。

类似地，在流量数据回归中，考虑到惯性效应的两阶段最小二乘回归结果也未发生明显的变化，说明结果是非常稳健的。

表 6–13 惯性效应的内生性（HomeGross 为被解释变量，GMM）

	方程 1	方程 2	方程 3	方程 4
截距项	8.392** (4.077)	7.045* (3.721)	12.94* (7.727)	10.66† (7.125)
HomeGross（−1）	0.649*** (0.206)	0.631** (0.209)	0.528* (0.274)	0.496* (0.289)
GDP	0.502 (0.836)		0.801 (1.299)	
PPP		1.199 (1.373)		1.881 (2.362)
SDR	−0.069 (0.086)	−0.078 (0.089)	−0.062 (0.099)	−0.076 (0.106)
FinaStru			0.036 (0.097)	0.030 (0.095)
R^2	0.867	0.868	0.851	0.853
S.E.	11.91	11.86	12.64	12.57
P-value of AR（1）	0.1200	0.1427	0.3463	0.4265
P-value of AR（2）	0.8205	0.7884	0.8960	0.8641
J-Statistic	7.00E-27	1.26E-27	2.10E-23	2.36E-23
Instrument rank	30	30	30	30
Obs.	404	404	318	318

注：工具变量为 HomeGross（−2）、截距项及其他自变量的水平变量。

第四节　不同部门本币国际债券占比的具体影响及对中国的预测

一、不同部门本币计价和发行国际债券占比情况

从国际债券发行的主体来看，由图 6–3 可见，政府、金融机构和非金融企业是国际债券发行的主体，国际组织占比非常小。由于绝大多数国际债券主要由发达国家发行，因而全球国际债券发行主体结构分布与发达国家非常类似。从图 6–3 的国际债券余额来看，金融机构是全球和发达国家国际债发行的主体，分别占全部国际债券的 70% 和 80% 左右，并在全球金融危机爆发的 2008 年分别达到最高的 81.2% 和 86.3%，之后金融机构发行国际债券占比逐步下降，至 2015 年分别为 71.3% 和 80.1%。全球政府国际债券占比由 21 世纪初的 10% 以上逐步降至目前的 8% 以下，非金融企业国际债券占比则呈现先降后升的趋势，而且全球政府和非金融企业国际债券占比在 2008 年分别降至最低的 6.6% 和 8.7%，之后逐步上升，至 2015 年分别为 7.2% 和 14.54%。与全球类似，发达国家政府的国际债券占比从 21 世纪初的 10% 以上逐步降至 2015 年最低的 4.6%，非金融企业国际债券占比也经历了先降后升的过程，由 21 世纪初的 15% 以上降至 2008 年最低的 8.8%，之后逐步上升并在 2015 年恢复至 15.3%。与发达国家和全球不同的是，政府一直是发展中国家发行国际债券的主体，21 世纪初占比在 60% 以上，即使是全球金融危机爆发的 2008 年仍占 50% 以上（50.6%）。虽然发展中国家政府的国际债券占比呈现逐步下降态势，但至 2015 年政府仍是最主要的国际债券发行主体（占比为 39.5%）。金融机构和非金融企业的国际债券

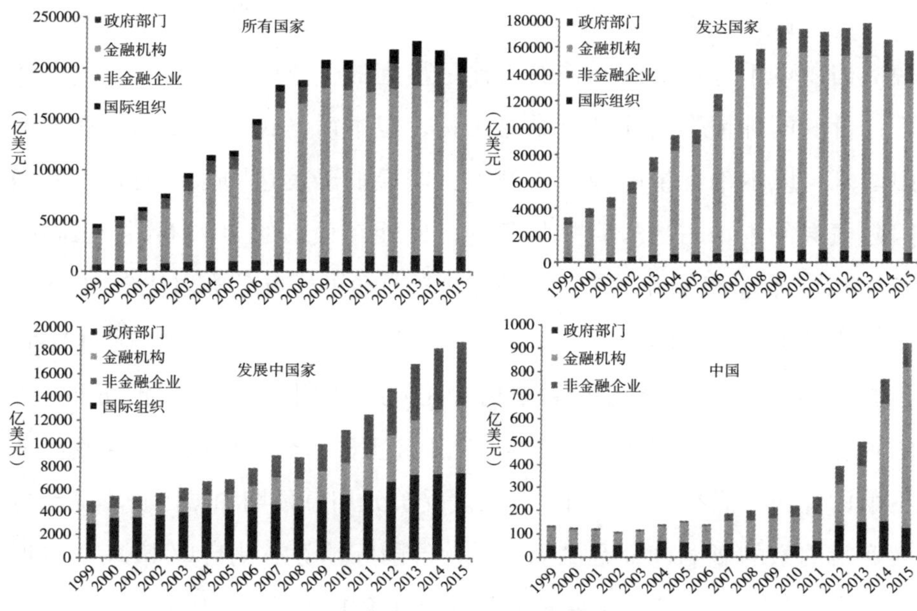

图 6–3　国际债券余额及发行主体构成

数据来源：国际清算银行债券统计数据库。

占比明显上升，分别由 21 世纪初的 15% 和 20% 左右逐步上升至 2015 年最高的 31.5% 和 29.0%。与发展中国家不同的是，中国金融机构是国际债券发行的主体且地位逐步上升，占中国发行的全部国际债券的比重由 21 世纪初的 50% 左右上升至 2015 年最高的 75.3%。政府的国际债券占比则由 21 世纪初的 40% 左右逐步下降至 2015 年最低的 13.6%。非金融企业国际债券占比明显提高，由 21 世纪初的 5% 左右逐步上升至 2011 年最高的 28.1%，之后由于金融机构国际债券的迅猛发展，非金融企业国际债券占比逐步下降，至 2015 年为 11.0%。

由此可见，不同发行主体在国际债券中的地位并不完全相同，而且发达国家和发展中国家的发行主体结构呈现明显的差异：全球和发达国家的国际债券以金融机构为主；发展中国家虽然一直以政府为主，但金融机构和非金融企业占比逐步上升。因此，不同发行主体国际债券的本币计价份额并不完全一致。从图 6–4 可见，在发达国家和全球，金融机构以本币计价的国际债券占比是最高的，政府和非金融企业以本币计价的国际债券占比低于金融机构，但本币占比仍然较高。在发展中国家，以本币计价的国际债券占比明显低于发达国家，而且政府的国际债券的本币占比一直是最低的，即使在最高的 2012 年也不到 6%(5.96%)；金融机构和非金融企业以本币计价的国际债券占比自 2005 年以来明显上升，基本在 5% 左右，而且 2011 年以来非金融企业本币计价国际债券占比始终高于金融机构。在人民币国际化战略的推动下，中国政府发行的本币计价国际债券占比迅速上升，金融机构和非金融企业本币计价国际债券占比也明显提高。受美元加息预期和国际资本流动方向逆转因素的影响，金融机构本币计价国际债券占比自 2013 年以来明显下降；与之相比较，非金融企业本币计价国际债券占比稳步上升，这也说明人民币国际化服务实体经济的能力比较稳定。

与存量国际债券余额发行主体结构类似，从图 6–5 可见，在全球和发达国家，国际债券发行总额中金融机构占绝大部分，分别占全部国际债券年度发行总额的 80% 和 75% 左右，并在全球金融危机爆发的前一年即 2007 年达到最高的 88.6% 和 91.5%。全球金融危机的爆发使金融机构发行的国际债券占比逐步下降，到 2015 年分别为 77.4% 和 84.9%。全球和发达国家政府的国际债券发行总额占比基本上都在 5% 左右水平徘徊，而且呈现先升后降态势，分别在 2009 年和 2010 年达到最高的 5.3% 和 6.08%，之后逐步下降并在 2015 年分别降至 4.4% 和 3% 这一接近 21 世纪初的水平。全球和发达国家非金融企业的国际债券发行总额占比呈现先降后升的过程，在 21 世纪初分别为 13% 和 15% 以上，之后逐步下降至 2008 年最低的 5.7% 和 5.68%，之后逐步上升并在 2015 年分别达到 11% 和 12%。在发展中国家，虽然政府的国际债券发行总额占比在 21 世纪初一度高达 70% 以上，但之后逐步下降，到全球

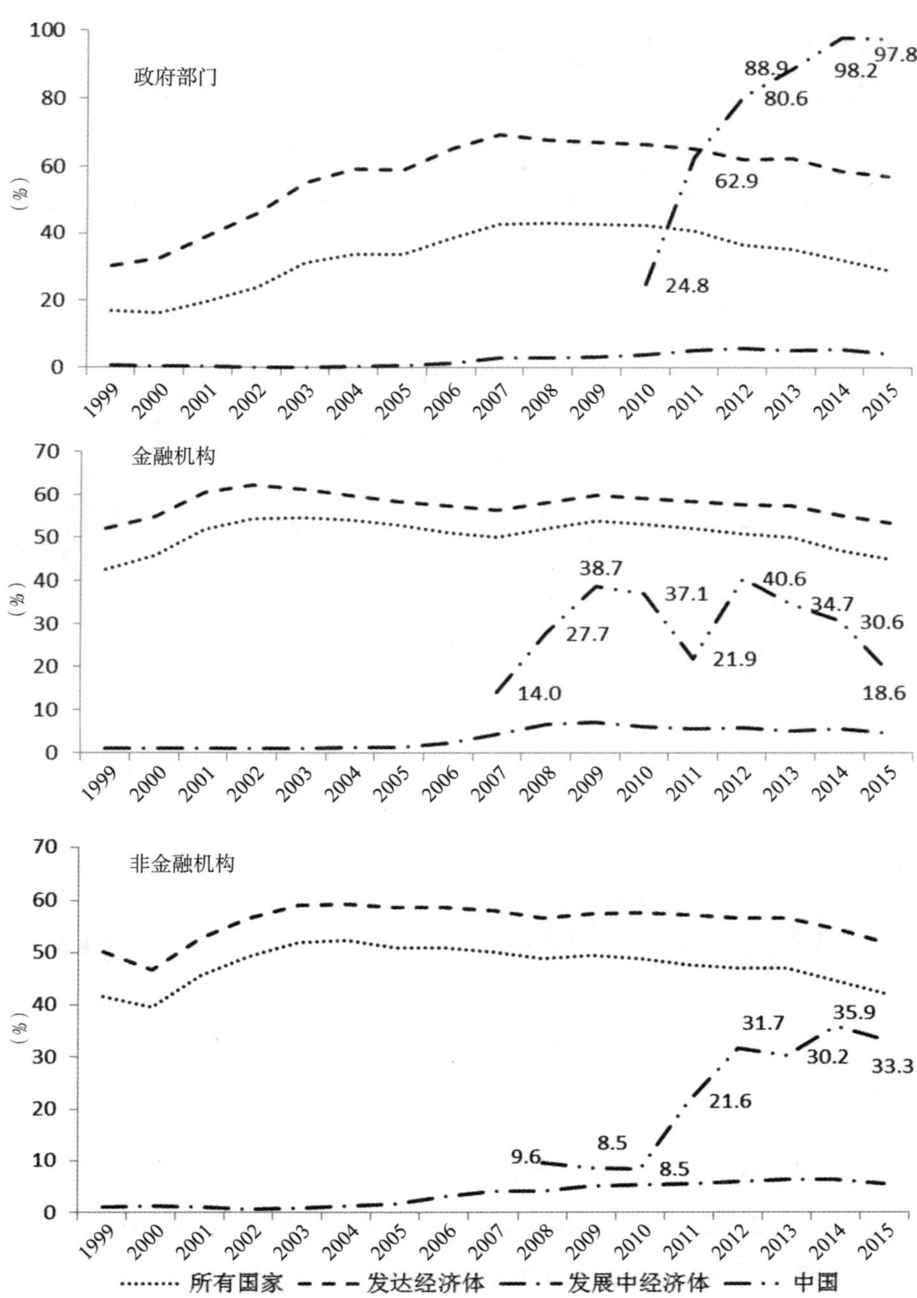

图 6–4　政府部门、金融机构和非金融企业本币计价国际债券占比

数据来源：国际清算银行债券统计数据库。

金融危机爆发前的 2007 年降至最低的 17.8%。金融机构和非金融企业的国际债券发行额占比明显提高，在 2007 年和 2008 年占比分别达到最高的 52.1% 和 20.5%。全球金融危机以来，发展中国家金融机构和非金融企业的国际债券发行占比分别在 40% 和 30% 左右，2015 年分别为 47.1% 和 21.2%。在人民币国际化战略的推动下，2012 年以来，金融机构成为中国国际债券年度发行的绝对主体，2015 年占比高达 92.9%。

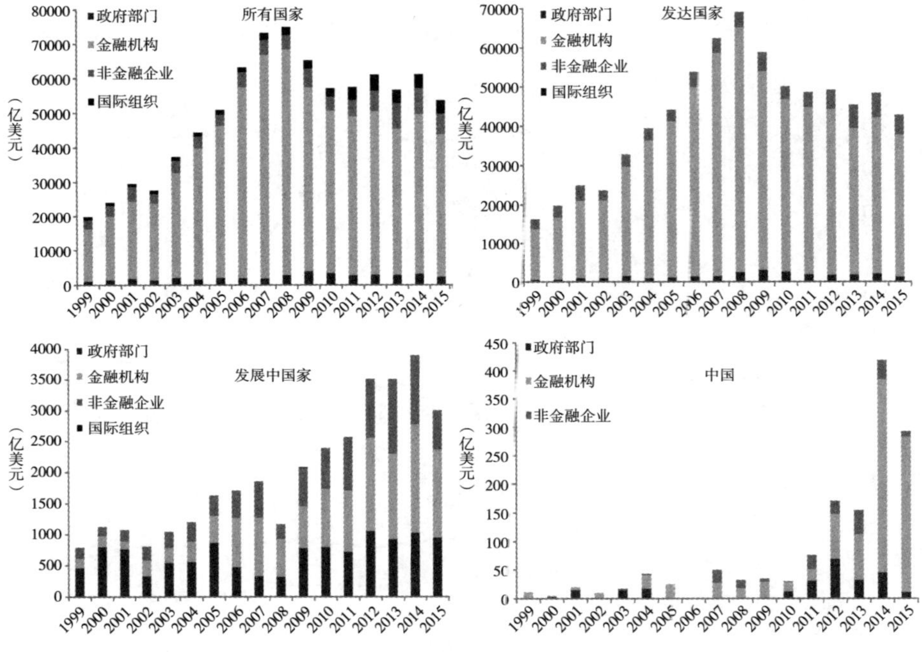

图 6–5　国际债券发行总额及发行主体构成

数据来源：国际清算银行债券统计数据库。

从图 6–6 可见，全球金融危机之前，在发达国家和全球，政府部门本币发行的国际债券占比略高于或基本持平于金融机构，但是全球金融危机后发达国家和全球政府部门本币发行国际债券占比明显下降并低于金融机构。发达国家和全球非金融企业本币发行国际债券占比则相对稳定，分别在 45% 和 50% 左右。在发展中国家，2005 年以来，各部门

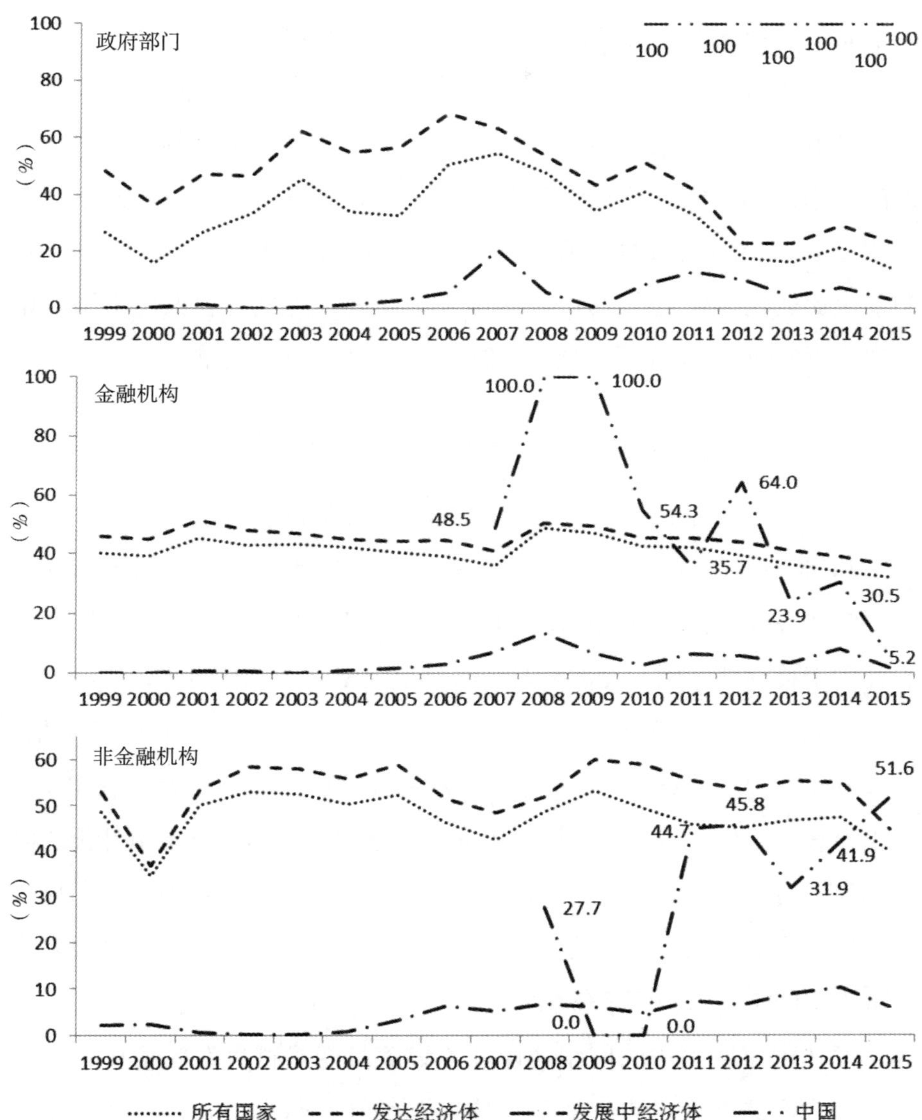

图 6–6 政府部门、金融机构和非金融企业本币发行国际债券占比

数据来源：国际清算银行债券统计数据库。

发行的本币国际债券占比都明显上升，但受流量数据基数较小等因素影响，各部门表现不尽一致且并不稳定。与发达国家和全球类似，发展中国家非金融企业本币发行国际债券占比表现更为稳定，且 2013 年以来明显高于政府和金融机构。2010 年以来，中国政府的国际债券都是采用人民币计价发行，这体现了政府推动人民币国际化战略的决心。企业部门本币国际债券发行从无到有，占比由低到高，近年来基本稳定在 45% 左右。金融机构的人民币国际债券发行占比在人民币国际化战略初期也比较高，但是自 2013 年以来明显下降，特别是在人民币国际化出现波折的 2015 年降至最低的 5.2%，这需要引起高度重视。

二、不同部门本币计价与发行国际债券占比回归结果

由国际发行主体可见，由于发达国家和发展中国家发行主体的不同，其国际债券余额和发行总额的结构并不完全相同，影响其本币计价的国际债券占比因素也表现出不同的特征。为了考察不同主体的影响因素并出于稳健性考虑，还需要对不同类型国家分别进行检验。

首先，观察本币计价的政府国际债券占比（GovCurr）回归结果。从表 6–14 可见，惯性效应在全部样本和发达国家回归中始终在 1% 水平下显著，而币值稳定变量始终不显著，这说明发达国家本币计价政府国际债券占比主要是受历史惯性的影响；而由于很多发达国家同时也是主要的国际货币发行者，政府的国际债券货币计价本身往往受到很多非经济因素的干扰，因而币值稳定性因素的作用并不显著。同时，可以发现，发达国家回归中的网络效应并不显著且变量符号发生了相反的变化，而金融结构变量也不显著，这很有可能表明变量间存在共线性现象。在发展中国家回归中，网络效应都在 1% 水平下显著，而且币值稳定性和金融结构变量也是显著的，这与全部样本的回归结果相同，这与政府一直是发展中国家国际债券的主体有关，而且也说明货币的交易支付和价值储藏职能在发展中国家政府国际债券货币选择和货币国际化进程都是非常重要的因素。

表 6–14　本币计价的政府国际债券占比（GovCurr 为被解释变量）

	全部样本		发达国家		发展中国家	
截距项	7.582* (4.375)	2.359 (4.248)	23.18** (9.819)	27.26*** (10.20)	−3.089†† (2.259)	−6.769* (3.431)
GovCurr (−1)	0.669*** (0.117)	0.651*** (0.119)	0.568*** (0.139)	0.563*** (0.139)	0.722*** (0.143)	0.795*** (0.115)
GDP	1.697** (0.768)		−0.399 (0.473)		3.837*** (1.456)	
PPP		3.612*** (1.331)		−1.756 (1.150)		4.091*** (1.541)
SDR	0.020 (0.033)	0.030 (0.036)	0.268 (0.283)	0.299 (0.289)	−0.010† (0.012)	−0.017** (0.008)
FinaStru	−0.038 (0.061)	−0.026 (0.060)	0.076 (0.118)	0.080 (0.117)	−0.029† (0.061)	−0.039* (0.018)
R^2	0.920	0.922	0.857	0.857	0.962	0.963
S.E.	11.69	11.57	15.04	15.01	3.342	3.270
F	119.7***	122.7***	53.06***	53.25***	245.1***	256.4***
Obs.	309	309	168	168	141	141

在本币计价的金融机构国际债券占比（FinaCurr）方面，从表 6–15 可见，全部样本、发达国家和发展中国家的所有回归中，惯性效应和币值稳定性变量始终都是显著的，而金融结构变量始终不显著。这说明对于金融机构国际债券而言，历史惯性的货币交易支付职能和作为金融投资主要手段的国际债券所体现的货币价值储藏职能，在国际债券的本币计价中发挥了非常重要的作用，而一国的金融结构对金融机构的国际债券发行而言并不一定非常重要。同时，在发达国家回归中，网络效应至少都在 5% 水平下显著，说明金融投资交易规模对发达国家金融机构的本币国际债券计价非常重要，这也与发达国家金融机构的国际债券的主体地位有关。发展中国家金融机构的网络效应并不显著，这与发展中国家金融机构在全球金融投资中相对弱势的地位有关，这符合现实情况，

也说明回归的结果是可以理解的。

表 6–15　本币计价的金融机构国际债券占比（FinaCurr 为被解释变量）

	全部样本		发达国家		发展中国家	
截距项	6.944*** (2.534)	6.090** (2.946)	7.404** (3.126)	4.654†† (3.324)	5.631* (3.214)	5.104†† (3.666)
FinaCurr (−1)	0.788*** (0.057)	0.787*** (0.056)	0.797*** (0.050)	0.797*** (0.049)	0.795*** (0.109)	0.781*** (0.109)
GDP	0.462†† (0.334)		0.793** (0.309)		0.024 (0.716)	
PPP		0.728 (0.617)		1.935*** (0.639)		0.257 (0.919)
SDR	−0.041* (0.021)	−0.046*** (0.021)	−0.072** (0.061)	−0.122** (0.061)	−0.039* (0.023)	−0.039* (0.022)
FinaStru	−0.011 (0.031)	−0.007 (0.031)	−0.015 (0.058)	−0.008 (0.057)	−0.022 (0.031)	−0.022 (0.031)
R^2	0.981	0.981	0.986	0.986	0.964	0.965
S.E.	4.850	4.850	3.934	3.905	5.794	5.790
F	555.8***	555.6***	658.6***	668.6***	267.5***	267.9***
Obs.	342	342	189	189	153	153

在本币计价的非金融企业国际债券占比（FirmCurr）方面，从表 6–16 可见，在全部样本、发达国家和发展中国家的所有回归中，惯性效应始终具有非常显著的影响，但是币值稳定性都不显著，说明企业在国际债券计价方面更侧重于货币对实体经济的支付交易职能，金融投资价值储藏职能的影响并不显著。网络效应在全部样本和发展中国家回归中都是显著的，但是在发达国家回归中并不显著，说明发达国家的企业在本币计价国际债券方面仅依赖于历史惯性效应，经济规模的影响并不重要；但是对发展中国家而言，经济规模对实体企业国际债券计价的影响非常显著。同时，金融结构变量在全部和发达国家样本回归中都是显著的，但是发展中国家回归并不显著可能是由于共线性的影响使符号发

生了变化，说明发达国家金融市场对企业采用本币计价发行国际债券具有重要影响，而发展中国家由于金融市场发展缓慢，对企业国际债券币种选择的作用并不显著。

表 6–16　本币计价的非金融企业国际债券占比（FirmCurr 为被解释变量）

	全部样本		发达国家		发展中国家	
截距项	12.30*** (2.734)	10.84*** (2.784)	23.83*** (4.812)	22.59*** (4.974)	−0.383 (1.252)	−2.246†† (1.652)
FirmCurr (−1)	0.808*** (0.064)	0.805*** (0.064)	0.878*** (0.072)	0.787*** (0.072)	0.793*** (0.118)	0.795*** (0.114)
GDP	0.485* (0.298)		0.410 (0.357)		0.932* (0.419)	
PPP		0.971** (0.465)		0.935 (0.903)		1.222** (0.596)
SDR	−0.011 (0.023)	−0.017 (0.023)	−0.039 (0.122)	−0.065 (0.124)	−0.003 (0.015)	−0.009 (0.014)
FinaStru	−0.145*** (0.041)	−0.141*** (0.041)	−0.312*** (0.080)	−0.308*** (0.079)	0.004 (0.018)	0.004 (0.018)
R^2	0.982	0.982	0.978	0.978	0.920	0.921
S.E.	4.817	4.799	5.499	5.497	3.380	3.363
F	852.7***	587.2***	410.9***	411.3***	113.1***	114.4***
Obs.	342	342	189	189	153	153

从总体上看，惯性效应、网络效应和币值稳定性在不同主体本币计价的国际债券占比中都具有比较显著的影响，但由于发达国家和发展中国家国际债券主体结构不同，各因素的影响也并不完全一致。在全部样本、发达国家和发展中国家的回归中，惯性效应始终都具有非常显著的影响，这说明历史惯性的货币交易支付职能对不同主体的国际债券计价货币都非常重要。网络效应在发达国家的政府和非金融企业本币计价国际债券占比的影响并不显著，但在发展中国家的影响则是显著的，同时网络效应在发达国家金融机构本币计价国际债券占比的影响非常显

著，但在发展中国家则并不显著，这说明经济规模对发展中国家政府和企业的国际债券币种计价的影响更为重要，而对发达国家金融机构而言，国际债券币种计价的影响更为重要。在发达国家政府和非金融企业中，币值稳定性变量对本币计价国际债券占比的影响都不显著，而对金融机构非常显著；同时币值稳定性在发展中国家的政府和金融机构本币计价国际债券占比的影响都是显著的，但在非金融企业中的作用并不明显，这也说明货币价值储藏职能在发达国家和发展中国家不同部门国际债券中的作用并不完全一致。

在本币发行的政府国际债券占比（GovGross）方面，从表 6–17 可见，在全部和发达国家的样本回归中，惯性效应都是显著的，而网络效应和币值稳定性变量并不显著；而在发展中国家的样本回归中，惯性效应并不显著，但网络效应都至少在 5% 水平下显著，并且在以购买力平价衡量的网络效应中，币值稳定性变量都是显著的。同时，所有的回归中金融结构变量都不显著。网络效应的回归结果与存量数据结果基本相同，说明历史惯性对发达国家本币发行政府国际债券占比的作用更为重要，而经济规模效应对发展中国家以本币发行政府国际债券占比的影响更为重要，而且币值稳定性对发展中国家的作用也比较明显。

表 6–17　本币发行的政府国际债券占比（GovGross 为被解释变量）

	全部样本		发达国家		发展中国家	
截距项	13.42 (11.88)	5.708 (12.96)	19.23 (20.59)	24.81 (23.43)	6.110 (13.07)	−16.27 (14.63)
GovGross (−1)	0.250** (0.121)	0.232* (0.123)	0.285** (0.128)	0.290** (0.130)	−0.097 (0.256)	−0.183 (0.247)
GDP	1.097 (1.741)		−1.416 (2.054)		9.753** (3.377)	
PPP		3.581 (2.810)		−3.295 (3.983)		15.87*** (4.076)

	全部样本		发达国家		发展中国家	
SDR	−0.527 (0.250)	−0.569 (0.251)	−0.904 (0.645)	−0.793 (0.651)	−0.168 (0.263)	−0.444* (0.242)
FinaStru	0.135 (0.202)	0.148 (0.201)	0.557 (0.356)	0.547 (0.354)	−0.220 (0.192)	−0.189 (0.185)
R^2	0.807	0.809	0.717	0.717	0.785	0.816
S.E.	18.39	18.29	20.86	20.83	12.83	11.84
F	29.31***	89.72***	15.51***	15.56***	22.17***	27.04***
Obs.	201	201	108	108	93	93

在本币发行的金融机构国际债券占比（FinaGross）方面，从表6–18可见，在全部样本、发达国家和发展中国家样本的所有回归中，仅有惯性效应是显著的，网络效应和币值稳定性作用并不显著，这说明金融机构的国际债券发行主要是受历史因素的影响。

表6–18　本币发行的金融机构国际债券占比（FinaGross为被解释变量）

	全部样本		发达国家		发展中国家	
截距项	6.080 (7.007)	4.508 (8.044)	9.927 (9.508)	7.496 (9.986)	−3.460 (7.154)	−6.303 (10.28)
FinaGross (−1)	0.543*** (0.118)	0.538*** (0.120)	0.603*** (0.098)	0.602*** (0..097)	0.507*** (0.168)	0.494*** (0.172)
GDP	0.419 (0.938)		0.876 (0.760)		0.077 (2.083)	
PPP		0.952 (1.825)		1.931 (1.563)		0.768 (2.759)
SDR	−0.0003 (0.089)	−0.006 (0.088)	0.034 (0.182)	−0.022 (0.180)	−0.009 (0.093)	−0.005 (0.092)
FinaStru	0.124 (0.104)	0.128 (0.105)	0.083 (0.179)	0.092 (0.179)	0.147 (0.081)	0.154 (0.080)
R^2	0.835	0.835	0.896	0.896	0.566	0.566
S.E.	14.29	14.28	10.63	10.63	18.52	18.51

	全部样本		发达国家		发展中国家	
F	52.34***	52.42***	81.39***	81.42***	11.52***	11.55***
Obs.	318	318	189	189	129	129

在本币发行的非金融企业国际债券占比（FirmGross）方面，从表6–19可见，全部样本和发展中国家样本回归中，惯性效应并不显著，网络效应则至少都在10%水平下显著；而发达国家与之相反，网络效应并不显著，但惯性效应则是显著的。这说明发达国家企业本币发行国际债券主要是受历史因素的影响，而经济规模则对发展中国家企业具有非常重要的作用。

表6–19　本币发行的非金融企业国际债券占比（FirmGross为被解释变量）

	全部样本		发达国家		发展中国家	
截距项	36.92*** (9.650)	32.93*** (9.813)	49.93*** (10.98)	51.90*** (11.54)	−11.81 (9.783)	−22.36** (10.72)
FirmGross(−1)	0.106 (0.136)	0.106 (0.137)	0.302** (0.119)	0.309** (0.119)	−0.181 (0.217)	−0.174 (0.278)
GDP	1.844* (1.021)		0.543 (1.085)		5.786*** (1.625)	
PPP		3.160* (1.855)		−0.260 (2.426)		7.697*** (2.374)
SDR	−0.057 (0.073)	−0.079 (0.073)	−0.266 (0.211)	−0.291 (0.214)	0.037 (0.084)	−0.004 (0.079)
FinaStru	−0.241† (0.151)	−0.227† (0.147)	−0.387* (0.194)	−0.369* (0.192)	0.187 (0.148)	0.165 (0.144)
R^2	0.835	0.835	0.884	0.883	0.398	0.394
S.E.	15.49	15.51	12.93	12.95	17.54	17.61
F	49.60***	49.50***	71.71***	71.53***	5.087***	4.997***
Obs.	303	303	189	189	114	114

从总体上看，与表6–3的回归结果类似，在流量数据的回归中，币

值稳定性变量的作用在各发行主体的回归中均不明显。惯性效应仍发挥了非常重要的作用，只是在发展中国家政府和非金融企业本币发行的国际债券占比中，其影响并不显著。经济规模的网络效应在发展中国家政府和非金融企业本币国际债券占比中更为重要，在发达国家的影响并不显著。

货币回流机制对一国货币国际化的发展至关重要。本国居民以本币发行国际债券，是重要的货币回流方式。但是，很多发展中国家都存在难以在国际金融市场以本国货币进行借贷的“原罪”问题，这将严重制约其货币国际化的发展进程。本章利用 BIS 公布的国际债券相关数据，对本国居民以本币发行的国际债券占比影响因素进行了实证分析。结果表明，与国际货币交易支付职能密切相关的惯性效应和网络效应对本币国际债券占比具有显著的影响，与国际货币价值储藏职能密切相关的外部币值稳定性与本币国际债券占比密切相关。全球金融危机对国际债券币种结构产生了重要的影响，而且在全球金融危机之后，币值稳定性对本币国际债券占比的影响更加重要。在控制金融结构变量因素并考虑其他控制变量的分析表明，实证结果仍是非常显著且稳健的。在本国居民发行的以本币计价的国际债券余额占比的存量数据方面，作为国际债券发行的主体，惯性效应、网络效应和币值稳定性在发达国家都具有比较显著的效果，但是在发展中国家网络效应的影响显著性较差。在本国居民发行的以本币计价的国际债券占比的流量数据方面，发达国家和发展中国家的惯性效应始终显著，而网络效应的显著性较差。与全部样本回归中的网络效应弱化结论一致，币值稳定性对短期流量数据的影响较弱。政府、金融机构和非金融企业各部门的国际债券中，本币因素占比的影响并不完全相同，发达国家金融机构作为国际债券的主要部门，其本币国际债券占比影响因素与全部样本的回归结果一致。

虽然人民币国际化自2009年正式启动以来已经取得了重大进展，但过于依赖贸易结算和离岸中心的发展模式制约了人民币作为国际价值储藏货币在国际金融投资中发挥更大的作用，境外人民币仍缺乏合理完善的回流机制，不利于人民币国际化战略进一步向纵深化水平迈进。特别是几乎所有存量数据和很多流量数据的实证结果都表明，外部币值稳定性对一国居民的本币国际债券占比具有非常显著的影响，说明发展中国家并不必然受到货币错配“原罪”问题的困扰，这与Burger和Warnock（2003，2006，2007），Hale、Jones和Spiegel（2014，2016）的结论类似。为此，大力发展以人民币计价的国际债券市场，特别是在本国居民发行国际债券时更多地以人民币进行计价，对丰富人民币回流机制，健全完善人民币国际化模式，具有非常重要的意义。另外，本章发现，以汇率表示的一国货币外部币值稳定性而非以通胀表示的内部币值稳定性具有显著而重要的作用，这也与国际债券计价货币的价值储藏职能相符。为此，人民币汇率在合理均衡水平上保持稳定，对人民币回流机制的完善和国际化进程的推进至关重要。今后应进一步完善在岸外汇市场建设，进一步放开外汇市场准入和产品交易（特别是外汇衍生品市场）限制，提高中国外汇市场的广度和深度，加快人民币汇率形成机制改革，真正让市场在汇率水平调节和外汇资源配置中起决定性作用，以市场供求的力量为人民币汇率提供坚实可靠的支撑，以此巩固人民币在国际债券市场中的地位，促进人民币国际化水平的提高。

第七章　人民币国际债券市场发展的前景与政策建议

近年来，随着全球宏观经济形势的变化以及中国经济转型步伐的加快，人民币国际化的国际环境和国内条件发生了一系列重大变化。未来如何以人民币国际债券市场建设为突破口，持续推动人民币国际化向纵深方向发展，是一个至关重要的问题。本章将在前两章实证分析的基础上，探讨人民币国际债券市场发展的前景和制约因素，并对人民币国际债券市场的建设和发展提出有针对性的政策建议。

第一节　人民币国际债券市场发展的前景预测

一、人民币计价国际债券占比的预测

根据 IMF 对各国经济增长的预测数据，可以对以人民币计价的国际债券占比进行初步的预测。IMF 的 WEO 数据库公布了对以美元计价的国内生产总值和以购买力平价计算的国内生产总值的预测，这里主要根据表 5–2 中以美元和购买力平价计算的国内生产总值占全球比重的方程（方程 5 和方程 6），同时考虑金融结构因素的影响。在这两个方程

中，中国的具体截距估计值分别为－2.358 和－2.866，间接融资占比按每年下降 0.5 个百分点进行估算。在汇率变化预测方面，2016 年 10 月人民币正式成为 SDR 篮子货币，理论上每单位 SDR 所含人民币汇率可以根据人民币兑美元以及欧元等其他 4 种货币的汇率变化进行计算。不过，由于对篮子货币汇率变化的预测非常复杂且不直观，而模型中的 SDR 变量主要反映了货币兑 SDR 篮子货币的汇率变化，实际上仍是汇率变化的反映。出于简便的需要，这里根据 IMF 公布的本币国内生产总值、美元计价的国内生产总值及以购买力平价计算的国内生产总值，分别得到两组汇率变化情况。同时还估算了年均汇率升值 2% 或年均汇率贬值 2% 的情况。具体预测结果参见表 7–1。

表 7–1　人民币计价国际债券占比预测

单位：%

模型基准	预测模型基准：表 5–2 方程 5				预测模型基准：表 5–2 方程 6			
汇率基准	RMB/USD	RMB/PPP	每年升值 2%	每年贬值 2%	RMB/USD	RMB/PPP	每年升值 2%	每年贬值 2%
2016	1.18	1.45	1.52	1.34	0.85	1.19	1.29	1.06
2017	1.97	2.16	2.01	1.83	1.50	1.76	1.55	1.32
2018	2.67	2.76	2.67	2.49	2.10	2.23	2.10	1.87
2019	3.27	3.27	3.27	3.09	2.60	2.62	2.61	2.38
2020	3.81	3.72	3.80	3.62	3.05	2.95	3.04	2.82
2021	4.27	4.14	4.29	4.11	3.40	3.25	3.43	3.21

从表 7–1 可见，根据 IMF 对各国经济总量预测数据及其隐含的汇率预测数据，以人民币计价的国际债券占比在 2021 年最高可达 4.27%，最低也将达到 3.25%。即使是人民币汇率每年贬值 2% 的最悲观情形，以人民币计价国际债券占比也将上升至 3.21%。虽然汇率变动在国际债券币种结构的实证分析中非常稳健，发挥着重要的作用，不过以人民币

计价国际债券占比的预测数据对汇率的变化似乎并不敏感，这主要是由于IMF对未来中国经济占全球经济总量的占比预测逐步上升有关。根据IMF的数据，2015年以美元和购买力平价计算的中国经济占全球经济的比重分别为15.2%和17.3%，而到2021年则分别上升至18.3%和20%。正是由于网络效应的作用，使得汇率的效果并不如想象的那样大，但我们不应忽视币值稳定对人民币计价国际债券的作用，这对稳定国际社会预期、顺利推进人民币国际化战略至关重要。

二、中国居民发行的人民币计价国际债券占比预测

根据IMF对各国经济增长的预测数据，可以对中国居民发行的人民币计价国际债券占比进行初步的预测。IMF的WEO数据库中公布了对以美元计价的国内生产总值和以购买力平价计算的国内生产总值的预测，因此这里主要根据表6–2中以美元和购买力平价计算的国内生产总值占全球比重的方程（方程5和方程6），同时考虑金融结构因素的影响。在这两个方程中，中国的具体截距估计值分别为－1.014和－9.031，间接融资占比按每年下降0.5个百分点进行估算。在汇率变化预测方面，2016年10月人民币正式成为SDR篮子货币，理论上，每单位SDR所含人民币汇率可以根据人民币兑美元、欧元等其他4种货币的汇率变化进行计算。不过，由于对篮子货币汇率变化的预测非常复杂且不直观，而模型中的SDR变量主要反映了货币兑SDR篮子货币的汇率变化，实际上仍是汇率变化的反映。出于简便的需要，这里根据IMF公布的本币国内生产总值、美元计价的国内生产总值及以购买力平价计算的国内生产总值，分别得到两组汇率变化情况。同时还估算了年均汇率升值2%或年均汇率贬值2%的情况。具体预测结果参见表7–2。

表 7–2 中国居民发行的人民币计价国际债券占比预测

单位：%

模型基准	预测模型基准：表 6–2 方程 5				预测模型基准：表 6–2 方程 6			
汇率基准	RMB/USD	RMB/PPP	每年升值 2%	每年贬值 2%	RMB/USD	RMB/PPP	每年升值 2%	每年贬值 2%
2016	34.50	34.73	34.79	34.64	36.16	36.42	36.50	36.32
2017	37.83	37.83	37.86	37.71	41.12	41.12	41.15	40.98
2018	40.92	40.88	40.92	40.77	45.60	45.55	45.60	45.42
2019	43.77	43.72	43.78	43.63	49.63	49.57	49.64	49.46
2020	46.51	46.43	46.50	46.35	53.31	53.22	53.30	53.13
2021	49.09	49.04	49.11	48.96	56.65	56.59	56.67	56.50

从表 7–2 可见，根据 IMF 对各国经济总量预测数据及其隐含的汇率预测数据，中国居民发行的人民币计价国际债券占比在 2021 年最低也将接近 50%（以名义美元 GDP 计算经济总量），而以购买力平价计算经济总量占比预测则超过 56%。即使是人民币汇率每年贬值 2% 的最悲观情形，仍将有近一半的国际债券（48.96%）采用人民币计价。虽然计量分析表明，汇率对本币计价国际债券占比有着非常显著的影响，但由于网络效应和惯性效应的作用，特别是 IMF 预测中国经济占全球经济比重将显著提升，因而汇率贬值的影响并不大，这与前面有关人民币计价国际债券占比的预测是一致的。

第二节 人民币国际债券市场发展的制约因素

人民币国际债券市场是连接中国境内市场和全球金融市场的重要环节，是完善中国金融体系建设、推进人民币走向国际化的必要条件。

需要指出的是，目前人民币国际债券市场的发展只是刚刚起步，要想真正承担起人民币国际化的重任，还存在一些制约因素和一系列亟待解决的问题。

一、人民币国际债券市场发展的战略目标与定位

积极推进中国国际债券市场的发展具有十分重要的意义。首先，这是中国债券市场健康发展的需要。由于目前中国债券融资占社会融资规模的比例仍偏低，投资者结构单一，流动性偏低，因此有必要引入成熟的境外投资者群体，推动多层次资本市场建设。其次，这是利率市场化取得成功的关键。完整的债券收益率曲线不仅是利率市场定价的基础，而且有利于提高资金配置的效率和改善金融结构，同时也是央行在开放市场的条件下进行货币政策调控的重要依托。再次，这是推进人民币国际化的重要途径。人民币要成为真正的国际货币，其中重要的一环是要满足境外投资者对人民币资产安全性、流动性和收益性的需要，而人民币债券市场的发展不仅有利于国内金融市场的深化，而且在现行约束条件下有利于进一步完善人民币的流出和回流机制，并由此成为进一步推动人民币国际化的关键举措。随着人民币加入 SDR 和“一带一路”建设的推进，中国债券市场的开放和国际债券市场的发展都将迎来新的机遇。为此，应该做好迎接新机遇的准备。

在确立人民币国际债券市场的目标和定位的过程中，需要处理好以下几个方面的关系：

第一，处理好发展国内债券市场和发展国际债券市场的关系。

首先，人民币国际债券市场的发展既依赖于内地主体债券市场，又是对主体债券市场的补充和促进。人民币国际债券市场需要内地主体市场的支持，只有在内地主体市场健康发展的基础之上，才会产生更多的、面向国际市场的投融资需求，从而促进人民币国际债券市场的有序

发展。境外投资者配置人民币资产最重要的市场包括债券市场、股票市场以及房地产市场。从国际经验看，本币债券市场是降低金融风险、促进长期资本形成的主要市场。与其他市场相比，债券市场具有收益稳定、波动性较低、流动性较强以及交易规模较大等特征，是吸引低风险偏好投资者的基础性金融市场，从而也是各国外汇储备投资的重要标的。特别是人民币加入 SDR 以后，将直接提升人民币资产对全球投资者的吸引力。一方面，央行外汇储备配置将影响和引导全球投资者的投资意愿，官方行为具有示范效应，将推动金融机构、企业以及大量个人投资者在投资组合中纳入更多的人民币资产；另一方面，人民币资产回报率相对较高，对海外企业和个人资金流出入限制进一步减少，也将成为非居民持有人民币资产的重要推动因素，从而使境内债券市场对非居民的吸引力进一步提升。

其次，人民币国际债券市场将国内和国外市场有效地联结起来，能够突破内地主体市场的局限性。一方面，境外资金为国内市场注入新的活力，拓宽了国内企业的融资渠道，增加资金配给从而降低了实体经济的融资成本。另一方面，国内资金走向国际市场，追求更高的收益和更多样化的投资，有利于境内资本的合理配置和使用。人民币国际债券市场的发展增加了中国资本市场与国际资本市场之间的联动性，有助于中国债券市场收益率曲线的健全和完善，强化中国债券市场价格发现职能和资本配置的职能，在风险可控的条件下，有利于国内多层次资本市场体系的建立和发展。可以说，人民币国际债券市场与国内债券市场的发展是相辅相成、相互促进的。

第二，处理好政策驱动和市场驱动的关系。

人民币国际债券市场在发展初期具有明显的政策驱动型特征。从有利于市场持续健康发展的角度看，目前需要进一步完善政策框架体系，明确市场目标和定位，为市场的稳健发展建立清晰的政策预期。以

“熊猫债券”市场发展为例，如前所述，关于“熊猫债券”发行的政策文件仅有2005年2月中国人民银行与财政部、国家发改委、中国证监会联合发布的《国际开发机构人民币债券发行管理暂行办法》。目前，“熊猫债券”的发行主体已远非国际开发机构，大多数发行程序处于“一事一议”的状态。因此，尽快完善人民币国际债券市场发展的政策框架十分重要。在中长期内，则需要以金融改革为契机，积极培育市场主体，提高市场流动性，推动中国债券市场向“政策+市场双驱动型”的转变。

第三，处理好改革和开放之间的关系。

深化改革和扩大开放不仅是构建大国金融和完善资本市场体系的重要途径，而且也是推动人民币国际债券市场建设和发展的必经之路。二者相互促进，缺一不可。一方面，债券市场开放可以通过引入更多的境外投融资主体进入国内市场，丰富市场参与者主体，创新债券交易品种和交易方式，为境内债券市场的发展提供活力和动力。另一方面，债券市场的开放又需要境内债券市场在发行管理、交易管理、信息披露以及基础设施建设等方面进行配套改革，同时也需要境内市场在跨境资金管理和风险预警等方面提早作出政策性安排。从这个意义上说，债券市场的改革和开放同样具有重要的意义。目前对于人民币国际债券市场的战略目标和定位仍不明确。虽然在鼓励“一带一路”和亚洲基础设施投资银行建设等政策文件中，提出了以“融资平台建设为抓手”促进多边互联互通，支持鼓励更多的境外机构进入中国债券市场进行融资，并为中国境内机构走向国际市场提供机遇，但在实际运作中，人民币国际债券的发行审批往往受制于外部环境的影响，政策方向缺乏稳定性，难以向市场传导清晰明确稳定的政策预期，结果导致市场发展经常出现反复。

从人民币国际债券市场发展的现实需要和未来方向出发，可以将未来一个阶段人民币国际债券市场的战略目标和定位确定为：以服务中国实体经济的发展为需要，鼓励更多的中外企业和机构在离岸市场和境内市场发行人民币计价的债券；鼓励境外机构和离岸资金以合法方式投资于人民币债券资产，为境内外投融资主体搭建互联互通的平台；加快市场基础设施建设，完善债券市场管理体制改革，完善跨境资金流动的宏观审慎管理，建立起符合中国国情和经济发展要求的人民币国际债券市场体系，推动多层次资本市场体系的建设，推动人民币国际化的发展。

二、人民币国际债券市场机制的建设与市场培育

（一）人民币国际债券市场收益率曲线

收益率曲线在债券市场发展中具有十分重要的作用。债券市场收益率不仅影响债券投资的收益，而且也影响债券发行的利率，在一定程度上是社会融资成本高低的表现。此外，债券收益率结构对货币政策的传导效果也具有重要的影响。中央国债登记结算有限公司（简称“中债登”）作为中国银行间债券市场债券交易、登记、托管、结算的专业机构，利用自身对债券市场每笔交易双方的信息优势，从1999年开始编制中国债券收益率曲线。2014年11月，财政部在其网站首次发布了中国关键期限国债收益率曲线，主要内容包括1年、3年、5年、7年、10年等关键期限国债及其收益率水平形成的图表，对于发挥国债市场化利率的定价基准作用、健全国债收益率曲线具有重要的作用。但是，由于我国债券市场发展的时间较短，对国债收益率的记录时间仅有10余年，目前尚未形成完整的债券市场收益率曲线。

国际债券市场收益率曲线的形成对债券市场的健康发展具有重要的意义。无论是离岸人民币债券还是“熊猫债券”，由于投资者数量及债券产品种类有限，债券发行规模存量较小，目前都难以形成成熟的市

场收益率曲线，从而不利于人民币国际债券市场的进一步发展。以香港的“点心债券”为例，目前，国内企业发行“点心债券”多采用以伦敦同业拆借利率（LIBOR）或同期美国国债收益率加点形式计算或者直接采用固定利率，香港债券市场并未形成完善的“点心债券”基准利率机制，市场定价机制还需要进一步完善。“熊猫债券”市场也面临类似的问题，如市场存量偏低，二级市场流动性较弱，市场活跃度有限，同时投资者对来自海外的发行人有一个逐渐认识和了解的过程，发行“熊猫债券”时通常需要向投资者支付作为外来发行人的风险溢价，也会影响到该债券的收益率。从理论上说，债券收益率由基准收益率、风险溢价和税收因素共同决定，在其他二者不变的情况下，风险溢价上升会导致债券收益率相应上升，从而影响到债券的融资成本。因此，对于“熊猫债券”市场而言，尽早形成自身的收益率曲线同样重要。

（二）人民币国际债券二级市场的培育

债券的一级市场为债券发行人提供融资途径，而债券的二级市场则为债券的流通和转让提供场所。二级市场不仅可以实现债券的流动，而且还可以通过连续的交易实现债券市场价格发现、投融资和货币政策载体等功能。目前，“熊猫债券”主要集中在银行间市场交易，境外发行人面临着境内监管机构相对严格的监管，其自由度受到明显的限制。由于“熊猫债券”不具备质押回购的资质，而且在发生信用违约后跨境追查和退出机制等方面还存在许多风险，因此对机构投资者的吸引力不足。同时，中国境内的投资者作为“熊猫债券”的主要投资者，往往更看中该债券的收益率并倾向于长期持有，因此其二级市场交易并不活跃，买卖价差较宽，流动性受到制约。相比之下，香港离岸人民币债券市场的做市商较多，做市机制较为完善，投资者更具多样性和国际化，其二级市场的交易相对比较活跃。但是，离岸人民币债券市场的流动性更多地还要受到离岸人民币资金池的制约，在离岸人民币资金池出现萎缩的情况下，离岸人民币债券的一级市场和二级市场都不可避免要受到影响。为此，在未来二级市场相关政策的制定上，应进一步简化上市和交易流程，提高市场透明度和流动性，简化内外评级差异，以增加人民币国际债券一级市场和二级市场对境内外投融资主体在发行和交易方面的吸引力。

（三）人民币国际债券市场结算机制的建立

中国境内债券的登记托管、交易结算主要由“中债登”及上海清算所负责，二者共同承担债券集中托管、统一结算职能，以保证债券市场安全、高效运行。为顺应中国债券市场对外开放、人民币国际债券迅速发展的需要，中国债券登记、结算系统正逐步向国际结算标准靠拢，应加强与国际结算机构的合作，为境内外人民币债券的发行和交易提供便利条件。目前，“中债登”已经与香港金融管理局及“明讯结算”取得合作，为境内机构投资境外债券提供跨境结算服务。离岸人民币债券的结算也取得了突破性的进展，但目前尚处于不断完善的过程中。离岸人民币债券由当地中央托管系统进行统一托管，由当地商业银行或中国商业银行的境外分行担任清算行，负责债券的结算与交收。目前，香港、伦敦、新加坡、首尔等离岸金融中心的人民币债券清算系统均已建设完成。未来，应积极推动跨境人民币支付结算体系（CIPS）在国际债券结算中的应用，全面支持各类人民币跨境业务。同时，加强境内外中央托管机构之间的互联互通，促进在岸债券结算机构与各个国家和地区的境外人民币清算行之间的相互合作和协同发展，实现人民币国际债券结算系统的互联互通，为人民币国际债券市场的安全、高效运行创造基础条件。

三、既定约束下市场扩容与人民币环流机制设计

从货币国际化的经验看，主权货币国际化通常需要以主权货币国家的资本项目可兑换[①]作为前提条件。这是因为，如果主权货币通过国际收支平衡表的经常项目流出，货币在境外头寸的积累必然会产生货币回流的需要，此时维持资本项目管制的难度越来越大，客观上会要求资本项目可兑换；如果人民币是通过资本与金融项目流出，跨境交易和跨境资本流动的活跃必然会对境内市场产生冲击，要求货币可兑换，以弹性的汇率制度调节价格，应对汇率波动对市场的冲击。因此，资本项目可兑换往往被视为一国货币国际化和金融市场开放的重要条件之一。中国作为一个典型的“贸易国家”，由于其难以通过持续的经常账户逆差对外输出本币，因此通过资本与金融项目构建本币的流出和回流机制就显得尤为必要。

中国在资本项目可兑换方面始终坚持稳步推进的政策。1993 年党的十四届三中全会首次提出人民币要成为一种可兑换的货币。1994 年开始进行有管理的浮动汇率制度改革。2002 年以后，以资本市场双向开放为标志的资本项目可兑换逐渐取得了实质性的推进，包括股票市场从最开始的 QFII、QDII，到后来的 RQFII、RQDII，再到最近的沪港通、深港通和两地基金互认；债券市场从 2010 年的允许“三类机构”进入银行间债券市场，到 2015 年的对境外央行、国际金融组织、主权财富基金投资银行间债券市场的全面开放，再到 2016 年 2 月的引入境外商业银行、保险公司、资产管理公司投资境内银行间债券市场，并取消额度限制、简化管理流程，这些不仅为中国资本市场的双向开放打开

① 资本项目可兑换是指一国取消对一切外汇收支的管制，居民不仅可以通过经常账户交易，也可以自由地通过资本账户交易获得外汇，所获外汇既可以在外汇市场上出售，也可自行在国内或国外持有；国内外居民也可以将本币换成外币在国内外持有。

了全新的局面，为人民币流出和流入的跨境环流机制的完善提供了更多的通道，而且也表明中国资本项目可兑换的改革始终处于稳步推进的过程中。

当然，中国的国情决定了资本项目可兑换的进程必须循序渐进。特别是自2015年以来，中国经济增长中的波动性和不确定性有所上升，稳增长、调结构和深化经济、金融体制改革等多重矛盾相互交织，资本外流的风险有所加大。在此背景下，资本项目可兑换更不应该盲目追求规模和速度。相反，资本项目可兑换必须紧紧围绕有利于中国实体经济发展的现实需要，积极稳妥推进。这也是当前推进中国债券市场开放和人民币国际化的主要原则。为此，在未来相当长一段时间内，资本项目不完全开放将是人民币国际化和中国债券市场对外开放不可避免的现实约束条件。

在这样的现实约束下，以发展人民币国际债券市场为支撑，构建资本与金融账户下的人民币环流机制，有利于继续推动人民币的国际化进程。这主要是因为，首先，美欧等国的经验表明，发达的债券市场特别是国债市场，不仅是一国金融市场具有深度和广度的重要标志，也是一国货币国际化的必要条件。其次，人民币债券市场的发展，既有利于以人民币为计价货币满足相关机构的融资需求，也可以为境内外投资者提供优质的人民币资产作为投资标的，从而有利于推进人民币作为国际货币的计价货币职能。最后，债券市场与股票市场相比，风险相对可控，对金融稳定的影响相对较小，适宜作为扩大金融市场对外开放的“试验田”。

人民币债券市场的扩容和环流机制的完善，是未来一段时期推进人民币债券市场发展的重要方向。从扩容来看，虽然目前中国已经是全球第三大债券市场，但债券市场的国际化程度还比较低，境外机构持有境内债券的比重占债券托管总量的比重不足2%，不仅远远低于发达经济体超过 20% 的平均水平，而且也低于主要新兴经济体超过 10% 的平均水平。因此，加快债券市场的开放和扩容，将有助于拓宽中国债券市场的资金来源，并且可以部分抵消资本外流的压力。从环流机制来看，债券市场的开放将有助于为更多的境内外投融资主体提供人民币流出和回流的渠道，提高持有人民币资产的吸引力（参见图 7–1 所示）。

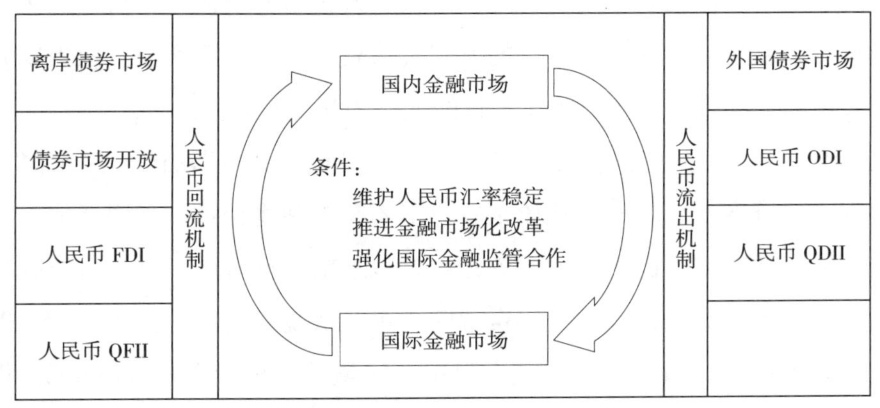

图 7–1　资本与金融账户项下的人民币环流机制

在人民币流出渠道方面，中国已经取得了阶段性的成果，主要渠道包括人民币合格境内机构投资者（RQDII）和人民币对外直接投资（RODI）。其中，鼓励人民币对外投资，在增加境外市场人民币存量方面发挥了重要的作用。在中国对外经济合作战略的实施过程中，积极使用人民币进行对外投资，有利于提高经济合作国家对人民币的接受度，推动人民币走向区域化和国际化。当前，中国政府积极主导亚洲基础设施投资银行建设、大力推进“一带一路”倡议，为扩大人民币对外投资、加大资本输出提供了新契机，将进一步增加人民币在境外的流通和使用。与此同时，发展人民币外国债券市场（即“熊猫债券”市场）也应当成为一条重要的人民币流出渠道。通过鼓励境外机构在中国发行以人民币计价的“熊猫债券”（或 SDR 债券）以获得人民币流动性，有利于进一步提高我国债券市场的国际化程度，进一步丰富外国居民获得人民币流动性的渠道。这一点对于中国而言尤为重要。当前人民币国际化面临的困境之一在于，在贸易计价与结算中扩大人民币的使用是现阶段人民币国际化的重要方式，然而中国作为“贸易国家”难以通过经常账户逆差的方式持续对外输出人民币流动性。因此，在中国资本与金融账户尚未完全开放的条件下，通过大力发展人民币外国债券市场，吸引外国投资者以发行“熊猫债券”的方式直接获得人民币流动性，应当成为与人民币 ODI 和人民币 QDII 并行的人民币流出渠道。

在人民币回流渠道方面，目前中国已建立起多层次的人民币回流机制。从资本与金融账户视角来看，主要有三种途径：一是银行信用渠道入境，即跨境人民币信贷业务，主要包括前海自贸区、昆山自贸区和上海自贸区的 3 个试点，允许自贸区内企业从境外借入人民币资金，促进境外人民币有效回流。二是人民币合格境外机构投资者（RQFII）投资入境。境外投资者获准范围的扩大、人民币金融产品的丰富，满足了境外机构和个人购买人民币金融资产的意愿和需求，为境外人民币持有者创造了有效的投资渠道。三是人民币 FDI（外国机构或个人以人民币对我国直接投资）代替外币 FDI 流入，一方面吸引境外人民币资金回流境内，促进国内实体经济的发展；另一方面也可缓解国际资本流动对我国金融体系的冲击。在此基础上，应当加快国内债券市场开放的步伐，进一步放宽合格境外机构投资者投资中国银行间债券市场的条件，尤其是放宽对于国债等高安全性、高流动性人民币债券资产交易的限制，从而进一步拓展境外机构投资者持有人民币资产的便利性。与此同时，人民币离岸债券市场的建设也应当成为人民币回流的重要渠道。尽管从名义上看，投资者在离岸债券市场的人民币投资并未直接回流国内金融体系，而是以“体外循环”的方式流转，但从在岸市场与离岸市场的关系上来看，二者在利率平价的作用下存在显著的协同效应。在香港等离岸金融中心，境外投资者购买由中国发行人发行的人民币债券，其在本质上与人民币直接回流中国金融体系从而为中国的实体经济融资并无差异。因此，继续推动人民币离岸债券市场的发展应当成为人民币环流机制中的重要一环。

需要指出的是，在资本与金融项目下构建人民币的环流机制，固然能够在当前人民币国际化面临的一系列约束条件下，更好地推进人民币国际化进程，但也应当注意，资本与金融项目下推进人民币环流机制建设需要满足以下三个方面的条件：

首先，维持人民币汇率的稳定。本书第五章和第六章的实证研究已经表明，本国货币对外价值的稳定性是促进本币国际债券市场发展的重要因素。从人民币环流机制的角度来看，只有人民币汇率保持稳定，才能够确保人民币流出和回流机制的平稳、畅通。否则，在人民币汇率单向变动过程中极易形成人民币资金的单向流入或流出。例如，在境内外利差和风险溢价大体保持不变的条件下，人民币的单向升值趋势将吸引境外人民币资金回流而抑制人民币的流出；反之，人民币的单向贬值趋势将抑制人民币资金的回流而刺激流出。同理，人民币汇率的双向大幅震荡也将提高境外投资者进行人民币债券交易的风险与成本，从而抑制其对于人民币资产的需求。因此，在继续深化人民币汇率形成机制改革的基础上，维持人民币汇率的大体稳定是促进人民币国际债券市场发展、提高人民币的金融交易和国际储备货币职能的重要前提。

其次，推进金融体系的市场化改革。无论是加快国内债券市场开放，还是推进人民币外国债券市场以及离岸债券市场的发展，都需要以我国债券市场乃至整个金融体系的深化改革为前提和基础。目前我国债券市场的发展仍然面临着一些结构性和体制性问题，如银行间债券市场与交易所债券市场的割裂、本土债券评级机构与信息披露制度的完善、特定债券的发行由审批制向备案制的过渡，等等。在持续深化改革的过程中逐步解决上述问题，是从制度层面实现与国际金融市场对接、推动我国债券市场对外开放进而深化人民币国际化进程的重要前提和基础。

最后，强化国际金融监管合作。加快债券市场开放与人民币国际债券市场建设，为中国在资本账户管制的条件下开辟了新的人民币流出和环流机制。随着越来越多的境外投资者参与人民币债券资产的交易以及境外人民币流动性的累积，潜在的金融风险问题也将变得越发突出。例如，外国债券市场以及离岸债券市场的违约风险及其监管将成为一个突出的现实问题。当发行“熊猫债券”的境外投资者发生债务违约，中国监管当局如何介入从而保护中国投资者的利益？人民币离岸债券的违约应当遵循属地原则还是属人原则？等等。此外，随着离岸金融市场上人民币流动性的累积以及金融创新活动的日益活跃，人民币汇率可能将面临被国际游资攻击的风险。如何通过市场化而非行政化的手段化解由此可能带来的汇率风险，也是中国金融当局必须考虑的重要问题。显然，全面加强国际金融监管合作，尤其是与主要发达国家积极开展对话与合作，不断提高与金融市场沟通的能力，从而有效引导市场预期和投资者行为至关重要。

四、人民币国际债券市场基础设施的建设与维护

所谓金融基础设施，广义上是指金融运行的硬件设施和制度安排，主要包括支付体系、法律环境、公司治理、会计准则、信用环境、反洗钱以及由金融监管、中央银行最后贷款人职能、投资者保护制度组成的金融安全网等。金融基础设施是实现债券市场安全、高效运行的重要保障，也是加强金融安全的重要保障。经过多年努力，尽管中国债券市场的基础设施建设取得了明显的进步，但未来仍有需要进一步改进和完善的空间。

第一，继续完善市场托管、支付以及结算等基础设施。目前，中

央结算公司已在上海和深圳等地建立服务中心，运作方式与中央结算公司保持一致，债券业务数据实行实时统一管理，为债券发行人节约了发行成本。在债券登记托管技术上也与国际标准相适应，便利了人民币债券的跨境发行和交易。此外，目前中国积极推行人民币跨境支付系统，以提高跨境人民币交易的清算结算效率。如 CIPS（一期）已于 2015 年 9 月 8 日正式启动，由跨境银行间支付清算（上海）有限责任公司负责运营，采用实时全额结算方式，为跨境贸易、跨境直接投资、跨境投融资等人民币业务提供了高效的清算结算技术。[①] 未来还应继续加强市场托管、支付、结算等基础设施建设，进一步完善统一、健全的中央托管体系，巩固与国际结算机构之间的合作，加强市场监测和风险控制，从而在持续深化我国金融市场开放的进程中发挥债券市场稳定器的作用。

第二，加强信息披露和信用评级制度的建设。人民币国际债券市场因其多元化、国际化的特点，目前尚未形成统一、有效的信息披露制度，影响了市场运行的成本和效率。建立明确的信息披露、交换与共享机制对提高市场透明度、提高人民币债券对国际投资者的吸引力显得尤为重要。真实、完整、准确的信息披露制度也是建设信用评级体系的基础。目前，中国境内信用评级机构对债券评级的结果同质性较高，在国际上尚未具备足够的公信力，国际投资者难以有效评估人民币债券的真实风险。同时，国内信用评级机构相比国际投资机构具有明显的技术劣势，并未充分发挥本土优势，未来还需进一步完善和提高。

第三，优化市场监管体系。1998 年 12 月，国务院颁布了《关于进一步加强证券市场宏观管理的通知》，对证券发行的管理职责进行明确分工，规定由财政部负责审批国债发行，中国人民银行负责审批金融机构债券和投资基金证券发行，中国人民银行和国家发改委负责审批中央

① 《人民币跨境支付系统（一期）首批参与者有哪些?》，中国经济网（http：//finance.ce.cn/rolling/201510/08/t20151008_6644715.shtml），2015 年 10 月 8 日。

企业债券发行。从此，国内债券市场开始进入“多头监管”时期。目前中国人民银行负责监管的信用债有短期融资券和中期票据，国家发改委负责监管的信用债是企业债券，中国证监会负责监管的信用债是公司债券和 ABS 等。“多头监管”虽然在一定程度上带来了监管竞争和审批效率的提升，对于促进债券市场的发展起到了一定的积极作用，但随着中国债券市场发展日益走向成熟，债券产品种类日益丰富，债券交易程序日益复杂，债券市场投融资主体日益多样化，这种监管模式导致监管沟通成本日益增加，监管效率受到挑战，监管交叉和监管套利等现象纷纷出现。由于对债券市场的“多头监管”受到越来越多的诟病，要求债券市场统一监管的呼声日益提高。

第三节　人民币国际债券市场发展的政策建议

一、稳步推进境内债券市场改革和开放

“十三五”时期是中国全面深化改革开放的关键时期，也是中国债券市场在经济新常态下改革开放和大发展的关键时期。在稳增长、调结构、促改革的新常态下，市场活力将进一步释放，创新动力将进一步增强，对外开放程度将进一步提高，创新、高效、有深度的境内债券市场将成为人民币国际债券市场发展的重要基础。

第一，进一步加快国债市场的建设与发展，鼓励有竞争实力的中国企业到境外发债。首先，国债市场在债券市场中具有十分重要而特殊的地位。从美元等国货币国际化与其债券市场发展之间的关系看，美元的国际储备货币地位离不开其发达、开放的国债市场。美国国债市场是全球规模最大和流动性最好的市场，其国债余额占 GDP 的比重为 63%

（2015年第二季度），境外投资者持有美国国债的比重为48.2%；[①] 英国、德国国债余额占GDP的比重分别为87.64%和58.56%（截至2015年年底），境外投资者持有的比重分别为27.34%和65.25%。[②] 事实证明，一国国债市场的广度、深度和流动性对该国货币的国际化进程具有十分重要的影响。比较而言，虽然中国已经形成了包括国债、金融债、公司信用债等多品种的债券市场结构，但目前国债市场规模仍比较小，期限结构不够合理，交易缺乏连续性，这些都限制了境外投资者对债券市场未来走势的理性预期和投资人民币国债的意愿。未来中国应该进一步发挥国债作为金融公共产品的功能，加快国债市场的建设与发展。具体措施包括：综合平衡财政政策可持续性，适当扩大国债的发行规模；完善国债期限结构，适当提高1年期以下的短期国债和10年期以上的长期国债的发行量；提高国债基准利率的市场公信力，更好地发挥国债收益率曲线的定价基准作用；完善国债市场做市机制，提高国债市场的流动性和交易的连续性；培育和引入更加多元化的机构投资者，提高国债市场的交易基础；借鉴国外先进经验，以国债市场的发展带动整个债券市场在直接融资、资产管理、价格发现、风险分担等方面职能的充分发挥，提高债券市场的整体实力和竞争力。其次，如前所述，从国际债券发行主体构成来看，金融机构是中国国际债券发行的主体，特别是随着人民币国际化战略的推进，金融机构国际债券发行占比明显上升，非金融企业占比下降，这与发展中国家以政府国际债券为主、金融机构和非金融企业占比大体相当存在明显的不同。然而，中国金融机构本币发行国际债券占比与汇率波动密切相关，而非金融企业本币发行国际债券占比在近年来呈现稳定上升态势，并未受汇率影响。因此，为进一步提高人民

① 数据来源：美国财政部（https：//www.treasury.gov/pages/default.aspx）。

② 数据来源：英国债务管理办公室（United Kingdom Debt Management Office），德意志联邦银行，国际货币基金组织（IMF SDDS plus）。

币国际化服务实体经济的能力，今后应当大力发展以企业为主体的人民币国际债券市场，鼓励有竞争实力的中国企业到境外发债，促进人民币国际化和实体经济同步发展。

第二，强化市场化约束和风险分担机制，解决债券市场刚性兑付等固有问题。中国债券市场具有明显的发展中国家特色，即刚性兑付①、隐性担保等问题长期存在。这些问题不仅不利于市场资源的有效配置，引发道德风险和发行主体的逆向选择等问题，而且也容易导致债券市场出现系统性风险，从而打击投资者的信心。为解决债券市场刚性兑付等问题，市场主体应该遵循风险收益匹配的原则，通过市场化方式识别和分担风险。具体包括：应形成统一的信息披露规范，解决债券发行主体与投资者之间信息不对称问题；健全社会信用体系，完善评级约束机制，推进信用评级市场化发展；减少政府干预及行政管制，建立市场自律管理机制；建立合理的信用风险监管体系，明确监管主体的权责划分；设置精细的偿债保障条款，完善投资者保护制度，使债券投资者具有更灵活的决策权和更完善的退出机制，提高投资的能动性；积极调整债券市场产品结构，开发更多符合客户需求的金融服务和风险缓释工具，推进债券市场的产品创新。

第三，持续扩大债券市场对外开放。当前中国债券市场对外开放正处于有利的时机，为此，应在风险可控的前提下，积极稳妥推进债券市场的持续对外开放。在具体政策上，除了目前已经扩大境外投资者进入中国银行间债券市场等措施外，还应当从以下几个方面着手推动国内债券市场的开放。首先，鼓励更多的发行主体参与“熊猫债券”市场。应进一步放宽发行主体、发行额度和资金用途等限制，配合“一带一路”倡议的实施，鼓励亚洲基础设施投资银行（AIIB）、金砖国家开发

① 当债券出现兑付困难或存在违约风险时，企业或政府出于市场竞争、经济利益、维护声誉等目的，用自有资金垫付或直接给予价值补偿，以保证债券利息和本金的兑付。

银行等机构在中国境内发行人民币“熊猫债券”，既可以丰富发行主体结构，又可以将资金用于境外项目或者“一带一路”项目，解决基础设施建设中的资金瓶颈。其次，可以考虑借鉴国际市场经验，更多采用国际通用的信息披露标准，在国际通用会计准则和审计准则上给予更大的认可，尽可能减少“熊猫债券”市场发行主体面临的外部约束。再次，进一步提高债券市场双向开放水平。应当根据市场环境的不同特点，鼓励境内主体更多地到离岸金融市场发行债券，同时适当鼓励境内机构和个人投资者“走出去”开展债券投资，以满足境内投资者分散风险和获取较高投资回报的需要。最后，大力推进支持跨境结算和跨境担保品的使用。以境内外债券中央托管机构互联为核心，以总体额度取代单个投资者额度限制，简化准入程序，放松交易限制，实现境内外债券结算的相互连通；鼓励人民币债券作为境外交易的担保品，包括境外交易所可将人民币债券冲抵保证金、境外央行可以将人民币国债作为流动性机制的合格担保品等，为全球提供安全公共品和流动性支持。

二、深化利率、汇率形成机制市场化改革

人民币国际债券市场的发展和人民币国际化的推进，需要与利率市场化、人民币汇率改革和资本账户开放等方面的改革协调推进，以实现体制机制的完善和配套政策的落实。

第一，进一步深化利率市场化改革。利率市场化改革的目的是让市场决定资金的价格，发挥市场在资源配置中的决定性作用。因此，市场对风险的定价能力不仅是衡量利率市场化水平的关键指标，而且也是中国债券市场健康发展的重要保障。目前国内与银行相关的存贷款利率已经放开，利率市场化改革的阶段性目标已经完成。但是就债券市场而言，目前仍然处于事实上的分割状态，还没有一个完善有效的基准利率和国债收益率曲线。这不仅不利于债券均衡价格的发现，而且也不利于

各类投资者金融需求的满足。人民币加入 SDR 货币篮子后，全球机构投资者对包括债券在内的人民币金融资产的投资需求明显增加，银行间债券市场的透明度要求进一步提高，中国人民银行已经从 2016 年 6 月 15 日起在其官方网站公布中国国债及其他债券收益率曲线，并将 3 个月期国债收益率用作计算国际货币基金组织 SDR 利率的人民币代表性利率。未来，进一步完善中国债券市场的风险定价能力，是中国利率市场化改革的重要内容。具体包括：首先，夯实国债收益率曲线的基准性和实践应用性。国债收益率曲线不仅是金融市场利率的风向标和宏观调控政策的重要参考，而且也是国债市场发展的基础保障，一般需要数十年债券市场数据的积累和模型方法的长期修正调整。由于中国在 2014 年才开始启动此项工作，未来应进一步加强数据的积累，加强对不同拟合模型的研究学习，推动编制部门提高编制的技术储备和数据储备，构筑收益率曲线编制工作科学合理的理论基础。应逐步推进国债收益率曲线在宏观经济预期和货币政策调控中的应用，加强收益率曲线与货币政策相关性的研究，在条件成熟时逐步将收益率曲线纳入央行货币政策的决策参考范畴。通过不断的实践，增强国债收益率曲线所蕴含的利率传导机制在货币政策决策和市场前瞻性指引中的作用。其次，提高债券市场的流动性。市场对风险的定价能力是衡量利率市场化程度的重要参考指标。研究显示，债券市场的风险定价能力与其流动性有关，流动性不足往往是制约债券市场风险定价能力的重要原因。因此，未来应积极推进债券市场的做市制度，发展债券回购交易，推动债券市场建立起充分的流动性，同时提高债券市场定价的风险敏感性。

第二，加快人民币汇率形成机制改革。本书的实证分析表明，以汇率表示的一国货币外部币值的稳定性与本币国际债券占比密切相关。全球金融危机后，币值稳定性对国际债券计价货币的影响更加显著。由此可见，保持人民币汇率在合理均衡水平上的基本稳定，对于人民币国际化进程和人民币国际债券市场的发展都至关重要。今后应进一步推进人民币汇率形成机制改革。首先，进一步加快境内外汇市场建设。进一步放开境内外汇市场的准入限制，适当推进外汇衍生品的发展，提高外汇市场的广度和深度，让市场在外汇资源配置和汇率水平调节中发挥决定性作用。其次，在完善汇率中间价定价规则的基础上加强对汇率预期管理。国际经验显示，没有任何一种汇率制度的选择适合于所有的国家或者是一个国家的所有时期。当前中国确立的以“前一日收盘价＋一篮子货币”为特征的中间价定价规则，应该说是经过多年改革实践选择的、与我国经济金融发展阶段相适应的汇率定价规则，在未来一段时期应继续予以坚持。同时，逐步调整完善货币篮子构成，实现“中间价＋CFETS（中国外汇交易中心汇率）”两条腿走路。健全市场沟通机制，加强前瞻性指引和窗口指导，增强市场透明度，合理引导和管理汇率预期，稳定市场对人民币汇率长期保持稳定的信心。最后，保持必要的汇率干预机制。随着汇率市场化的持续推进和市场环境的变化，未来人民币汇率的弹性和双向波动性将继续加大，个别时期还可能面临较大的阶段性贬值压力。为此，应继续保持必要的汇率干预机制，积极探索灵活的汇率干预手段，在非理性波动增强的情况下进行有效的干预，实现人民币汇率在可接受区间范围内的有序波动。

第三，加强跨境资本流动的监测和管理。人民币国际债券市场的发展要求人民币具有合理完善的流出和回流机制，要求减少资本账户管制。但是受全球经济和发达国家货币政策的影响，中国跨境资本流动的规模和方向在近年呈现出很大的不确定性，资本外流压力增大，短期内需要进行适度的资本管制。在此情况下，如何有效缓解短期跨境资本流动对中国经济稳定的冲击，减少无风险套利机会的存在，同时又不阻碍人民币债券市场开放和发展的步伐，是目前中国面临的一个挑战。为此，首先，应继续深化金融市场改革和开放，积极拓宽资本跨境流动渠道，增加产品创新，避免政策误读，引导市场预期向良性发展。其次，应综合运用宏观经济政策、宏观审慎监管和资本管制措施，积极加强对跨境资本流动的监测和管理，打击投机套利行为，防控短期投机性跨境资本的无序流动。在开放市场的同时加强市场监测与监管，建立风险分散机制，降低全球金融市场波动的外溢效应。最后，当市场保持稳定时，应积极探索外债管理和资本管理模式的创新，保持政策的连续性和稳定性，平衡好债券市场发展和宏观审慎管理的关系，推动债券市场的持续健康发展。

三、协调离岸和在岸人民币债券市场发展

离岸债券市场的发展是人民币国际债券市场建设和发展的重要步骤，也为在岸债券市场的全面开放提供了缓冲区。离岸债券市场相对于在岸债券市场而言，在市场职能和定位方面各具优势。未来在人民币汇率双向波动的形势下，离岸债券市场和在岸债券市场需要密切合作、内外联动，共同推进人民币国际债券市场和人民币国际化的发展。

第一，提升离岸人民币债券市场发展的质量。离岸债券市场与在岸债券市场保持相对独立，市场化程度更高，市场主体更具专业化和自主权，监管限制较少。在人民币汇率双向波动的背景下，首先，应充分发挥离岸市场政策指引的作用，促进离岸市场金融产品创新，丰富交易品种和交易方式，提供更加多样化和更具竞争力的人民币债券产品，提高人民币债券的安全性和收益性，为境外投资者提供更多的人民币保值增值渠道。同时，提高债券交易的便利性，建设完善高效的交易系统，保持离岸市场的持续发展。其次，适当降低市场准入门槛，允许更多符合条件的投资者参与离岸人民币债券市场，增强国际投资者对我国金融市场和人民币资产的信心。应充分利用“一带一路”设想提出的发展契机，加强离岸人民币债券市场的推介工作，加大金融机构对“走出去”

企业的支持力度，推动更多“一带一路”沿线国家参与到人民币离岸债券市场的发展中。再次，推进离岸人民币债券市场的多元化发展。目前人民币主要是对货币篮子中的美元贬值，对美元以外的多数货币尤其对欧洲国家和新兴市场经济体的货币仍保持升值趋势。目前离岸人民币债券业务主要集中在香港地区，受人民币对美元贬值的冲击较大（香港地区采用的是钉住美元的联系汇率制度，人民币对港元也出现了相应的贬值）。应利用人民币结构性贬值的特点，积极推动香港地区以外其他国家和地区（如伦敦、巴黎、法兰克福、新加坡、中国台湾地区等）离岸人民币债券市场的建设和发展，形成离岸人民币债券市场的多元化发展和多区域优势互补。最后，应积极探寻香港离岸人民币市场发展的新动力，以市场“质”的提升替代“量”的提升。“债券通”（内地与香港债券市场互联互通合作）的实行，既是巩固和提升香港国际金融中心地位的重要举措，也是推进内地资本市场有序对外开放的又一重要步骤，将极大地促进两地债券市场之间的互联互通，为香港离岸市场的发展和人民币国际化发展注入新的动力。在此过程中，两地监管机构应保持监管沟通和协调，建设离岸和在岸市场统一完善的合作型监管体系，在促进债券市场发展的同时，有效防范市场风险。

第二，优化境内“熊猫债券”市场的发行和资金使用管理。短期看，由于“熊猫债券”和离岸人民币债券在发行主体等方面存在相同之处，因此“熊猫债券”市场对离岸人民币债券市场形成了一定的竞争替代。从长期看，发行人选择“熊猫债券”还是离岸人民币债券市场，将取决于融资需求、融资成本以及市场配套等综合因素。两个市场的协调发展，对于在岸资本账户开放和两地市场的互联互通具有重要意义。就“熊猫债券”市场的发展而言，首先，应进一步完善“熊猫债券”的发行机制。“熊猫债券”发行的会计处理办法可借鉴欧美经验，即允许发债人以国际会计准则披露而无须作出差异调整。同时应加强国内评级制度建设，解决国内评级与国际评级相比虚高的问题，提高国内评级的公信力。其次，提高"熊猫债券"筹集资金使用的灵活性。目前"熊猫债券"在中国境内使用的限制较少，但是跨境使用存在一些限制。如果境外非金融企业母公司将"熊猫债券"募集的资金转贷给境内子公司使用，原来会受到外债额度的限制，新的政策已有所突破，如果是自贸区企业的境外母公司发行债券，募集资金用于区内和企业内成员企业借款，不需纳入现行外债管理。2016 年 4 月，中国人民银行推出的在全国范围内实施全口径跨境融资宏观审慎管理政策，规定境内企业和金融机构也可以基于自身资本和净资产的内部约束向境外举债，发行"熊猫债券"的资金可以汇回境内使用。但是，如果非居民在中国境内发债的实际资金需求在海外，换汇汇出时可能会受到资本管理的约束。虽然该约束可能仅仅是临时性措施，但仍会在一定程度上影响到"熊猫债券"的发债需求。为此，需要适当创新管理模式，在保持债券市场开放发展和跨境资本管理两个方面做好适度平衡，促进人民币国际债券市场实现稳健的发展。

第三，加快上海国际金融中心建设。上海自贸区、上海国际金融中心、人民币国际化和"一带一路"建设都是重要的发展战略，这些战略可以相辅相成，共同推进。上海是全国银行间同业拆借中心和上海交易所债券市场所在地，具备发展在岸人民币债券市场的基础。上海自贸区的建立为上海国际债券市场提供了新的历史机遇。国家相关政策已明确，在风险可控的前提下，在自贸区内对利率市场化、资本项目可兑换、人民币跨境使用等创造条件先行先试。在这些改革的推动下，上海有望建设成为汇集离岸和在岸金融功能的人民币债券市场，以自贸区承担阀门作用，促进在岸人民币跨境流出和离岸人民币回流。未来可通过大力发展"熊猫债券"和推动在自贸区注册的国内机构到境外发债融资，大力建设上海人民币国际债券市场，推动人民币国际化战略的实施。上海国际金融中心建设还可与“一带一路”倡议相结合，进一步加快金融市场和金融机构开放，把上海建设成为“一带一路”投融资的集散地。特别是可考虑将上海建设成面向国际的债券市场，打造具有特色，包含美元、欧元、日元及其他亚洲货币在内的离岸债券市场。为此，可加快推进以下工作：对接国际高标准经贸规则，建立负面清单管理模式，加快金融业对内对外开放步伐，尽早形成金融聚集效应；围绕“一带一路”融资需求，加大债券市场对全球投资者的开放步伐，做大市场规模，提升交易活跃度；加大对“一带一路”沿线央行、国际组织、主权财富基金、国际知名大银行、投资基金等机构的引入力度，推动上海成为各类外汇资金的集散地。上海与香港国际金融中心地位可以优势互补，错位发展，互利共赢，因此，持续深化沪港两地在金融领域的合作，对两地人民币债券市场的发展同样具有特别重要的意义。

四、积极培育以SDR计价的国际债券市场

目前SDR债券市场的发展还存在很多障碍，短期内发行以SDR计价、以人民币结算的SDR债券的象征意义大于实际意义。然而，从中长期来看，发展SDR计价的国际债券市场是发挥SDR国际计价职能的重要体现，是扩大SDR使用需求、强化SDR国际储备职能的一个重要环节。对发行人而言，发行SDR计价债券相当于进行多种货币融资，用以满足发行机构多币种的资金需求，可以节约发行人的融资成本。对投资者而言，SDR债券丰富了市场上的外币资产品种，可以提供多元债券组合的新选择。目前中国资本账户尚未完全开放，SDR债券的发行实际上降低了中国境内投资者配置外汇资产的门槛。相比单一货币计价债券，SDR债券能够降低利率和汇率风险，对投资者具有一定的吸引力。积极培育SDR国际债券市场，还将有助于推动人民币债券市场的发展，对人民币国际化具有重要的战略意义。SDR债券的交易无疑

会扩大 SDR 货币的使用范围，提高 SDR 的储备货币地位；而人民币作为 SDR 篮子中的组成货币，其储备货币的地位也可以得到提高。SDR 债券的发行对于债券发行者和投资者而言，增加了其资产负债结构的人民币敞口，需要持有配套人民币资产进行对冲，在本质上增加了国际上对人民币债券的需求。SDR 债券以人民币进行结算和支付，可以进一步提高人民币在国际金融市场上的结算支付职能，扩大人民币的使用范围。

第一，完善 SDR 机制，推动发展 SDR 债券市场。可以在 IMF 的框架下，进一步完善现有 SDR 机制，增加官方 SDR 计价资产供给规模，探索发行更多 SDR 计价债券，包括国际开发性金融机构、商业银行等高信用等级机构发行 SDR 债券，推动 SDR 债券市场获得规模发展。同时，提高 SDR 在私人部门的使用程度，为民间主体持有和交易 SDR 债券提供基础保障。

第二，加强 SDR 债券市场的流动性安排。流动性不足是影响 SDR 扩大使用的一个主要障碍，未来应以全球主要国家债券市场、离岸金融中心为依托，积极探索 SDR 债券的作市机制，扩大 SDR 债券交易规模，形成活跃的二级市场，同时加强 SDR 债券的创新，适度发展回购、衍生品等债券对冲工具，稳步提高 SDR 债券市场流动性，解决 SDR 使用中的核心问题。

第三，完善 SDR 债券收益率曲线。利率期限结构是 SDR 计价资产的核心环节之一，能够保证投资者主动参与市场交易和有效调整投资头寸。因此，期限结构全面和完整的收益率曲线是 SDR 债券市场深入发展的重要条件。未来可适当提高 SDR 利率公布频率，便于私人部门对 SDR 资产进行连续、客观的估值，并按照“先一级后二级”的顺序，推进 SDR 货币市场和债券市场的协调发展。

第四，建设 SDR 结算系统，提供基础设施支持。未来应建立起包含代理结算、资金清算、信息交换、流动性支持等基本功能在内的SDR结算系统，实行央行、清算银行与客户分层管理，提高账户管理和资金清算的安全性与效率。同时，进一步补充质押回购、做市、税收、监管等方面的制度设计，在信息披露和信用评级方面尽快出台相关法律规定，规范市场秩序，提高市场透明度，推动SDR债券市场获得更好更快的发展。

五、加快推动国际债券市场基础设施建设

推动中国国际债券市场的发展，还应进一步完善债券发行、登记托管、清算、结算等基础设施安排，加强金融监管和投资者保护，提高市场的运行效率和安全性。

第一，推动发行注册制改革，加强债券市场统一监管和监管协调。从境内外债券市场的发展路径来看，债券发行机制多由以“筛选项目、控制风险”为导向的核准制向“信息披露、市场自治”的注册制过渡。实行债券发行的注册制，客观上要求一国具备完善的经济体制、发达的证券市场、健全的法律制度和市场化的监管手段。要实现债券发行注册制的构建，首先，应完善相应法律法规和配套制度，建立统一的标准，明确债券市场发行规则，处理好注册机构模式与上市审核之间的关系。目前，中国证监会、中国人民银行以及国家发改委分别为公司债、非金融企业债务融资工具和企业债的发行交易建立相应的监管机制与基础设施，在利用现有监管资源的基础上，可以考虑建立监管部门之间的协调机制，加强信息与资源共享，促进债券市场的协同发展。其次，应建立健全市场主体约束机制。一方面，发行人在发行过程中负有全面的信息披露义务；另一方面，投资者负有承担投资风险的约束。再次，应充分考虑国内与国际标准的对接，与相关国家和地区就监管主体、监管内容、权责分工等事宜进行沟通协商以达成共识，避免监管真空和监管冲

突。同时，国内各监管部门也应继续加强监管合作和监管协调，共同推动债券市场的发展。

第二，积极完善债券市场支付结算等基础设施。推进跨境人民币支付结算体系（CIPS）在国际债券结算中的应用，降低债券结算的信用风险和流动性风险，降低交易成本和操作风险，提高债券跨境发行与投资的效率，保障人民币跨境业务和人民币国际债券市场的进一步发展。2012 年，中国人民银行决定组织开发独立的人民币跨境支付系统（CIPS）。该支付系统主要有四项功能，一是连接境内外直接参与者；二是采用国际通行报文标准；三是涵盖有人民币清算诉求的大部分时区；四是提供两种可由交易者自主选择的接入方式——专线或通用。CIPS 业务需要同时满足跨境和境外人民币清算需求，支持多种业务处理模式；同时，为了最大程度地降低国际与国内金融市场的风险传导，境内外人民币清算业务系统的隔离措施必不可少。该系统已经于 2015 年 10 月 8 日正式启动。然而，与美国的“清算所同业支付清算系统”（CHIPS）、日本的“全额实时清算系统”（BOJNET）以及“欧元自动实时收付系统”（TARGET）相比，人民币支付结算体系（CIPS）仍存在较大的改进空间。在平台运营方面，人民币跨境清算系统可以参照美国的 CHIPS 系统，依照商业平台模式运营跨境的人民币清算系统，根据交易者的实际情况要求其开立预付金余额账户，在此基础上设定初始投入资金的头寸要求。在信息安全方面，要争取国际运营组织能够在中国建立亚洲数据运营中心或自主建立人民币支付报文信息系统，尽量争取独立掌握最全最新的信息。此外，还应立法明确跨境清算系统运营机构基本框架，使之既有利于跨境人民币清算系统以较高的效率对外推广和使用，也尽量符合“国际化、标准化、同步化、集中化、银行化”的国际清算体系的改革趋势。

第三，进一步完善税收、会计、审计、评级等制度基础。当前，境内外市场参与主体进行人民币跨境交易时，在纳税主体、税收种类、优惠政策等方面存在着法律法规不明确、跨境政策存在冲突、操作性差等问题，制约了人民币跨境交易和人民币国际债券市场的拓展。未来可适当减免债券持有和交易方面的利息税、印花税等，降低债券发行成本。在会计、审计等方面的制度设计上，应逐步兼容国际标准，消除制度约束，为人民币国际债券市场的发展建立统一、公平、透明的制度基础和市场环境。在推动中国评级国际化方面，应推动中国信用评级机构尽快建立起符合市场发展要求的全球信用评级体系，既保证可以满足投资者对风险识别的要求，又有利于推动中国评级行业的国际化。

人民币国际债券市场是连接中国境内市场和全球金融市场的重要环节，是完善中国金融体系建设、推进人民币走向国际化的必要条件。本章在前两章实证分析的基础上，对2016—2021年人民币国际债券占比和中国居民发行的人民币计价国际债券占比进行了预测。预测结果显示，在人民币汇率保持基本稳定的情况下，人民币国际债券市场在未来5年有望保持持续稳定增长的态势，进而将对人民币国际化的持续稳定发展起到积极的推动作用。当然，人民币国际债券市场的发展将是一个渐进的过程，面临的制约因素仍不容忽视。在确立人民币国际债券市场的目标和定位的过程中，必须处理好发展国内债券市场和发展国际债券市场的关系、政策驱动和市场驱动的关系以及改革和开放之间的关系。培育人民币国际债券市场收益率曲线和二级市场以及建立人民币国际债券市场结算机制对于人民币国际债券市场的发展至关重要。在人民币国际化进程中，人民币国际债券市场在人民币环流机制的设计中发挥着重要作用。在资本与金融项目下构建人民币的环流机制，能够在当前人民币国际化面临的一系列约束条件下，更好地推进人民币国际化进程。推进人民币环流机制建设需要满足三个方面的条件，即维持人民币汇率的稳定、推进金融体系的市场化改革以及强化国际金融监管合作。

应当从五个方面推动人民币国际债券市场的建设和发展。第一，稳步推进境内债券市场改革和开放。应当进一步加快国债市场的建设与发展，强化市场化约束和风险分担机制，解决债券市场刚性兑付等固有问题，并在此基础上持续扩大债券市场对外开放。第二，深化利率、汇率形成机制市场化改革。人民币国际债券市场的发展和人民币国际化的推进，需要与利率市场化、人民币汇率改革和资本账户开放等方面的改革协调推进，以实现体制机制的完善和配套政策的落实。应当进一步深化利率市场化改革，加快人民币汇率形成机制改革，并加强跨境资本流动的监测和管理。第三，协调离岸和在岸人民币债券市场发展。应当提升离岸人民币市场发展的质量，优化境内“熊猫债券”市场的发行和资金使用管理，并加快上海国际金融中心建设。第四，积极培育以 SDR 计价的国际债券市场。SDR 债券以人民币进行结算和支付，可以进一步提高人民币在国际金融市场上的结算支付职能，扩大人民币的使用范围。应当加强 SDR 债券市场的流动性安排，不断完善 SDR 债券的收益率曲线并建设 SDR 结算系统。第五，加快推动国际债券市场的基础设施建设。应当进一步推动发行注册制改革，加强债券市场统一监管和监管协调，积极完善债券市场支付结算等基础设施以及税收、会计、审计、评级等制度。

结　　语

本书以人民币国际化为视角，对人民币国际债券市场的建设和发展进行了研究。其中对人民币国际化出现波折这一背景下的长期发展战略的重点研究，突破了以往同类研究在研究角度和研究方法上的局限性，建立了较为完备的理论框架，并对国际债券计价货币币种结构的影响因素和以本币计价的国际债券占比的影响因素进行了详细的实证分析，基本上解决了本书绪论中所提出的几个主要问题，期待能够为人民币国际化和人民币国际债券市场的长期可持续发展提供有益的借鉴。

第一，金融发展水平和货币国际化进程之间是相互影响、相互增强的关系，金融市场深化可以成为突破人民币国际化现实约束和提升国际货币职能的重要选择。主流研究一般认为，在开放经济条件下，一国的金融发展水平尤其是债券市场的发展对其货币国际化进程具有很强的约束和影响作用。然而，在实践中，金融发展水平与货币国际化进程之间往往是相互影响甚至是相互增强，这在主要货币国际化成功或失败的案例中已得到充分的证明。上述理论和实践构成了“贸易国家”推动本币国际化的一个重要逻辑，即一方面，将金融市场深化作为实现货币国际化的基本条件和关键要素予以推进；另一方面，在逐步推进本币国际化的过程中提升本国金融发展水平，而非一味地等待货币金融条件成熟后再推进本币的国际化。这也是本书在人民币国际化经历了“起步——

迅速发展——出现波折和反复”的现实环境下，思考人民币国际化长远发展道路的逻辑起点。现阶段人民币国际化进程仍然处于货币国际化的初级阶段，不仅面临区域性失衡、进出口结算业务的失衡、交易职能与储备职能的失衡、在岸市场与离岸市场发展的失衡以及持续发展动力的失衡等问题，更重要的是，作为一个典型的金融市场欠发达的“贸易国家”，中国将长期面临经常账户基本平衡甚至盈余、资本与金融账户无法迅速完全开放等一系列的约束条件，难以通过“经常账户逆差输出本币、资本与金融账户顺差回笼本币”这一方式推进人民币的国际化。在此形势下，如何突破“贸易结算＋离岸市场”的人民币国际化模式与中国现实约束之间的矛盾和冲突，如何持续深入地推进人民币国际化进程，需要有创新性思维和举措。金融市场深化对于当前和未来一段时期人民币国际货币职能的提升具有十分重要的意义，推动建设一个发达成熟的金融市场，将是人民币发挥国际货币交易支付职能和价值储备职能的重要支撑。因此，在推动人民币国际化的进程中因势利导地深化国内金融体制改革，提高我国金融市场的深度和广度，应当成为突破人民币国际化发展现实约束的一个重要选择。

第二，发展人民币国际债券市场对于从货币环流机制视角创新人民币国际化的路径具有十分积极的现实意义，是一项重要而稳妥的金融改革和开放战略。一国货币的国际化必然涉及本币的流出机制与回流机制问题，前者是该国货币成为国际货币的前提条件和微观基础，后者则是维持他国经济主体持有该国货币意愿的保证。目前人民币的流出机制和回流机制都不顺畅，而人民币国际债券市场的建设和发展能够在资本与金融账户下建立更加顺畅的人民币环流机制。具体而言，发展以“熊猫债券”为代表的人民币外国债券市场，能够在资本与金融账户项下开辟一条人民币流出通道，确保他国经济主体便捷地获取人民币流动性；加快国内债券市场开放，能够在资本与金融账户尚未完全开放的条件下，为持有人民币流动性的境外投资者提供具有一定深度和广度的人民币资产交易市场，提高人民币资产的吸引力，完善境外人民币的回流机制；而发展人民币离岸市场，则能够实现人民币的“体外循环”，提高人民币在国际金融市场被第三国使用的程度。更为重要的是，人民币国际债券市场的建设和发展有利于协同中国金融体制的转型与改革，从而为人民币国际化奠定更加坚实的基础。以人民币国际债券市场的建设和发展为切入点，不仅有利于加快国内多层次资本市场建设、完善货币政策传导机制和加快利率市场化进程，还有助于完善人民币汇率形成机制，提高人民币的国际认可度和接受度，从而有助于加快人民币国际化进程。此外，建设和发展人民币国际债券市场的风险相对可控，是一项重要而稳妥的金融改革和开放战略。由于国际债券市场的离岸金融属性突出，对于人民币汇率和资本与金融账户的冲击相对较小；而与直接开放国内股票市场相比，适度开放债券市场对中国金融体系的冲击和负面影响相对可控，效果更好。

第三，美国和日本的历史经验证明，国际债券市场在其本币环流机制和货币国际化方面，确实能够发挥重要的作用。美国和日本分别作为“金融国家”和“贸易国家”的典型代表，其货币的国际化进程具有十分典型的意义。国际债券市场在美元循环机制中具有十分突出的地位。美元国际债券市场为非居民提供了良好的融资环境，提高了美元的国际流动性；美元国际债券市场具有便利性与规模优势，巩固了美元国际货币的属性；美元国际债券市场维持了美元币值稳定和美国经济持续发展，为维持美元储备货币职能提供了强大的支撑。日元国际债券市场的发展也曾在日元国际化进程中发挥了积极作用，然而，欠发达的债券市场是日元循环机制的重要缺陷，离岸市场和在岸市场的脱节和无序渗透使日元沦为“再贷款游戏”货币。在短暂的正向影响后，日元国际债券市场最终成为日元国际化的羁绊，并最终导致日元国际化的倒退。国际经验表明，国际债券市场在本币环流机制中能够发挥重要作用；在岸金融市场与离岸金融市场应协同均衡发展；币值稳定对于“贸易国家”货币国际化的成败至关重要；国内债券市场的改革与开放应该与国际债券市场同步。

第四，惯性效应和网络效应对国际债券计价货币的币种结构、对本国居民发行的本币国际债券占比均具有显著的影响. 外部币值稳定性的显著性影响在全球金融危机后进一步加强。本书的实证研究表明，惯性效应、网络效应和外部币值稳定性始终是影响国际债券币种选择的重要因素，但 2008 年全球金融危机后，币值稳定性对国际债券计价货币的影响更加重要；而惯性效应则在危机的冲击下消失，网络效应的作用也明显下降。本国居民以本币发行国际债券是重要的货币回流方式。本书的实证研究表明，2008 年全球金融危机后，币值稳定性对本币国际债券占比的影响更加重要，而网络效应则趋于弱化。发达国家和发展中国家的政府、金融机构和非金融企业发行的国际债券中，本币占比的影响因素并不完全相同。非金融企业发行国际债券的本币占比对于惯性效应和网络效应更为敏感，而金融企业发行国际债券的本币占比则对于币值稳定性更为敏感。但几乎所有的存量数据和大多数流量数据的实证结果都表明，外部币值稳定性对一国居民的本币国际债券占比具有显著影响，这说明发展中国家并不必然受货币错配“原罪”问题的困扰。为此，大力发展以人民币计价的国际债券市场，特别是在本国居民发行国际债券时更多地以人民币进行计价，对完善人民币回流机制和人民币国际化模式，具有非常重要的意义。在此过程中，应更加重视发展在岸外汇市场，进一步放开外汇市场准入和产品交易限制，提高外汇市场的深度和广度，加快人民币汇率形成机制改革，真正让市场在人民币汇率水平调节和外汇资源配置中起决定性作用，以市场供求的力量为人民币汇率提供坚实可靠的支撑。

第五，人民币国际债券市场是资本与金融账户下人民币环流机制的重要组成部分和有力支撑，应从多个方面采取切实可行的措施大力推动人民币国际债券市场的建设和发展。人民币国际债券市场的发展取得了一定的进展，但也面临着新的问题。尽管SDR债券市场的发展仍然面临很多挑战，但SDR债券对人民币国际债券市场将起到积极的促进作用。为此，必须处理好发展国内债券市场和发展国际债券市场之间的关系、政策驱动和市场驱动之间的关系以及改革和开放之间的关系。发展人民币国际债券市场能够为构建资本与金融账户下的人民币环流机制提供有力支撑，即人民币外国债券市场、人民币ODI以及人民币QDII构成了资本与金融账户下的人民币流出机制，而人民币离岸债券市场、国内债券市场开放、人民币FDI以及人民币QFII则构成了资本与金融账户下的人民币回流机制。当然，在资本与金融项目下构建人民币的这一闭合环流机制至少需要满足三个条件，即维持人民币汇率的稳定、推进金融体系的市场化改革以及强化国际金融监管合作。应当从五个方面进一步促进人民币国际债券市场的建设和发展：稳步推进境内债券市场改革和开放，做强国债市场，强化市场约束，鼓励更多的发行主体尤其是非金融企业参与国际债券发行，提高人民币国际化服务实体经济的能力；深化利率、汇率形成机制市场化改革，加强跨境资本流动的监测和管理；协调离岸和在岸人民币债券市场发展，提升离岸人民币债券市场发展的质量，优化“熊猫债券”市场的发行和资金使用管理并加快上海国际金融中心建设；积极培育以SDR计价的国际债券市场，加强SDR债券市场的流动性安排，完善SDR债券收益率曲线，建设SDR结算系统；加快国际债券市场基础设施建设，推动发行注册制改革以及跨境人民币支付结算体系（CIPS）在国际债券结算中的应用，并进一步完善税收、会计、审计、评级等制度基础。

参 考 文 献

1. ADB.，“Asian Development Outlook 2015—Financing Asia's Future Growth”，*Working Papers*，2015，49，72-74.

2. Akerlof，G. A.，“The Market for ‘Lemons’：Quality Uncertainty and the Market Mechanism”，*The Quarterly Journal of Economics*，1970（3）：488-500.

3. Allayannis G.，Brown G. W.，Klapper L. F.，“Capital Structure and Financial Risk：Evidence from Foreign Debt Use in East Asia”，*Journal of Finance*，2003，58（6）：2667-2710.

4. Barro R. J.，“Reputation in a Model of Monetary Policy with Incomplete Information”，*Journal of Monetary Economics*，1986，17（1）：3-20.

5. Batten J. A.，Fetherston T. A.，Hoontrakul P.，“Factors Affecting the Yields of Emerging Market Issuers：Evidence from the Asia-Pacific Region”，*Journal of International Financial Markets Institutions & Money*，2006，16（1）：57-70.

6. Batten J. A.，Hogan W. P，Szilagyi P. G.，“Foreign Bond Markets and Financial Market Development：International Perspectives”，*ADBI Working Papers*，2009.

7. Bergsten C. Fred.，“Dilemmas of the Dollar：The Economics and Politics of United States International Monetary Policy”，*Foreign Affairs*，1975，94（94）：

195-200.

8. Bergsten C. Fred.，“The Dollar and the Euro”，*Foreign Affairs*，1997，76（76）：83-83.

9. Bernanke，B.，“The Great Moderation”，*Speech at the Meeting of the Eastern Economic Association*，*20th*，February，2004.

10. BIS.，“The Role of Valuation and Leverage in Procyclicality”，*Bank for International Settlements*，2009.

11. BIS.，“Comparison of Creditor and Debtor Data on Short-term External Debt”，*BIS Papers*，No. 13，2002.

12. BIS.，“International Banking and Financial Market Developments”，*BIS Quarterly Review*，September，2015.

13. BIS.，“Introduction to BIS Statistics”，*BIS Quarterly Review*（September）：35-51，2005.

14. Black S.，Munro A.，“Why Issue Bonds Offshore?”，*SSRN Electronic Journal*，2010，68（3）：97-144.

15. Burger J. D.，F. Warnock.，“Foreign Participation in Local Currency Bond Markets”，*International Finance Discussion Papers*，2004-794.

16. Burger J. D.，R. Sengupta，F. Warnock and V. Warnock.，“US Investment in Global Bonds”，*Economic Policy*，2015，30（84）：729-766.

17. Burger J. D.，R. Sengupta，Warnock F. E.，et al.，“US Investment in Global Bonds：As the Fed Pushes，Some EMEs Pull”，*Economic Policy*，2014，30（84）：729-766.

18. Burger J. D.，Warnock F. E.，V. Warnock.，“Emerging Local Currency Bond Markets”，*Financial Analysts Journal*，2012，68（4）：291-304.

19. Burger J. D.，Warnock F. E.，“Diversification，Original Sin，and International Bond Portfolios”，*International Finance Discussion Paper*，2003，49.

20. Burger J. D., Warnock F. E., "Local Currency Bond Markets", *NBER Working Papers*, 2006, 53 (1): 133-146.

21. Calvo, G., "Trying to Stabilize: Some Theoretical Reflections Based on the Case of Argentina", in *Financial Policies and the World Capital Market: The Problem of Latin American Countries*, Armella, P.R. Dornbusch and M. Obstfeld (Eds.), 1983, 199-220.

22. Campbell J. Y., Viceira L. M., White J. S., "Foreign Currency for Long-term Investors", *Economic Journal*, 2003, 113 (486): C1-C25.

23. Candelaria C. A., "Bond Currency Denomination and the Yen Carry Trade", *Working Paper*, 2010.

24. CGFS (Committee on the Global Financial System), "Financial Stability and Local Currency Bond Markets", *CGFS Publications*, No. 28, 2007.

25. Chan E., Chui M. K. F., Packer F., et al., *Local Currency Bond Markets and the Asian Bond Fund 2 Initiative*, Social Science Electronic Publishing, 2012, 63: 35-61.

26. Chinn, M. and Frankel, J., "Why the Euro Will Rival the Dollar", *International Finance*, 2008, 11 (1): 49-73.

27. Chinn, M. and Frankel, J., "Will the Euro Eventually Surpass the Dollar as Leading International Reserve Currency?", in *G7 Current Account Imbalances*, Clarida, R. (eds.), 283-335, Chicago: University of Chicago Press, 2007.

28. Chiţu L., Eichengreen B., Mehl A., "When Did the Dollar Overtake Sterling as the Leading International Currency? Evidence from the Bond Markets", *Journal of Development Economics*, 2014, 111 (6): 225-245.

29. Cohen, B. J., *Currency Choice in International Bond Issuance*, Social Science Electronic Publishing, 2005.

30. Cohen, B. J., *The Future of Sterling as an International Currency*,

Macmillan：London，1971.

31. Cohen，B. J.，*The Geography of Money*，Cornell University Press，1998.

32. Coles，M. H.，“Foreign Companies Raising Capital in the United States”，*Journal of Comparative Law and Securities Regulation* 3，1981：300-319.

33. Cooper R. N.，“Currency Devaluation in Developing Countries，Department of Economics Princeton University”，*Princeton Studies in International Economics*，No.86，1971.

34. Cooper R. N.，“Key Currencies after the Euro”，*The Euro as a Stabilizer in the International Economic System. Springer US*，2000：1-23.

35. Curtis E.，Wright R.，“Price Setting，Price Dispersion，and the Value of Money；or，the Law of Two Prices”，*Journal of Monetary Economics*，2004，51 (8)：1599-1621.

36. Dawson，F. G.，*The First Latin American Debt Crisis：The City of London and the 1822-25 Loan Bubble*，New Haven：Yale University Press，1990.

37. De la Torre，Schmukler，“Coping with Risks through Mismatches：Domestic and International Financial Contracts for Emerging Economies”，*International Finance*，2005，7.

38. Dooley，M.，S. Lizondo，D. Mathieson，“The Currency Composition of Foreign Exchange Reserves”，*IMF Staff Papers*，1989，36 (2)：385-434.

39. Dwight B.，Crane，Robert C.，Merton，Kenneth A. Froot，and Zvi Bodie，*The Global Financial System：A Function Perspective.* Harvard Business Press，1995.

40. Eichengreen B.，Hausmann R.，*Exchange Rates and Financial Fragility.* Social Science Elotronic Publishing，2000：329-386.

41. Eichengreen B.，“Luengnaruemitchai P. Why doesn't Asia have bigger

bond markets?", *SSRN Electronic Journal*, 2004, 30.

42. Eichengreen B., Tong H., "Is China's FDI Coming at the Expense of other Countries?", *Journal of the Japanese & International Economies*, 2007, 21 (2): 153-172.

43. Eichengreen B., *Globalizing Capital: A History of the International Monetary System (Second Edition)*. Princeton University Press, 2008.

44. Eichengreen B., "Hegemonic Stability Theories in the International Monetary System", *Brookings Discussion Paper in International Economics*, 1987.

45. Eichengreen B., "Sterling's Past, Dollar's Future: Historical Perspectives on Reserve Currency Competition", *NBER Working Papers*, No.11336, 2005.

46. Eichengreen B., "The Development of Asian Bond Markets", *Asian Bond Markets Issues & Prospects*, 2006, 30: 1-12.

47. Eichengreen B., "The Euro as a Reserve Currency", *Journal of the Japanese and International Economies*, 1998, 12 (4): 483-506.

48. Eichengreen B., D. Mathieson, "The Currency Composition of Foreign Exchange Reserves: Retrospect and Prospect", *IMF Working Paper*, No. WP/00/131, 2000.

49. Eichengreen B., Frankel, J., "The SDR, Reserve Currencies, and the Future of International Monetary System in the Future of the SDR", in *Light of Changes in the International Financial System*. International Monetary Fund, 1996.

50. Eichengreen B., L. Chitu, A. Mehl., "Stability or Upheaval: The Currency Composition of International Reserves in the Long Run", *IMF Economic Review*, 2016, 64 (2): 354-380.

51. Eichengreen B., R. Hausmann, U. Panizza., "Currency Mismatches,

Debt Intolerance, and the Original Sin", in *Capital Controls and Capital Flows in Emerging Economies*, 2007, 121-170.

52. Eichengreen B., R. Hausmann., "Exchange Rates and Financial Fragility", in *New Challenges for Monetary Policy*, 329-368, *Proceedings from the Economic Policy Symposium*, Jackson Hole, Federal Reserve Bank of Kansas City, 1999.

53. Emerson M., Gros D., *One Market One Money*, Longman Inc, 1992.

54. ESCB (Euro-currency Standing Committee), "Recent Innovations in International Banking", *Committee on the Global Financial System (CGFS) Publications*, No.1, 1986.

55. Eschweiler B., *Bond Market Regulation and Supervision in Asia*, Bank for International Settlements, 2006.

56. Eswar S. Prasad and Raghuram Rajan, "A Pragmatic Approach to Capital Account Liberalization", *Journal of Economic Perspectives*, 2008, 22 (3), 149-172.

57. Fama, E. F., "Banking in the Theory of Finance", *Journal of Monetary Economics*, 1980 (1): 39-57.

58. Felman et al., "ASEANS Bond Market Development: Where Does it Stand? Where is it Going?", *IMF Working Paper*, 2011: 137.

59. Flandreau M., Jobst C., "The Empirics of International Currencies: Network Externalities, History and Persistence", *The Economic Journal*, 2009, 119: 643-664.

60. Flandreau, M., N. Sussman, "Old Sins: Exchange Rate Clauses and European Foreign Lending in the 19th Century", *CEPR Discussion Papers*, No. 4248, 2004.

61. Fleming J. M., "On Exchange Rate Unification", *Economic Journal*,

1971，81（323）：467-88.

62. Forbes K. J.，“Why Do Foreigners Invest in the United States?”，*Journal of International Economics*，2008，80（1）：3-21.

63. Frankel，J.，“Dollar”，in *The New Palgrave Dictionary of Money and Finance (A-D)*，Newman，P.，M.，Milgate and J. Eatwell（ed.），London and New York：Macmillan and Stockton，1992.

64. Frankfurt，*European Central Bank：Review of International Role of the Euro*，2005.

65. Frederic Mishkin，“Financial Policies and the Prevention of Financial Crises in Emerging Market Countries”，*Policy Research Working Paper*，2001.

66. Frenkel，J. A. and Goldstein，M. A.，“The International Role of the Deutsche Mark. In Deutsche Bundesbank（Ed.）”，*Fifty Years of the Deutsche Mark：Central Bank and the Currency in Germany Since 1948*，（685-792）. Oxford：Oxford University Press，1999.

67. Froot K.，“Foreign Direct Investment”，*NBER Books*，1993，70（3）：291--314.

68. FSB，IMF，“The Financial Crisis and Information Gaps”，*Report to the G20 Finance Ministers and Central Bank Governors*，October，2009.

69. FSF，*Report of the Working Group on Capital Flows*，2000.

70. Galati Gavriele，Wooldridge. Philip，“The Euro as a Reserve Currency：A Challenge to the Preeminence of the US dollar?”，*BIS Working Paper* 218，2006：1-29.

71. Gaspar J. M.，Massa M.，Matos P.，“Shareholder Investment Horizons and the Market for Corporate Control”，*Journal of Financial Economics*，2005，76（1）：135-165.

72. Goldsmith R. W.，*Financial Structure and Development*，Yale University

Press, 1969.

73. Goldstein M., Turner P., *Controlling Currency Mismatches in Emerging Markets*, Peterson Institute Press All Books, 2004.

74. Gourinchas P. O., Rey H., "From World Banker to World Venture Capitalist: US External Adjustment and the Exorbitant Privilege", *Journal of Experimental Education*, 2005, 24 (4): 303-307.

75. Gozzi J. C., Levine R., Peria M. S. M., et al., "How Firms Use Corporate Bond Markets under Financial Globalization", *Journal of Banking & Finance*, 2012, 58: 532-551.

76. Graham J., Harvey C., "How Do CFOs Make Capital Budgeting and Capital Structure Decisions?", *Journal of Applied Corporate Finance*, 2002, 15 (1): 8-23.

77. Green E., Zhou R. A., "Rudimentary Model of Search with Divisible Money and Prices", *Journal of Economic Theory*, 1998, 81: 252-71.

78. Greenspan A., *Statement to Congress, February 23, 1999 (financial modernization)*, *Federal Reserve Bulletin*, 1999: 250-252.

79. Gruic, B. and P. Wooldridge, "Enhancements to the BIS Debt Securities Statistics", *BIS Quarterly Review (December)*: 63-76, 2012.

80. Guscina A., Pedras G. B. V., Presciuttini G., "First-Time International Bond Issuance: New Opportunities and Emerging Risks", *IMF Working Papers*, 2014.

81. Habib M. M., Joy Mark, "Foreign-currency Bonds: Currency Choice and the Role of Uncovered and Covered Interest Parity", *Applied Financial Economics*, 2008, 20 (8): 601-626.

82. Hale, G., M. Spiegel, "Who Drove the Boom in Euro-Denominated Bond Issues?", *SSRN Electronic Journal*, 2008.

83. Hale, G., P. Jones, M. Spiegel, " Home Currency Issuance in Global Debt Markets", *Federal Reserve Bank of San Francisco Economic Letter*, No.2014-24.

84. Hale, G., P. Jones, M. Spiegel, "The Rise in Home Currency Issuance", *Federal Reserve Bank of San Francisco Working Papers*, No.2014-19, May, 2016.

85. Harberler G., *The International Monetary System: Some Recent Developments and Discussions*, *in Approaches to Greater Flexibility of Exchange Rates*, Princeton University Press, 1970.

86. Hartmann, P., *Currency Competition and Foreign Exchange Markets: The Dollar, the Yen and the Euro*, Cambridge University Press, 1998.

87. Hartmann, P., "The Future of the Euro as An International Currency: A Transactions Perspective", *FMG Special Papers*, No. Sp91, 1996.

88. Hartmann, P., Issuing, O., "The International Role of the Euro", *Journal of Policy Modeling*, Vol. 24, 2002: 315-345.

89. Hausmann, R., U. Panizza, "On the Determinants of Original Sin", *Journal of International Money and Finance*, 2003, 22 (7): 957-990.

90. Hausmann, R., U. Panizza, "Redemption or Abstinence?", *Journal of Globalization and Development*, 2011, 2 (1): 1-35.

91. Hayek F. A., *Denationalization of Money*, London: The Institute of Economic Affairs, 1976.

92. He D., Mccauley R. N., "Offshore Markets for the Domestic Currency: Monetary and Financial Stability Issues", *SSRN Electronic Journal*, 2010, 53 (1002): 301-337.

93. He D., Mccauley R., "Eurodollar Banking and Currency Internationalization", *BIS Quarterly Review*, 2012.

94. He Q., Korhonen I., Guo J., et al., "The Geographic Distribution of International Currencies and RMB Internationalization", *International Review of Economics & Finance*, 2016, 4 (4): 2212-2217.

95. Hellerstein R., Ryan W., "The Determinants of International Flows of U.S. Currency", *Staff Reports*, 2009.

96. Hirai, Naoki, Hiroshi T., *Credit Ratings in Japan: A Progress Report*, *NRI Quarterly*. 1996.

97. IMF, "Review of the Method of Valuation of the SDR", *IMF Policy Paper*, November, 2015.

98. Ingram J. C., "Comment: The Currency Area Problem", in *Monetary Problems of the International Economy*, University of Chicago Press, 1969.

99. Istanbul, "Challenges & Opportunities for Domestic Credit Rating Agencies-A Regulato's Perspective", *ADB Paper for Seminar on the Role of Credit Rating Agencies in Asia's Emerging Bond Market*, 2005.5.5.

100. Ito T., and Park Y., *The Structure and Characteristics of East Asian Bond Markets*, *in Developing Regional Bond Markets in East Asia*, Australian National University Pacific Asia Press, 2004.

101. Ito, H. and M. Chinn, "The Rise of the Redback", *ADB Working Paper*, No.456, 2015.

102. Ito, H., R. McCauley, T. Chan, "Currency Composition of Reserves Trade Invoicing and Currency Movements", *Emerging Markets Review*, 2015, 25 (10): 16-29.

103. Jahjah S., Wei B., Yue V. Z., "Exchange Rate Policy and Sovereign Bond Spreads in Developing Countries", *International Finance Discussion Papers*, 2012-1049.

104. Jong-Wha Lee and Robert J. Barro, *East Asian Currency Union*. Asian

Development Bank，2010.

105. Jorion P.，“The Pricing of Exchange Rate Risk in the Stock Market”，*Journal of Financial and Quantitative Analysis*，1991，26（3）：363-376.

106. Joseph E. Stiglitz，Boats，“Planes and Capital Flows”，*Financial Times*，25 March，1998.

107. Katz M. L.，Shapiro C.，“Network Externalities、Competition，and Compatibility”，*The American Economic Review*. 1985（6）：424.

108. Kawai Masahiro，*One Currency for an Integrated Asia：An ACU Approach*，Asian Development Bank，2010.

109. Kazumi Takemoto，*Role of Credit Rating Agency*，*ADB Paper for ADB Conference JEJU*，Korea，2004.

110. Kedia S.，Mozumdar A.，“Foreign Currency Denominated Debt：An Empirical Examination”，*Journal of Business*，2003，76（4）：521-546.

111. Keloharju M.，Niskanen M.，*Why Do Firms Raise Foreign Currency Denominated Debt? Evidence from Finland. European Financial Management*，2001，7（4）：481-496.

112. Kenen P. B.，“Currencies，Crises，and Crashes”，*Eastern Economic Journal*，2002，28（1）：1-12.

113. Kenen P. B.，“Currency Internationalization：An Overview，in Currency Internationalization：Lessons from the Global Financial Crisis and Prospects for the Future in Asia and the Pacific”，*BIS Papers*，No.61，2011.

114. Kenen P. B.，“Managing Exchange Rates”，*Foreign Affairs*，1988，68（4）.

115. Kenen P. B.，“The Euro Versus the Dollar：Will There Be a Struggle for Dominance?”，*Journal of Policy Modeling*，2002，24（4）：347-354.

116. Kenen P. B.，“The Role of the Dollar as an International Reserve Currency”，*Group of Thirty Occasional Papers*，No.13，1983.

117. Kenen P. B., *The Theory of Optimum Currency Areas*: *An Eclectic View*, University of Chicago Press, 1969.

118. Keohane R. O., *After Hegemony*: *Cooperation and Discord in the World Political Economy*, Princeton University Press, 1984.

119. Kim Y. C., Stulz R., "The Eurobond Market and Corporate Financial Policy: A Test of the Clientele Hypothesis", *Journal of Financial Economics*, 1988, 22 (2): 189-205.

120. Kindleberger C. P., "A Financial History of Western Europe", *The Journal of Modern History*, 1986, 38 (Volume 58, Number 1) .

121. Kindleberger C. P., *The World in Depression*, *1929-1939*. University of California Press, 1986.

122. Kiyotaki N., Wright R. A., "Search-theoretic Approach to Monetary Economics", *The American Economic Review*, 1993: 63-77.

123. Kiyotaki N., Wright R., "On Money as a Medium of Exchange", *The Journal of Political Economy*, 1989: 927-954.

124. Krugman P., "Increasing Returns and Economic Geography", *Journal of Political Economy*, 1991, 99 (3): 483-499.

125. Krugman P., "Target Zones and Exchange Rate Dynamics", *Quarterly Journal of Economics*, 1991, 99 (106): 669-682.

126. Krugman P., "The International Role of the Dollar: Theory and Prospect", in Bilson, J. and Marston, R. (eds) . *Exchange Rate Theory and Practice*. Chicago: University of Chicago Press, 1984.

127. Krugman P., "Vehicle Currencies and the Structure of International Exchange", *Journal of Money*, *Credit and Banking*, Vol.12, 1980.

128. Krugman, P., "Balance Sheets Effects, the Transfer Problem and Financial Crises", in *International Finance and Financial Crises*: Essays in

Honour of Robert P. Flood，Jr.，Isard P.，A. Razin and A. Rose（Eds.），31-44. Kluwer Academic Publishers，1999.

129. Kubarych，R. M.，*Foreign Exchange Markets in the United States*，Federal Reserve Bank of New York，1978.

130. La Porta，R.，F. Lopez-de-Silanes，A. Shleifer，R. Vishny，"Legal Determinants of External Finance"，*Journal of Finance*，1997，52（3）：1131-1150.

131. Lagos R.，Wright R.，"A Unified Framework for Monetary Theory and Policy Analysis"，*Journal of Political Economy*，2005，113（3）：463-484.

132. Laidler，D.，"Notes on the Microfoundations of Monetary Economics"，*Economic Journal*，1997，107（443）：1213-1223.

133. Lau S. T.，Yu J.，"Does Proximity Matter in International Bond Underwriting?"，*Journal of Banking & Finance*，2010，34（9）：2027-2041.

134. Levich R. M.，Thomas L. R.，"Internationally Diversified Bond Portfolios：The Merits of Active Currency Risk Management"，*NBER Working Papers*，1994.

135. Levy H.，Lerman Z.，"Testing The Predictive Power Of Ex-Post Efficient Portfolios"，*Journal of Financial Research*，1988，11（3）：241-254.

136. Li Yiting，A. Matsui，"A Theory of International Currency and Seigniorage Competition"，*British Journal of Pain*，2005，7（3）：124-129.

137. Li Yiting，A. Matsui，"A Theory of International Currency：Competition and Discipline"，*Journal of the Japanese and International Economies*，2009，23（4）：407-426.

138. Ligthart，J.，S.，"Werner. Has the Euro Affected the Choice of Invoicing Currency?"，*Journal of International Money and Finance*，2012，31（6）：1551-1573.

139. Lim E. G., "The Euro's Challenge to the Dollar: Different Views from Economists and Evidence from COFER (Currency Composition of Foreign Exchange Reserves) and Other Data", *IMF Working Papers*, 2006, 06 (153).

140. Lothian J. R, Dwyer G. P., "International Money and Common Currencies in Historical Perspective", *SSRN Electronic Journal*, 2003, 6 (1): 195-210.

141. Ma G., and Remolona E. M., "Opening Markets through a Regional Bond Fund: Lessons from ABFZ", *BIS Quarterly Review*, 2005.

142. Maddison, A., *Statistics on World Population, GDP and Per Capita GDP*, 1-2008 AD., March, 2010.

143. Massa M., Zaldokas A., "Investor Base and Corporate Borrowing: Evidence from International Bonds", *Journal of International Economics*, 2014, 92 (1): 95-110.

144. Matsuyama K., Kiyotaki N., Matsui A., "Towards a Theory of International Currency", *The Review of Economics Studies*, 1993, 60 (2): 283-307.

145. Mayer C., *Financial Systems, Corporate Finance, and Economic Development. The Official Journal of the American Society for Bone & Mineral Research*, 1990, 19 (9): 1512-7.

146. McCauley R. N., Park Y. C., "Developing the Bond Market (s) of East Asia: Global, Regional or National?", *BIS Papers Chapters*, 2006, 30: 19-39.

147. McKinnon R. I., *Money and Capital in Economic Development*, The Brookings Institution, cop. 1973.

148. McKinnon R. I., "Optimum Currency Areas", *American Economic Review*, 1963, 53 (9): 717-725.

149. Merton R. C, Bodie Z., *A Conceptual Framework for Analyzing the*

Financial Environment, *The Global Financial System*: *A Function Perspective.* Harvard Business School Press, 1995.

150. Michael C. Jensen, William H. Meckling, “Theory of the Firm: Managerial Behavior, Agency Costs and Ownership Structure”, *Journal of Financial Economics*, Volume 3, Issue 4, October 1976, Pages 305-360.

151. Milton, F., “The Demand for Money: Some Theoretical and Empirical Results”, *Journal of Political Economy*, 1959 (4): 327-51.

152. Mishkin, F., “Lessons from the Asian Crisis”, *Journal of International Money and Finance*, 1999, 18 (4): 709-723.

153. Mishkin, F., “Understanding Financial Crises”, *NBER Working Paper*, No.5600, 1996.

154. Miyajima K., Mohanty M. S., “Chan T. Emerging Market Local Currency Bonds: Diversification and Stability”, *Emerging Markets Review*, 2012, 22: 126-139.

155. Mizen P., Packer F., Remolona E. M., et al., “Why Do Firms Issue Abroad? Lessons from Onshore and Offshore Corporate Bond Finance in Asian Emerging Markets”, *BIS Working Papers*, 2012.

156. Mundell R. A., “Reconsideration of the Twentieth Century”, *The American Economic Review*, 2000, 90: 327-340.

157. Mundell R. A., “Theory of Optimum Currency Areas”, *American Economic Review*, 1961, 51 (9): 657-665.

158. Ogawa E., Sasaki, Y., “How Did the Dollar Peg Fail in Asia?”, *Journal of the Japanese and International Economies*, 1998, 12 (4): 256-304.

159. Ogawa E., Shimizu J., “Risks Properties of AMU Denominated Asian Bonds”, *Hi-Stat Discussion Paper Series*, 2004, 45.

160. Ogawa E., Shimizu J., “Trade-off for Common Currency Basket

Denominated Bonds in East Asia”, *Hitotsubashi University Research for Statistical Analysis in Social Sciences*, 2003, 05.

161. Ogawa E., “The Japanese Yen as An International Currency, in Regional Financial Arrangements in East Asia”, Korea, Kim, Y. and Y. Wang (Eds.), 25-53. *Korea Institute for International Economic Policy*, 2001.

162. Ogawa E., Sasaki, Y., “Inertia in the Key Currency”, *Japan and the World Economy*, 1998, 10 (4): 421-439.

163. Park D., Changyong Rhee, “Building Infrastructure for Asian Bond Markets: Settlement and Credit Rating”, *BIS Papers Chapters*, 2006, 30.

164. Park D., Park Y., “Toward Developing Regional Bond Markets in East Asia”, *Asian Economic Papers*. 2004, 3: 183-209.

165. Park J. H., Oh G., *Developing Asian Bond Markets Using Securitization and Credit Guarantee. Milken Institute*, 2006, 6: 33-54.

166. Pauer F., “Financial Market Integration and Financial Stability”, *Monetary Policy and the Economy*, 2005 (2): 144-151.

167. Pawlowski J., “Bonds in the Contemporary Economy”, *Working Papers*, 2013.

168. Peiris S. J., *Foreign Participation in Emerging Markets' Local Currency Bond Markets*. 2010, 10 (10/88).

169. Peristiani S., Santos J. A. C., “Has the US Bond Market Lost its Edge to the Eurobond Market?”, *International Review of Finance*, 2010, 10 (2): 149-183.

170. Petre, D., “Mining Individual Securities Databases for Analytical Purposes”, *IFC Bulletin*, No.29, 2009.

171. Polak, J., “*Reserve Currency*”, *in the New Palgrave Dictionary of Money and Finance* (N-Z), Newman, P., M. Milgate and J. Eatwell (ed.), 340-

343. London and New York：Macmillan and Stockton，1992.

172. Portes R.，Alogoskoufis G.，“European Monetary Union and International Currencies in a Tripolar World”，*Establishing a Central Bank for Europe*，1992，273-300.

173. Prasad E. S.，Rajan R. G.，“A Pragmatic Approach to Capital Account Liberalization”，*The Journal of Economic Perspectives*，2008，22（3）：149-172.

174. Presbitero A.，Ghura D.，Adedeji O.，et al.，*International Sovereign Bonds by Emerging Markets and Developing Economies；Drivers of Issuance and Spreads*. Social Science Electronic Publishing，2015.

175. Richard Benzie，“The Development of the International Bond Markets”，*BIS Working Papers*，No.32-1992（1）.

176. Ronald W. Masulis，*The Debt/Equity Choice*. Ballinger Publishing Company，Cambridge，Mass，1988.

177. Ross Levine，“Financial Development and Economic Growth：Views and Agenda”，*Journal of Economics Literature*，1997，35（2）：688-726.

178. Sarr A.，Lybek T.，“Measuring Liquidity in Financial Markets”，*IMF Working Paper*，No.02/232，2002.

179. Schaffner P.，“Euro-Bank Credit Expansion”，*Euromoney*，1970，61-63.

180. Schumpeter，J.，*History of Economic Analysis*，New York：Routledge，1954.

181. Selgin，G.，*World Monetary Policy after the Euro*. Cato J.，2000，20：105.

182. Shams，R.，“Why Do Countries form Regions? The Political Economy of Regional Integration”，*HWWA Discussion Paper*，2002.

183. Shaw E. S.，*Financial Deepening in Economic Development*，Oxford

University Press, 1973.

184. Shi S. Liquidity, "Money and Prices: A Model of Search and Bargaining", *Journal of Economic Theory*, 1995, 67 (2): 467-496.

185. Siefried, N., E. Simeonova and C. Vespro, "Choice of Currency in Bond Issuance and the International Role of Currencies", *ECB Working Paper*, No.814, 2007.

186. Smithin, J., *Controversy on Monetary Economics*, Cheltenham: Edward Elgar, 2003.

187. Solnik, Bruno H., "An Equilibrium Model of the International Capital Market", *International Economic Journal*, 1974, 8 (4): 500-524.

188. Steinherr, A., "From Here to EMU: The Role of the ECU after Maastricht", *Monetary Integration in Europe*, 1993: 177-193.

189. Strange, S., *Sterling and British Policy*, Oxford: Oxford University Press, 1971.

190. Suvanto A., "Foreign Exchange Dealing-essays on the Microstructure of the Foreign Exchange Market", *The Research Institute of the Finnish Economy*, 1993.

191. Swoboda, A. K., *The Euro-dollar Market: An Interpretation*. International Finance Section, Department of Economics, Princeton University, 1968.

192. Takaoka S., McKenzie C.R., *The Wizard of Oz in the Japanese Underwriting Market. Spring Meeting of the Japanese Economic Association*, Otaru University of Commerce, 2002.

193. Tavlas G. S., Ozeki Y., "The Internationalization of Currencies: An Appraisal of the Japanese Yen", *IMF Occasional Paper*, No. 90, 1992.

194. Tavlas G. S. and Y. Ozeki, "The Internationalization of Currencies", *IMF Occasional Paper*, No.90, 1991.

195. Tavlas G. S., “More on the Chicago Tradition”, *Journal of Economic Studies*, 1998, 25 (1): 17-21.

196. Tavlas G. S., “On the International Use of Currencies”, *Princeton Studies in International Economics*, No.181, 1991.

197. Tavlas G. S., “The International Use of the US Dollar: An Optimum Currency Area Perspective”, *World Economy*, 1997, 20 (6): 709-747.

198. Tavlas G. S., “The New Theory of Optimum Currency Areas”, *World Economy*, 1993, 16 (6): 663-685.

199. Tavlas G. S., *Vehicle Currency*, *in the New Palgrave Dictionary of Money and Finance* (N-Z), Newman, P., M. Milgate and J. Eatwell (ed.). London and New York: Macmillan and Stockton, 1992.

200. Tobin, J., “*Money*”, *in the New Palgrave Dictionary of Money and Finance* (F-M), Newman, P., M. Milgate and J. Eatwell (ed.). London and New York: Macmillan and Stockton, 1992.

201. Tovar C. E., “International Government Debt Denominated in Local Currency: Recent Developments in Latin America”, *BIS Quarterly Review*, 2005.

202. Trejos A., Wright R., “Search, Bargaining, Money, and Prices”, *Journal of Political Economy*, 1995, 103 (1): 118-141.

203. Turner P., *Weathering Financial Crisis: Domestic Bond Markets in EMEs*, Social Science Electronic Publishing, 2012, 63.

204. Waller C., Curtis E., “Currency Restrictions, Government Transaction Policies and Currency Exchange”, *Economic Theory*, 2003, 21 (1): 19-42.

205. Walter I., “The International Bond Market in the 1960’s: Its Development and Operation, by John F. Chown; Robert Valentine”, *Journal of Finance*, 1969, 24 (4).

206. Warner J. B., “On Financial Contracting: An Analysis of Bond

Covenants", *Journal of Financial Economics*, 1979, 7 (2): 117-161.

207. Williams D., *The Evolution of the Sterling System*, Oxford University Press, 1968.

208. Williamson J., "Target Zones and the Management of the Dollar", *Brookings Papers on Economic Activity*, 1986 (9): 124-128.

209. [英] 安格斯·麦迪森:《世界经济千年史》, 北京大学出版社 2003 年版。

210. 安国俊:《债券市场发展与金融稳定研究——全球金融危机启示录》, 经济科学出版社 2013 年版。

211. 巴晴:《SDR 风口来临: 熊猫能飞起来么?》,《董事会》2016 年第 1 期。

212. 巴曙松、赵勇、郭云钊:《债券市场改革与人民币国际化的互动》,《西部论丛》2010 年第 9 期。

213. 白钦先:《金融结构、金融功能演进与金融发展理论的研究历程》,《经济评论》2005 年第 3 期。

214. 蔡颖义、何青、钱宗鑫:《两岸金融合作机制探讨》(发布稿), 中国人民大学国际货币研究所《IMI 研究动态》2016 年第 47 期。

215. 曹龙骐、陈红泉、李艳丰、杨文:《人民币国际化路径研究》, 中国金融出版社 2014 年版。

216. 曹远征、郝志运:《人民币国际化、资本项目开放与金融市场建设》,《金融论坛》2016 年第 6 期。

217. 曹远征:《人民币国际化战略》, 学习出版社 2013 年版。

218. [美] 查尔斯·金德尔伯格:《西欧金融史》, 中国金融出版社 2010 年版。

219. 陈春锋:《日本债券市场发展的启示》,《中国金融》2012 年第 4 期。

220. 陈虹:《培育亚洲债券市场》,《世界经济与政治》2005 年第 6 期。

221. 陈浪南:《欧洲债券市场的新发展》,《外国经济与管理》1989 年第

4 期。

222. 陈卫东、王有鑫：《人民币贬值背景下中国跨境资本流动：渠道、规模、趋势及风险防范》，《国际金融研究》2016 年第 4 期。

223. 陈卫东、钟红、边卫红、陆晓明：《美国在岸离岸金融市场制度创新与借鉴》，《国际金融研究》2015 年第 6 期。

224. 陈卫东：《新时期人民币国际化：目标、挑战与发展策略》，“中国金融四十人论坛”（CF40）研究报告，2016 年。

225. 陈晓莉、胡金焱：《再论中国金融自由化的次序》，《南开大学学报》（哲学社会科学版）2014 年第 5 期。

226. 陈晓莉、李琳：《国际标价货币的决定因素分析——兼论人民币国际化政策》，《东岳论丛》2011 年第 10 期。

227. 陈雨露、汪昌云：《金融学文献通论》，中国人民大学出版社 2006 年版。

228. 陈雨露：《东亚货币合作中的货币竞争问题》，《国际金融研究》2003 年第 11 期。

229. 陈雨露：《人民币国际化报告》，中国人民大学出版社 2016 年版。

230. 丁一兵、付林：《金融市场发展影响货币国际地位的实证分析》，《吉林师范大学学报》（人文社会科学版）2014 年第 2 期。

231. 丁一兵：《离岸市场的发展与人民币国际化的推进》，《东北亚论坛》2016 年第 1 期。

232. 丁一兵、钟阳：《货币国际化中国际贸易与债券市场发展的作用——基于非平衡面板数据的实证研究》，《经济问题》2013 年第 5 期。

233. 范祚军、黄娴静、方晶晶：《基于货币国际化的人民币离岸中心发展研究》，《广西大学学报》（哲学社会科学版）2015 年第 6 期。

234. 范祚军、唐文琳：《人民币国际化的条件约束与突破》，人民出版社 2012 年版。

235. 付登彦：《国际货币体系变革背景下人民币国际化研究》，厦门大学出版社 2014 年版。

236. 高海红、余永定：《人民币国际化的含义与条件》，《国际经济评论》2010 年第 1 期。

237. 管仁勤、李娟娟：《日、美企业融资结构与公司治理比较》，《金融理论与实践》2003 年第 5 期。

238. 管涛：《促进国际收支平衡与货币国际化》，《金融与保险》（中国人民大学复印报刊资料）2016 年第 5 期。

239. 郭世贤：《90 年代的国际债券市场及其未来趋势》，《世界经济》1994 年第 10 期。

240. 何帆、张斌、张明：《对〈清迈协议〉的评估及改革建议》，《国际金融研究》2005 年第 7 期。

241. 何慧红：《论亚洲债券市场的建立和发展》，东北师范大学硕士学位论文，2006 年。

242. 何平、钟红：《人民币国际化的经济发展效应及其存在的问题》，《国际经济评论》2014 年第 5 期。

243. 何平、周伊静、甘雨：《人民币国际化后人民币计价国际债券的需求测算》，李稻葵主编：《人民币国际化道路研究》，科学出版社 2013 年版。

244. 洪林：《东亚货币合作——基于最优货币区理论的分析》，《世界经济研究》2007 年第 4 期。

245. 胡芳、刘兴华：《东亚区域货币合作：理论基础与演变发展》，《金融发展研究》2010 年第 2 期。

246. 华道：《外国债券的若干个有利于》，《中国投资》2004 年第 3 期。

247. 黄梅波：《货币国际化及其决定因素——欧元与美元的比较》，《厦门大学学报》（哲学社会科学版）2001 年第 2 期。

248. 黄梅波、林洋：《东亚金融危机之后东亚新兴债券市场的发展》，《世界经济》2007 年第 4 期。

249. 黄小琳：《亚洲债券市场发展路径研究》，《现代经济》2009 年第 5 期。

250. 姜霞：《浅论亚洲债券基金与金融合作》，《经济与管理》2004 年第 4 期。

251. 焦继军：《人民币国际化研究》，辽宁大学博士学位论文，2004 年。

252. [日] 菊地悠二：《日元国际化——进程与展望》，中国人民大学出版社 2002 年版。

253. 李稻葵：《人民币国际化道路研究》，科学出版社 2013 年版。

254. 李稻葵、刘霖林：《人民币国际化：计量研究及政策分析》，《金融研究》2008 年第 11 期。

255. 李富有：《平行货币：理论功效及其在区域货币合作中的实践》，《金融研究》2005 年第 1 期。

256. 李金萍、张立光：《货币国际化的决定因素及对人民币国际化的启示——基于国际储备货币和国际债券计价货币的视角》，《理论导刊》2014 年第 12 期。

257. 李君：《亚洲债券市场发展中的问题与对策研究》，云南财经大学硕士学位论文，2014 年。

258. 李文浩、张宁：《论人民币国际化的问题及对策：金融市场视角》，《武汉金融》2010 年第 11 期。

259. 李晓、丁一兵：《亚洲的超越——构建东亚区域货币体系与“人民币亚洲化”》，当代中国出版社 2006 年版。

260. 李晓：《东亚货币合作为何遭遇挫折？——兼论人民币国际化及其对未来东亚货币合作的影响》，《国际经济评论》2011 年第 1 期。

261. 李晓：《国际货币体系改革：中国的视点与战略》，北京大学出版社 2015 年版。

262. 李晓、付争：《香港人民币离岸市场的发展与预期风险》，《世界经济研究》2016 年第 9 期。

263. 李晓：《日元国际化的困境及其战略调整》，《世界经济》2005 年第 6 期。

264. 李杨、曹红辉：《亚洲债券市场发展研究》，经济管理出版社 2008 年版。

265. 李扬、黄金老：《中国金融：直面全球化》，上海远东出版社 2001 年版。

266. 李扬：《债券市场发展：亚洲面临的挑战》，《国际金融研究》2003 年第 11 期。

267. 李扬：《中国债券市场》，社会科学文献出版社 2015 年版。

268. 林珏、杨荣海：《货币国际化过程中的金融市场发展因素分析》，《西部论坛》2013 年第 2 期。

269. 刘红：《日本的经济发展与金融制度变迁》，《日本学刊》2016 年第 11 期。

270. 刘絜敖：《国外货币金融学说》，中国金融出版社 2010 年版。

271. 刘力臻、秦婷婷：《以自由贸易区第 FTA 期推动的东亚货币合作》，《当代经济研究》2004 年第 7 期。

272. 刘亮：《东亚区域货币合作研究》，武汉大学博士学位论文，2013 年。

273. 刘曙光：《发展亚洲债券市场促进东亚投资合作》，《国际经济合作》2005 年第 10 期。

274. 刘锡良、王丽娅：《国际货币竞争理论研究评述》，《经济学动态》2008 年第 5 期。

275. 刘小坤：《亚洲债券基金及其最新进展》，《亚太经济》2004 年第 4 期。

276. 刘晓鑫：《基于金融视角的中美经济关系问题研究》，吉林大学博士学位论文，2010 年。

277. 刘玉人：《海峡两岸货币合作研究》，南开大学博士学位论文，2013 年。

278. [美] 罗纳德·麦金农：《美元本位下的汇率：东亚高储蓄两难》，中国金融出版社 2005 年版。

279. 陆磊、李宏瑾：《纳入 SDR 后的人民币国际化与国际货币体系改革》，《国际经济评论》2016 年第 3 期。

280. 马骏：《人民币离岸市场与资本项目开放》，《金融发展评论》2012 年第 4 期。

281. 马骏、徐剑刚：《人民币走出国门之路》，中国经济出版社 2012 年版。

282. 明明：《人民币国际化背景下的债券市场开放》，《中国银行业》2015 年第 9 期。

283. 裴长洪、余颖丰：《人民币离岸债券市场现状与前景分析》，《金融评论》2011 年第 2 期。

284. 彭涛：《以搜寻为基础的货币理论研究进展》，《经济学动态》2015 年第 3 期。

285. 乔依德、李蕊、葛佳飞：《人民币国际化：离岸市场与在岸市场的互动》，《国际经济评论》2014 年第 2 期。

286. 清水聪、邵明：《继续发展亚洲债券市场的意义及今后的方向》，《南洋资料译丛》2012 年第 1 期。

287. 邱虹宇：《基于搜寻模型的人民币国际化研究》，复旦大学硕士学位论文，2013 年。

288. 曲博：《后金融危机时代的东亚货币合作：一种亚洲模式?》，《当代亚太》2012 年第 6 期。

289. 施建淮：《东亚金融货币合作：短期、中期和长期》，《国际经济评论》2004 年第 5 期。

290. 石化龙：《一次具有里程碑意义的交易——“熊猫债券”诞生记》，《中国财政》2005 年第 12 期。

291. [美] 斯坦利·L. 恩格尔曼、罗伯特·E. 高尔曼：《剑桥美国经济史：

20 世纪》（第三卷），中国人民大学出版社 2008 年版。

292. 宋晓玲：《国际货币竞争的决定因素：理论评述》，《金融理论》2010 年第 10 期。

293. 宋则行、樊亢：《世界经济史》，经济科学出版社 1998 年版。

294. 孙海霞：《货币国际化条件研究——基于国际货币三大职能》，复旦大学博士学位论文，2011 年。

295. 孙海霞：《人民币国际化条件研究》，人民出版社 2013 年版。

296. 孙杰：《区域经济一体化：基于债券市场的研究》，社会科学文献出版社 2013 年版。

297. 谭毅：《国际货币合作研究——性质、意义与理论基础》，中山大学出版社 2005 年版。

298. 涂永红：《人民币作为计价货币理论与政策分析》，中国金融出版社 2015 年版。

299. 王春桥、夏祥谦：《人民币国际化：影响因素与政策建议——基于主要国际货币的实证研究》，《上海金融》2016 年第 3 期。

300. 王芳：《“新特里芬难题”与人民币国际化战略》，中国人民大学出版社 2015 年版。

301. 王庭东：《亚洲货币合作的路径展望》，《亚太经济》2002 年第 3 期。

302. 王维国、张庆君：《金融发展与经济增长的相关性分析》，《渤海大学学报》2004 年第 5 期。

303. 吴昊：《武士债券市场的发展及其借鉴意义》，《中国货币市场》2010 年第 10 期。

304. 吴晓求等：《中国资本市场研究报告第 2015 期》，中国人民大学出版社 2015 年版。

305. 谢多：《中国债券市场发展报告 2015》，中国银行间市场交易商协会 2016 年版。

306. 谢金静、李博：《银行间市场进一步开放将加速人民币国际化进程》，《银行家》2015 年第 9 期。

307. 胥良：《人民币国际化问题研究》，华东师范大学博士论文，2009 年。

308. 徐奇渊、刘力臻：《人民币国际化进程中的汇率变化研究》，中国金融出版社 2009 年版。

309. 杨勤宇、艾群超、张靖雪：《我国债券市场对外开放现状与前景》，《金融市场研究》2015 年第 7 期。

310. 杨荣海：《货币国际化与债券市场发展关系的实证分析》，《经济经纬》2011 年第 4 期。

311. 殷剑峰：《人民币国际化》，《国际经济评论》2011 年第 4 期。

312. 佘维彬：《国际资本市场和金融衍生市场发展》，《资本市场》2005 年第 1 期。

313. 余永定：《最后的屏障》，东方出版社 2016 年版。

314. 喻晓平：《后危机时代人民币国际化研究》，中国农业科学技术出版社 2015 年版。

315. 袁沁敔、漆鑫：《美元和日元外国债券市场与离岸债券市场比较研究》，《中国货币市场》2014 年第 2 期。

316. 战明华：《金融发展与经济增长的效率：有效的金融深化变量选择及其效应》，《统计研究》2004 年第 8 期。

317. 张成思、刘贯春：《经济增长进程中金融结构的边际效应演化分析》，《经济研究》2015 年第 12 期。

318. 张纯威：《美元本位、美元环流与美元陷阱》，《国际金融研究》2008 年第 6 期。

319. 张洪梅：《国际区域货币合作的欧元模式研究》，东北师范大学博士学位论文，2008 年。

320. 张健华：《美国金融制度》，中国金融出版社 2016 年版。

321. 张睿：《基于搜寻模型的国际货币理论综述》，山东大学硕士学位论文，2010 年。

322. 张贤旺、秦凤鸣：《离岸金融中心在人民币国际化过程中的角色》，《山东大学学报》（哲学社会科学版）2014 年第 5 期。

323. 张宇燕：《人民币国际化：赞同还是反对?》，《国际经济评论》2010 年第 1 期。

324. 张振家、刘洪钟：《国际货币竞争理论探析》，《商业时代》2013 年第 4 期。

325. 赵然、伍聪：《货币国际计价职能发展过程中子金融市场的作用——基于边限协整模型的实证研究》，《中央财经大学学报》2016 年第 1 期。

326. 赵锡军、刘炳辉、李悦：《亚洲统一债券市场的进程、挑战与推进策略研究》，《财贸经济》2006 年第 5 期。

327. 赵雪情：《扩大 SDR 使用的意义、障碍与前景》，中国银行内部研究报告《全球经济金融问题研究》2016 年第 18 期。

328. 郑蔚、王思慧：《战后日本金融制度变迁与转型：一个制度金融学的考察》，《现代日本经济》2014 年第 1 期。

329. 钟红、王家强：《我国国际债券市场新机遇》，《中国金融》2016 年第 8 期。

330. 钟红、赵雪情：《SDR 债券市场展望：意义、挑战与发展策略》，《中国金融》2016 年第 18 期。

331. 钟红：《跨境人民币清算体系建设的思考》，《国际金融》2013 年第 10 期。

332. 周林、温小郑：《货币国际化》，上海财经大学出版社 2001 年版。

333. 周晴：《斯蒂格利茨“资本流动怪圈”背后的深层原因分析》，《中国货币市场》2010 年第 5 期。

334. 周小川：《关于改革国际货币体系的思考》，中国人民银行工作论文，

2009 年。

335. 周沅帆：《离岸（香港）人民币债券》，中信出版社 2013 年版。

336. 周云洁、余元洲：《论后危机时代的亚洲货币合作》，《南开经济研究》2011 年第 5 期。

337. 朱孟楠、叶芳：《人民币区域化的影响因素研究——基于引力模型的实证分析》，《厦门大学学报》（哲学社会科学版）2012 年第 6 期。

后　记

2008年全球金融危机对现行国际货币体系的稳定造成重创，也为人民币国际化提供了难得的机遇。2009年以来，人民币国际化作为一项国家层面的战略安排被提上日程，并取得了积极的进展，在中国经济、金融和对外交往中发挥了积极的作用。当然，不可否认，由于受到内外部环境的制约，人民币国际化的实现不可能一蹴而就，在其发展过程中必然会面临一些突出的矛盾和问题。例如，2015年“8·11汇改”后，人民币一改连续多年的升值态势而出现了明显的阶段性贬值趋势，进而导致多年来在政策推动和人民币升值预期基础上的人民币国际化进程趋于放缓，反映了人民币国际化程度的主要市场指标出现阶段性低谷。一时间，不仅与人民币国际化相关的金融市场表现波动增强，学术界对人民币国际化的研究似乎也陷入了“阶段性迷茫”。一个典型例证是，2016年在中国知网以“人民币国际化”为关键词的公开发表论文量急剧下降。

本书正是在这样的背景下开始酝酿而成的。基于我对人民币国际化问题的长期跟踪研究和关注，以上现象激发了我的强烈兴趣。我不禁思考，在人民币资本与金融账户短期内无法全面开放的约束条件下，如何突破人民币国际化的瓶颈？人民币国际化长期可持续发展的根本动力何在？中国应如何在充分借鉴国际经验教训的基础上，真正走出一条具有中国特色的人民币国际化道路？带着这些疑问，我开始在浩瀚的中外文文献中寻找思路、思考答案。终于，我在余永定老师《最后的屏障——资本项目自由化和人民币国际化之辩》一书中找到了灵感。在该书第 19 章《重温人民币国际化》中，作者先引述了 Park（2010）的一段话："有大量的文献讨论了如何使用一种货币进行贸易计价，但鲜有讨论使用一种货币进行金融资产计价的决定因素"，进而作者提出："不管原因是什么，人民币作为金融资产计价货币的功能在人民币国际化线路图中尚未明确地指明。"余老师的这些论述提出了问题的可能症结，但是解决问题的对策在哪里？

随着理论研究和实证研究的逐步深入，我对这一问题的认识越发清晰和明确，即人民币国际化在经历了最初阶段的迅速发展后之所以出现停滞甚至倒退，从一定意义上说，正是因为人民币在金融资产计价货币职能上的缺失。换言之，只有当人民币作为金融资产计价货币的职能得到提升，人民币真正成为国际投资者资产配置和债务结算的重要币种选择时，人民币才有可能成为真正被市场所需求的国际化货币。沿着这一思路，我确定了以人民币国际债券市场为切入点，以扩大人民币在金融市场领域的运用作为突破人民币国际化瓶颈的重要方向。人民币的国际化既是人民币的国际货币职能不断提升、使用范围不断拓展的过程，同时也是人民币不断流出和回流中国金融体系的闭合循环过程。前者从货币职能和使用范围视角阐释了人民币国际化的内涵，后者则从实践层面说明了人民币国际化的实现机制。现阶段，需要在基于货币职能视角的人民币国际化模式的基础上，进一步从构建有效的人民币环流机制这一维度思考和审视人民币国际化问题。正是从这个意义上说，发展人民币国际债券市场能够在资本与金融账户项下提供更加顺畅的人民币流出通道和回流通道，并有利于协同中国金融体制的转型与改革，从而为人民币国际化奠定更加坚实持久的基础。同时，建设和发展人民币国际债券市场的风险相对可控，是一项可操作性强而且稳妥的金融改革和开放战略。当前，在中国金融市场改革开放不断向纵深方向推进的形势下，深入研究人民币国际债券市场的建设发展问题，具有十分重要的意义和价值。

可喜的是，2016年以来陆续发生的一些重大事件，尤其是中国政府在债券市场上推出的一系列深化改革开放的政策措施、“熊猫债券”市场的蓬勃发展、人民币计价SDR债券的发行、“债券通”的推出，以及2017年全国金融工作会议明确提出“稳步推动人民币国际化”等，都印证了我的研究思路和解决问题的方向是正确的，也印证了本书所提出的政策建议具有积极的政策价值。在论文写作过程中，我参加了中国人民大学国际货币研究所组织的两次研讨会，我的初步研究结论得到了与会专家学者的肯定。所有这些都令我感到鼓舞。研究创造价值，当我的研究结论与国家的政策方向相一致，或者是能够为政策决策带来一些借鉴的时候，我深刻地体会到了作为一名研究工作者的幸福和快乐。

我在中国银行国际金融研究所长期的研究工作经历，为本书的写作提供了非常重要的帮助。中国银行作为中国国际化、多元化程度最高的银行，近年来始终站在人民币国际化业务前列，不断开拓创新，引领市场发展，在跨境贸易结算、全球人民币清算体系建设、人民币国际债券发行和承销等方面，都取得了骄人的成绩。中国银行这些丰富的业务实践为我关于人民币国际债券市场和人民币国际化问题的研究提供了生动翔实的案例，也使得本书的研究观点和研究结论能够摒弃一般意义上的坐而论道，相反更加注重理论与实践相结合，更加立足于解决实际问题。中国银行国际金融研究所在人民币国际化研究领域起步早、积累深，为我跟进最新研究成果并在写作中不断突破和创新奠定了重要的基础。

此时，当我准备将此书付梓出版之际，我更加感觉到自己是站在巨人的肩膀之上。回顾多年来走过的学术研究之路，值得感谢的人和感恩的事实在是太多太多。衷心感谢与我共事的众多领导和同事们多年来在研究工作上给予我的指导和支持，与你们的学术交流和探讨，带给我无数的启发和灵感。在人民币国际化酝酿、发展、持续推进的整个过程中，我们共同为此倾注了无数的心血和汗水，我深深地为自己有幸在这样高水平的研究集体中工作而感到荣幸。

著名经济学家、中国银行原副行长、国际货币基金组织原副总裁朱民博士长期以来对我的研究工作给予了极大的关心、帮助和鼓励，并在百忙中为本书作序，令我感动和深受鼓舞。在此向朱民博士致以崇高的谢意。

感谢我的博士导师、中国人民大学财政金融学院的何平教授。何平教授治学严谨，为人正直，在我博士课程学习、论文写作等诸多方面对我进行精心的指导，为论文质量提供了重要保证。在当今略显浮躁的社会环境下，何平教授潜心金融史研究，更令我钦佩和敬仰。我作为何平教授主持的 2015 年度国家自然科学基金面上项目《人民币国际使用的最佳边界与金融风险管理》（项目批准号：71573268）的主要参与人，在攻读博士学位期间完成了本书的主要研究内容。现在作为课题成果得到课题资助出版，学术志趣与课题研究有机结合，十分欣慰。

感谢吉林大学经济学院的项卫星教授。吉林大学是我的母校，即使在毕业多年后，项老师还始终关心着我在学术研究方面的成长，令我倍感温暖和亲切。感谢李宏瑾、王达两位校友在论文写作过程中为我提供的素材和宝贵意见。

人民出版社方国根主任、郭彦辰编辑，在本书的出版过程中做了大量工作，其专业、细致的编校使本书在文字和结构上都更加通顺合理，在此向他们致以崇高的敬意。

感谢我的父母和家人，父母给予我的养育之恩永远无法报答，家人对我的期望和祝福永远是我努力前行的动力。

感谢给予我关心、支持和帮助的所有人。尽管无法在这里逐一写出你们的名字，但我对你们的感激之情分毫不减。

未来研究之路仍长，值得研究的问题很多，人民币国际债券市场发展刚刚起步，人民币国际化道路亦将漫长。我将以此书的出版作为一个新的起点，争取在学术研究领域不断取得新的进步。

由于作者水平有限，书中尚有许多不足之处，恳请读者提出宝贵意见，以便修改完善。

钟 红

2017 年 8 月于北京

责任编辑:方国根　郭彦辰
封面设计:石笑梦

图书在版编目(CIP)数据

人民币国际债券市场研究:基于人民币国际化的视角/钟红 著. —
北京:人民出版社,2017.11
ISBN 978 - 7 - 01 - 018468 - 5

Ⅰ.①人…　Ⅱ.①钟…　Ⅲ.①人民币-债券市场-研究　Ⅳ.①F832.51

中国版本图书馆 CIP 数据核字(2017)第 263126 号

人民币国际债券市场研究

RENMINBI GUOJI ZHAIQUAN SHICHANG YANJIU

——基于人民币国际化的视角

钟 红 著

人民出版社 出版发行

(100706　北京市东城区隆福寺街 99 号)

北京市文林印务有限公司印刷　新华书店经销

2017 年 11 月第 1 版　2017 年 11 月北京第 1 次印刷
开本:710 毫米×1000 毫米 1/16　印张:21.75
字数:290 千字

ISBN 978 - 7 - 01 - 018468 - 5　定价:58.00 元

邮购地址 100706　北京市东城区隆福寺街 99 号
人民东方图书销售中心　电话 (010)65250042　65289539